高水平大学"十四五"规划法医学专业精品教材
供法医学、临床医学等专业使用

附数字资源
增值服务

U0783832

法医病理学与法医毒理学
实践学习指导

主　编　刘　茜
副主编　张国华　吴茂旺　任　亮　乔东访
编　委　（以姓氏笔画为序）
　　　　于　浩（中国医科大学）
　　　　邓伟年（华中科技大学）
　　　　乔东访（南方医科大学）
　　　　任　亮（华中科技大学）
　　　　刘　良（华中科技大学）
　　　　刘　茜（华中科技大学）
　　　　吴茂旺（皖南医学院）
　　　　张国华（中国医科大学）
　　　　张海东（中国政法大学）
　　　　岳　霞（南方医科大学）
　　　　周亦武（华中科技大学）
　　　　徐国辉（桂林医学院）
　　　　董红梅（华中科技大学）

华中科技大学出版社
http://www.hustp.com
中国·武汉

内容简介

本书是高水平大学"十四五"规划法医学专业精品教材。

本书除附录外共十八章,包括死后变化,机械性损伤,机械性窒息,高低温与电流损伤死亡,心血管系统疾病猝死,呼吸系统疾病猝死,中枢神经系统疾病猝死,其他系统疾病猝死,胎儿、新生儿、婴儿死亡,法医病理学技术,腐蚀性毒物中毒,金属毒物中毒,脑脊髓功能障碍性毒物中毒,毒品中毒,呼吸功能障碍性毒物中毒,农药和杀鼠剂中毒等。

本书可供法医学、临床医学等专业使用。

图书在版编目(CIP)数据

法医病理学与法医毒理学实践学习指导/刘茜主编.—武汉:华中科技大学出版社,2022.1
ISBN 978-7-5680-7740-8

Ⅰ.①法…　Ⅱ.①刘…　Ⅲ.①法医学-病理学-医学院校-教学参考资料　②法医毒理学-医学院校-教学参考资料
Ⅳ.①D919.1

中国版本图书馆 CIP 数据核字(2021)第 256505 号

法医病理学与法医毒理学实践学习指导　　　　　　　　　　　　　刘　茜　主编
Fayi Binglixue yu Fayi Dulixue Shijian Xuexi Zhidao

策划编辑:居　颖
责任编辑:张　琴
封面设计:王玉玲
责任校对:刘　竣
责任监印:周治超
出版发行:华中科技大学出版社(中国·武汉)　　　电话:(027)81321913
　　　　　武汉市东湖新技术开发区华工科技园　　　邮编.430223
录　　排:华中科技大学惠友文印中心
印　　刷:武汉科源印刷设计有限公司
开　　本:889mm×1194mm　1/16
印　　张:11
字　　数:347 千字
版　　次:2022 年 1 月第 1 版第 1 次印刷
定　　价:39.80 元

本书若有印装质量问题,请向出版社营销中心调换
全国免费服务热线:400-6679-118　竭诚为您服务
版权所有　侵权必究

网络增值服务使用说明

欢迎使用华中科技大学出版社医学资源网yixue.hustp.com

1.教师使用流程

（1）登录网址：http://yixue.hustp.com（注册时请选择教师用户）

| 注册 | 登录 | 完善个人信息 | 等待审核 |

（2）审核通过后，您可以在网站使用以下功能：

管理学生
建立课程　　　　布置作业
下载教学资源　　教师　　查询学生学习记录等

2.学员使用流程

建议学员在PC端完成注册、登录、完善个人信息的操作。

（1）PC端学员操作步骤

①登录网址：http://yixue.hustp.com（注册时请选择普通用户）

| 注册 | 登录 | 完善个人信息 |

②查看课程资源

如有学习码，请在个人中心-学习码验证中先验证，再进行操作。

首页课程 —选择课程→ 课程详情页 → 查看课程资源

（2）手机端扫码操作步骤

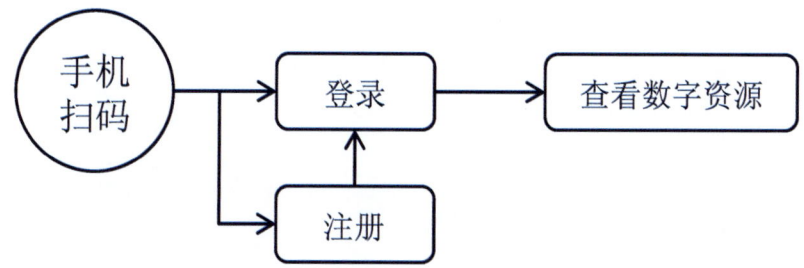

手机扫码 → 登录 → 查看数字资源

注册

前　言

　　"法医病理学"与"法医毒理学"是法医学重要专业课程,其中形态学教学及实践训练是法医病理学与法医毒理学的教学难点。为了实现培养具有"岗位适应能力"的法医病理学人才的目标,我们根据法医病理学和法医毒理学教学大纲要求,结合法医学检案实践和教学经验,在华中科技大学同济医学院法医学系法医病理学教研室以往所编写的学习资料的基础上,联合中国医科大学、南方医科大学、皖南医学院、中国政法大学、桂林医学院具有丰富法医病理学、法医毒理学教学和检案经验的老师共同编写了此书,供法医学、临床医学等专业本科生和进修生使用。

　　法医病理学和法医毒理学是实践性很强的学科。在编写过程中,我们注意理论联系实际,注重"三基"内容,加强案例的引导分析,并创新性地增加了数字切片的扫码阅片,以丰富形态学教学内容,强化实践训练目标,希望通过学习和训练,培养学生独立阅片、独立分析、科学办案的能力。

　　在本书的编写过程中,2020年新型冠状病毒肺炎疫情暴发,武汉作为暴风之眼,在党的领导和全国人民的帮助下,顽强战疫,历经苦难,终得胜利,不负英雄城市之名! 在本书编委刘良教授的呼吁和号召下,周亦武、任亮和我作为解剖团队核心成员,自2020年2月16日起,开展了全球首批新型冠状病毒肺炎死者的解剖工作,并在短时间内相继完成了10例新型冠状病毒肺炎死者尸体解剖。2020年2月28日,团队在《法医学杂志》上发表《新型冠状病毒肺炎死亡尸体系统解剖大体观察报告》。这是全球首篇新型冠状病毒肺炎死者系统解剖的报道,最早反映了新型冠状病毒肺炎死者气道内黏液栓现象。我们的解剖和病理学研究工作为2020年3月4日发布的《新型冠状病毒肺炎诊疗方案(试行第七版)》首次加入"病理改变"部分提供了直接依据,为抗击新型冠状病毒肺炎疫情、结束临床治疗"盲打"状态贡献了法医力量! 作为法医学实践工作者和法医学教育工作者,我们愿不忘初心,砥砺前行,传承法医精神!

　　本书的编写除受到各参编单位的大力支持(它们提供了很多典型、疑难的案例和切片资料)外,还受到河南科技大学法医学院莫耀南教授的鼎力相助,华中科技大学同济医学院法医学系的潘美辰、邱鑫罡、王宇宁、何恒辉、李廉杰、李泽浩、石青、赵枢泉等也付出了大量辛勤劳动,在此一并表示衷心感谢!

　　限于编写时间仓促,编者知识水平局限,本书难免存在欠缺和不妥之处,敬请广大读者批评指正,以便今后修订时改进。

刘　茜

一、法医病理学和法医毒理学实习的目的和意义

法医病理学和法医毒理学是法医学的重要分支学科,实习是整个教学工作中的重要组成部分。其目的是使同学们通过对这两门实习课的学习,加深对所学理论知识的理解,进一步巩固所学理论知识,提高认识和观察病变的水平,培养独立分析问题和解决问题的能力。这对同学们打下坚实的"三基"基础,初步具备处理法医病理学和法医毒理学相关案例的检案能力和教学、科研能力具有重要意义。

二、法医病理学和法医毒理学实习内容和方法

法医病理学和法医毒理学是实践性很强的学科,必须讲究学习方法,将理论与实践很好地结合起来,注意形态与功能、局部与整体、立体与平面、动态与静态等关系,全面、辩证、动态地观察实习标本、图片和病理组织学切片,以改善学习效果。

1. **肉眼观察大体标本**　这是教学与实际检案工作中最常用和最重要的一种方法。首先应辨认标本是何器官、组织,然后观察其大小、形状、颜色、硬度及表面、切面的变化,从而发现病变,判断病变的性质,为病理诊断及分析死因和死亡性质提供初步线索。观察时应注意不同器官、组织的正常形态结构、个体差异、损伤、病变、死后变化、人为现象等之间的关系和异同,并将所见病变与现象用文字和(或)图像及时记录、描述,必要时绘以简图标示,从而科学、客观地反映其病变。希望各教学单位可根据实际条件,在实习课上提供一些大体标本供学生学习。

2. **图片观察**　包括各种大体标本、显微和超微结构的照片,是从检案或科学研究工作中挑选的典型或罕见病变,具有直观、实践性强和易于辨认等特点,应充分利用,认真观察,切实掌握。

3. **病理组织学切片观察**　这是观察病变的重要方法之一。一般先用低倍镜从上到下、自左至右浏览切片一遍或数遍,以观全貌,辨认该切片标本是何器官组织,有无病变、死后变化及人工产物等。再用高倍镜逐步深入观察与分析,确定病变的部位、种类和性质,死后变化的种类及程度。观察时一定要全面、细致,不漏掉任何一种重要的变化,并分清主次,找出病变之间的关系。最后结合肉眼观察结果做出科学、客观的病理诊断。我们强调实体切片的阅片培训,同时也在本书中加入了扫码阅览数字切片,以满足不同教学需求。

4. **法医学尸体检验示教与实习**　这是学习法医学尸体检验(简称尸检)、发现和观察病变的重要方法与途径。要通过参观和自己动手进行尸检及观看法医学尸检录像片,熟悉和掌握法医学尸检的基本知识和一般方法、步骤,病理组织学标本的采取、固定,以及某些特殊检验方法,为今后进行法医学尸检、开展法医病理学检案鉴定工作打下基础。

5. **案例讨论**　案例讨论是所学理论知识和实践的综合运用,是培养、锻炼同学们分析能力、思维能力和语言表达能力的重要途径,也是检验教学效果的一次机会。案例讨论的一般步骤如下:首先由任课老师提供案例资料与实物标本,让学生自己阅读和观察这些材料,并根据老师提出的讨论题进行准备,写好发言提纲,积极发言讨论,最后由老师总结,介绍答案。学生应认真地阅读有关材料,仔细观察实物

标本,根据案情资料、现场情况、尸检所见及有关辅助检验结果综合分析,做出自己的判断;并参照其他同学的发言和老师的总结答案检查自己的分析思路正确与否,吸取大家的经验、教训,以不断提高自身能力。本书在各章内附有若干相关案例,供章节学习时讨论。在思维拓展部分,则给出一些综合案例,以锻炼并提高学生综合分析疑难复杂案例的能力,进一步拓展法医学鉴定思维。

6. 附录 本书附录中收录了一些法医学实践较实用的数据、方法和规范性文件,可供同学们学习参考,在实际工作中也可以作为工具书随时翻阅。由于有些文件具有时效性,使用时应注意及时查新。

三、法医病理学和法医毒理学实习注意事项

(1) 遵守课堂纪律,保持清洁卫生。尊敬师长、团结互助。

(2) 爱护公共财物和教学标本。大体标本应轻拿轻放,避免撞击而致破损;观察病理切片时要注意显微镜的正确使用方法和切片的正反面,不损坏和遗失有关切片、图片和标本等教具。

(3) 尸检实习时要保持安静,除认真观察、积极思考外,还应注意不泄漏检案相关机密,以免造成不必要的麻烦和纠纷。

(4) 重视实习教学,充分做好课前自主学习,按时完成课堂作业和实验报告。

(5) 注意病变的记录与描述:绘图清晰,书写工整;测量准确,定位具体;使用专业术语描述,度量要数字化。

目 录

MULU

第一章 死 后 变 化

实践学习目标

1. 了解各种死后变化的特点及其对法医学尸体检验的意义和影响。
2. 掌握常见死后变化与病变、损伤的鉴别要点。
3. 了解常见的死后人为现象及其产生的原因。

一、大体肉眼观

1. 皮革样化　死者,男,35 岁。死者被家人发现其用两条毛巾结成的缢索悬吊在卫生间门框上。移除缢索后,见颈部典型缢沟形成,可见缢索压迫形成的纹理(图 1-1(a))。尸体冷冻保存 3 日后尸检时观察,缢沟处皮肤皮革样化,原缢索压迫形成的纹理减弱、消失(图 1-1(b))。

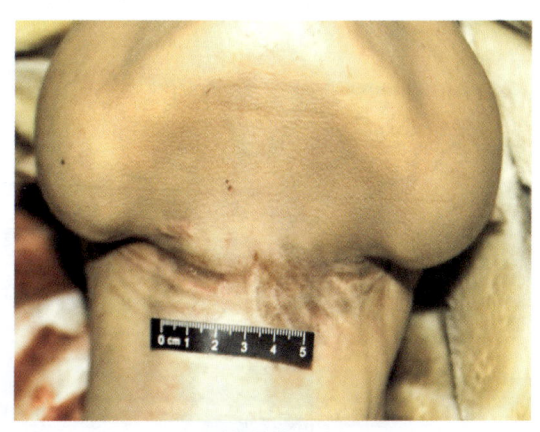
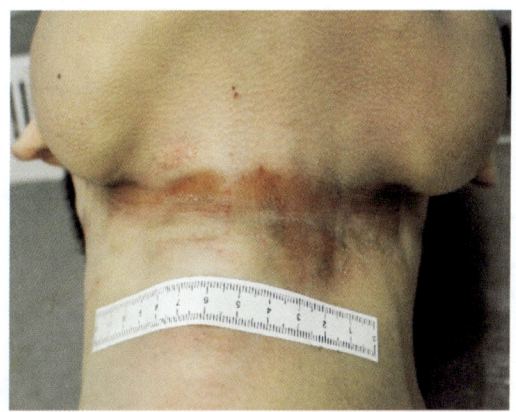

(a) 颈部缢沟(现场)　　　　　　　(b) 颈部缢沟皮革样化(3 日后)

图 1-1　颈部缢沟

2. 角膜轻度混浊　死者,男,43 岁,死后 6 小时检查,角膜轻度混浊,瞳孔易透视(图 1-2)。

3. 角膜中度混浊　死者,男,29 岁,死后尸体冷藏保存 82 小时检查,角膜中度混浊(图 1-3),瞳孔可透视(注意实际工作中,由于冷藏、冷冻保存,角膜混浊程度进展会延迟)。

4. 角膜重度混浊　死者,男,69 岁,死后尸体冷冻保存 20 日后检查,角膜重度混浊,瞳孔不可透视(图 1-4)。

5. 一氧化碳中毒尸斑　死者,男,76 岁。某公寓发生火灾,现场发现死者的尸体。心血中碳氧血红蛋白含量为 48.8%,尸斑明显且颜色较鲜艳(图 1-5),呈樱桃红色(请思考原因)。

6. 亚硝酸盐中毒尸斑　死者,男,44 岁,因亚硝酸盐中毒死亡,尸斑颜色较灰暗(图 1-6,请思考原因)。

7. 脑部血液坠积　死者,男,55 岁,交通事故致骨盆骨折,入院 1 日后突发死亡。死亡后 4 日尸检。面部散在轻微擦伤,头皮及头皮下未见出血,颅骨无骨折,脑未见损伤,颅底未见异常。大脑顶枕部蛛网

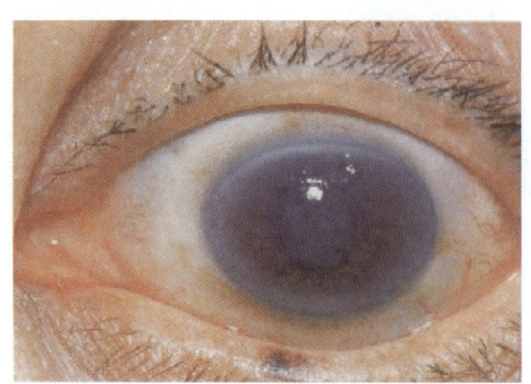

图 1-2　角膜轻度混浊

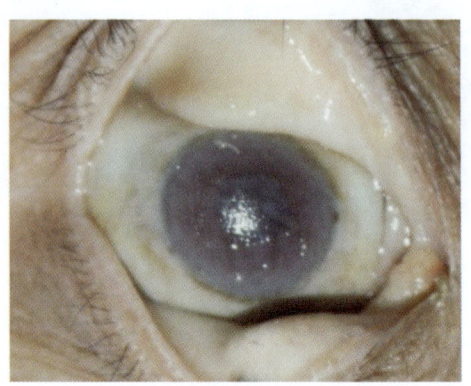

图 1-3　角膜中度混浊

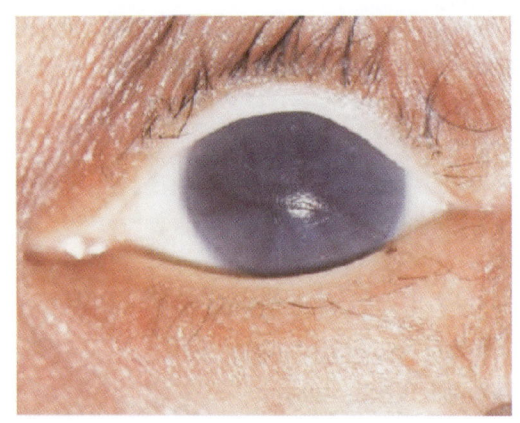

图 1-4　角膜重度混浊

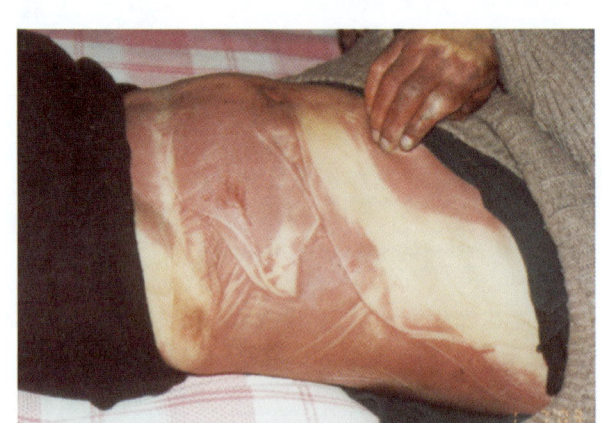

图 1-5　一氧化碳中毒死者尸斑

膜下腔血管淤血扩张(图 1-7),额叶脑表面血管相对较细,淤血不明显。注意:有时血液坠积导致的局部血管淤血与蛛网膜下腔出血容易混淆,肉眼难以分辨时,应在可疑处取材,镜下观察。

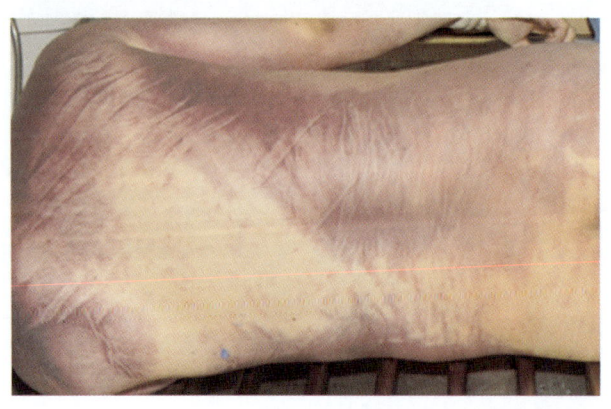

图 1-6　亚硝酸盐中毒死者尸斑

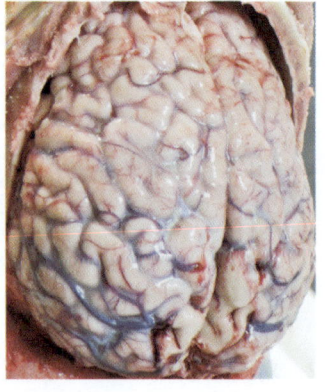

图 1-7　颅脑顶枕部血液坠积

　　8. 肺血液坠积　死者,男,47 岁,行垂体瘤切除术后 15 日死亡,死亡后 5 日尸检。肺和脾相对低下的部位见血液坠积,形成暗红色淤血区域,与非淤血部分界限模糊(图 1-8 至图 1-10)。

　　9. 尸体痉挛　死者,男,66 岁,尸体在河堤边被人发现并打捞上岸。由于尸体痉挛,上肢保持屈曲状,手指握紧(图 1-11)。

　　10. 腐败静脉网　死者,男,44 岁,死后尸体冷冻保存 26 日后进行解剖检验,双下肢可见腐败静脉网形成,左下肢可见局部表皮剥脱及霉菌斑形成(图 1-12)。

　　11. 泡沫肝　死者,男,39 岁,被发现死于住处房间内,尸体已高度腐败。尸体冷冻保存 7 日后解剖。图 1-13 为经福尔马林液体固定 8 日后的肝组织,切面可见散在分布、境界清楚的圆形或椭圆形空

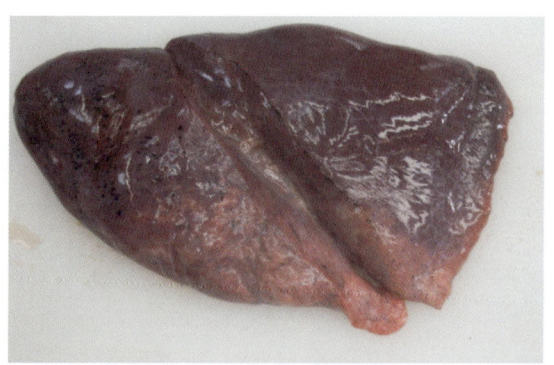

图 1-8 左肺表面血液坠积

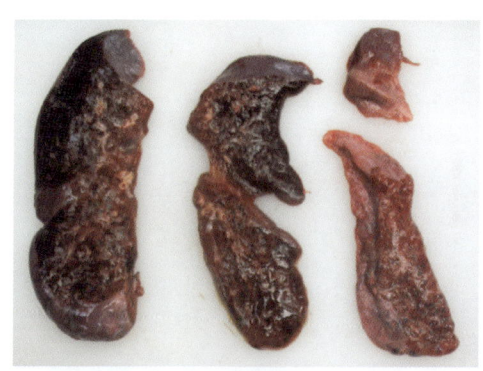

图 1-9 左肺切面血液坠积

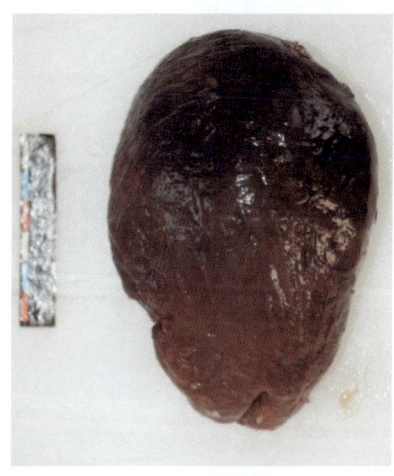

(a) 正面观

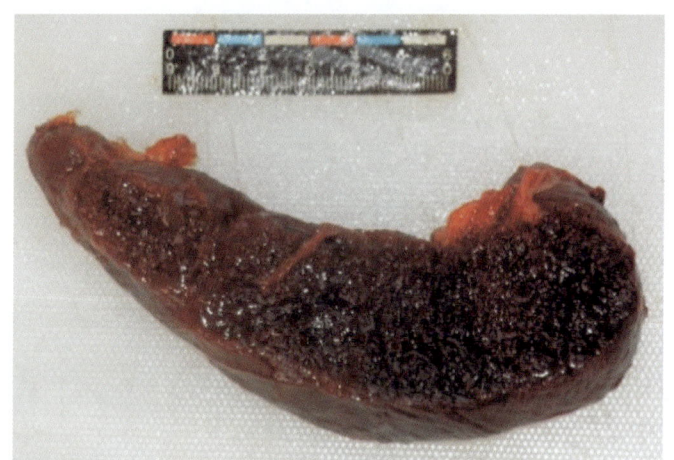

(b) 侧面观

图 1-10 脾血液坠积

图 1-11 尸体痉挛

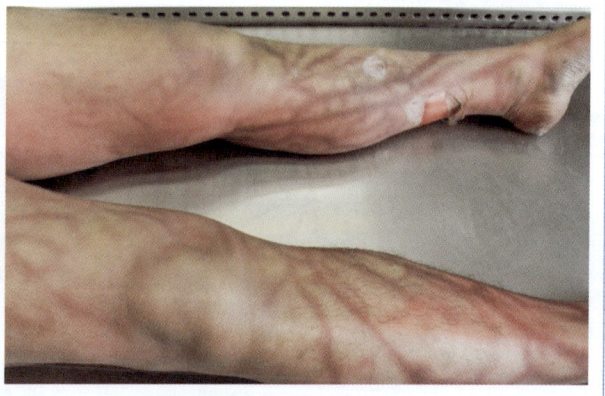

图 1-12 腐败静脉网

泡,并见胆汁浸染,未见损伤、出血等病变(图 1-13)。

12. 心脏霉菌斑 案情同泡沫肝。剪开心脏后,见心腔内右心室心内膜表面散在白色细沙状颗粒物附着,为腐败形成的霉菌斑,心室壁见大小不等的腐败空泡,形成泡沫心(图 1-14)。

13. 冷冻致颅底骨折 死者,男,47 岁,死亡后尸体持续 −18 ℃冷冻保存,7 个月后解冻行尸体解剖。尸体头面部无损伤,双眼及球结膜、睑结膜未见异常。外耳道、口、鼻腔内无异常。头皮完整,开颅取脑后,见颅前窝右侧眶板有线性骨折,长约 2.0 cm,对应处脑组织无碎裂,脑表面及实质未见出血及血肿(图 1-15)。

14. 濒死期抢救损伤 死者,女,58 岁,因交通事故致骨盆骨折及第三腰椎压缩性骨折入院,入院 10 日后突发胸闷、大汗淋漓,半小时后意识丧失,呼吸、心跳停止,行胸外按压等抢救措施约 1 小时后宣

图 1-13　泡沫肝

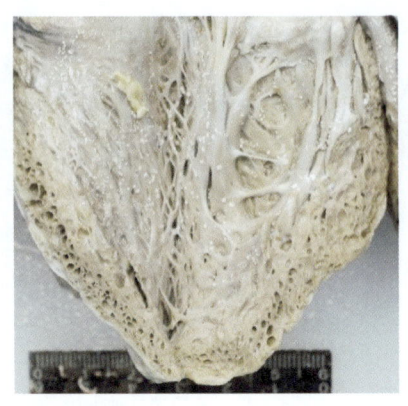

图 1-14　泡沫心（右心室心内膜霉菌斑附着）

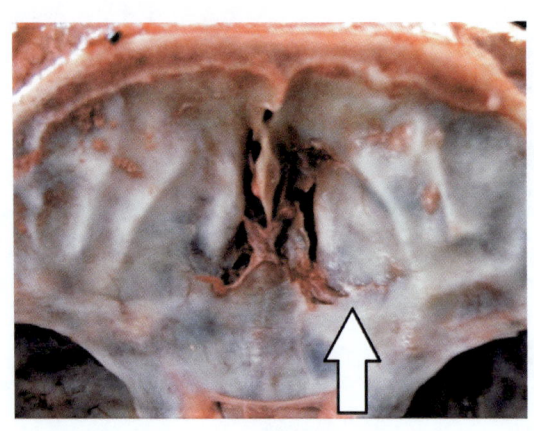

图 1-15　冷冻致颅底骨折

布临床死亡。注意：结合临床资料可帮助判断胸部是否存在原发性损伤。解剖见胸骨横断性骨折，受力方向向下，周围软组织出血很少（图 1-16）。

(a) 正面观

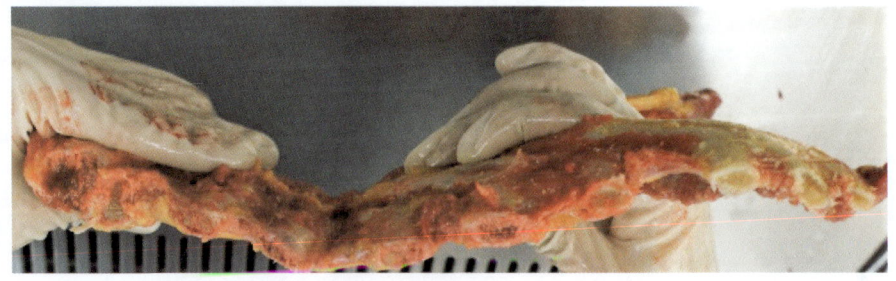

(b) 侧面观

图 1-16　胸骨横断性骨折伴少量出血（濒死期抢救形成）

二、组织病理学切片

1. 尸斑　检材取自死后 30 小时尸体背部皮肤。真皮及皮下组织小血管及毛细血管扩张，腔内充满红细胞，部分红细胞已经发生溶血（注意形态），小血管周围组织血浆浸染（图 1-17）。

2. 肺血液坠积　死者，男，40 岁，与人发生纠纷过程中倒地死亡，死后 1 日进行尸体解剖。图 1-18(a)中肺组织解剖结构清晰可辨，肺泡壁毛细血管及间质小血管扩张，其内充满淤积的血细胞。注意：结合大体器官观察肺淤血部位的分布特点。图 1-18(b)为正常的肺组织镜下观，请比较两者区别。

3. 脾血液坠积　死者，男，70 岁，与人争吵后昏迷，抢救无效死亡，死后 2 日尸检。图 1-19(a)脾组织在结构镜下可辨认，红髓区脾窦显著扩张、充满淤积的血细胞，白髓缩小。图 1-19(b)为正常的脾组织，请比较两者区别。

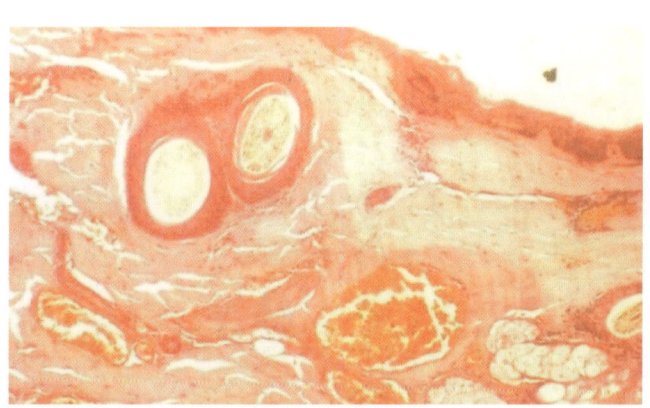

图 1-17 浸润期尸斑

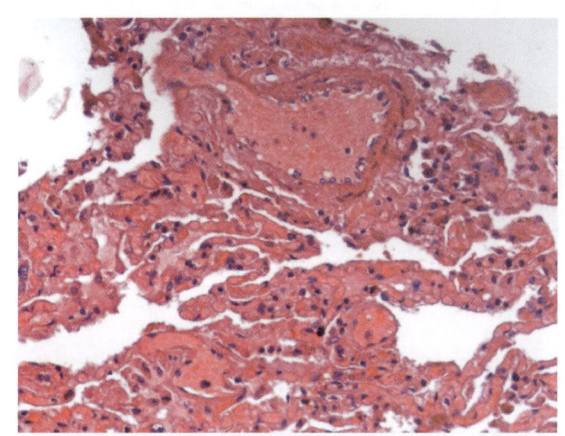

(a)肺淤血（HE染色，100×）

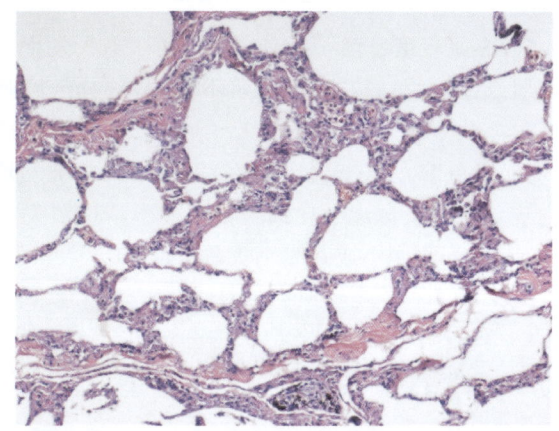

(b)正常肺组织（HE染色，40×）

图 1-18 肺血液坠积

图 1-18(a)
数字切片

(a)脾淤血（HE染色，100×）

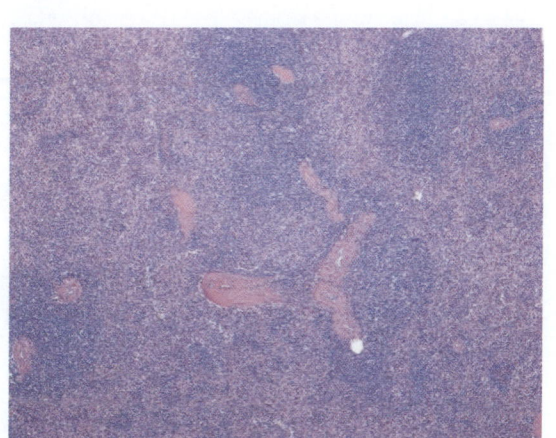

(b)正常脾组织（HE染色，40×）

图 1-19 脾血液坠积

图 1-19(a)
数字切片

4. 胰腺灶性自溶 死者，男，49 岁，死亡后尸体即冷冻保存，4 日后解剖。胰腺组织大部分形态结构无明显改变，部分胰腺腺泡上皮细胞结构模糊，细胞之间的境界不清，染色不均匀，有的细胞核消失，这种变化呈灶性或小块状分布，与周围境界清楚（图 1-20）。注意：细胞自溶的改变往往较早出现于胞质，而细胞坏死的改变中则是细胞核固缩和消失等较早出现。

5. 胰腺弥漫性自溶 死者，男，40 岁，与人发生纠纷过程中倒地死亡，死后 1 日进行尸体解剖。胰腺腺泡及导管上皮细胞结构模糊，核溶解消失，细胞之间界限不清；腺泡结构消失，胞质呈污紫红色，腺细胞融合成团块状，与基底膜分离而形成透明的空隙；胰岛已不能辨认（图 1-21）。

Note

图 1-20
数字切片

图 1-21
数字切片

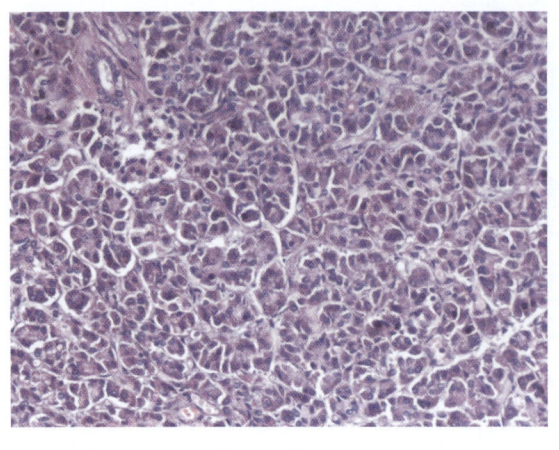
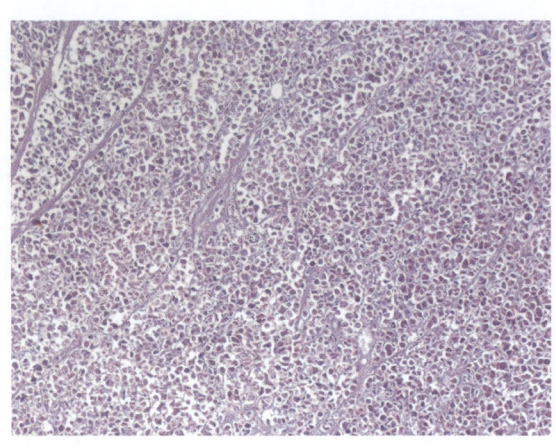

图 1-20　胰腺轻度灶性自溶(HE 染色,200×)　　　　图 1-21　胰腺重度弥漫性自溶(HE 染色,100×)

6. 心肌轻度自溶　死者,男,40 岁,与人发生纠纷过程中倒地死亡,死后 1 日进行尸体解剖。大部分心肌纤维横纹结构模糊,肌浆不均匀,部分区域肌浆溶解染色而变浅淡,细胞核结构及轮廓尚可见(图1-22)。

7. 肾自溶　死者,女,33 岁,失踪 2 日后被发现死于河道边,发现尸体 5 日后解剖。肾小球毛细血管内皮细胞和肾球囊上皮细胞核模糊不清或消失;近曲小管上皮细胞肿胀,胞质嗜伊红染色增强,大部分核消失;管腔变小或几乎消失(图 1-23)。

图 1-22
数字切片

图 1-23
数字切片

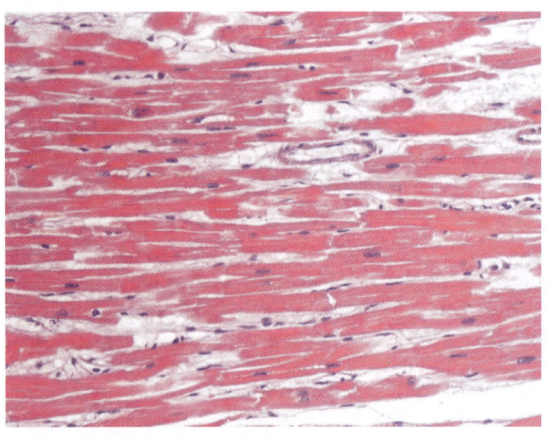
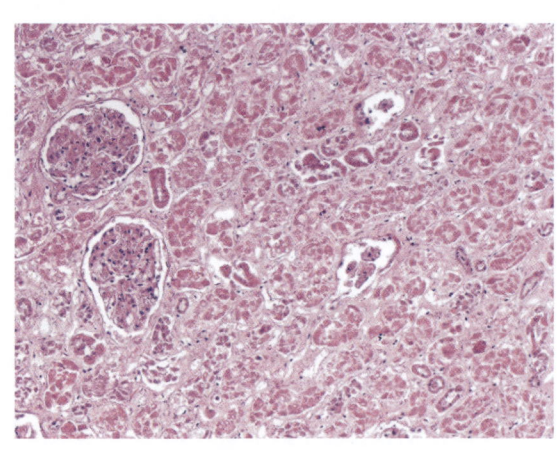

图 1-22　心肌轻度自溶(HE 染色,200×)　　　　　图 1-23　肾自溶(HE 染色,100×)

8. 肝自溶　死者,女,33 岁,失踪 2 日后被发现死于河道边,发现尸体 5 日后解剖。肝组织结构不清,但尚能分辨是肝组织;大部分肝细胞核消失;肝索之间界限不清;小血管内见蓝色细颗粒状的腐败菌落(图 1-24)。

9. 脾自溶　死者,女,33 岁,失踪 2 日后被发现死于河道边,发现尸体 5 日后解剖。脾组织结构尚存,脾小体结构欠清晰,大部分淋巴细胞消失或结构不清,红髓淤血并红细胞自溶(图 1-25)。

10. 心肌冰晶形成　死者,女,35 岁,被人发现死于某河道内。死亡 1 日后尸检,取出的组织器官被置于福尔马林固定液内,冷冻 2 日后送检。组织切片上见多组织内冰晶形成。图 1-26 为室间隔心肌组织,其心肌结构可辨,心肌纤维间出现大小不等的条状空隙,局部心肌纤维被压迫变形(浸入组织内的水分冰冻后形成冰晶,挤压局部组织,制片后在镜下可见冰晶融化遗留的条状空隙)。组织中冰晶形成会影响病理学观察,工作中应注意避免人为产生。

11. 脑组织切片刀痕　死者,女,35 岁,被人发现死于某河道内。死亡 1 日后尸检,取出的组织器官被置于福尔马林固定液内,冷冻 2 日后送检。脑组织切片边缘区域可见平行的条状小裂隙和组织向同一方向的轻微移位,为富含冰晶的脑组织在切片过程中由于剪切力形成的刀痕,切片中还可见到脑组织内大小不等的条状冰晶裂隙(图 1-27)。

Note

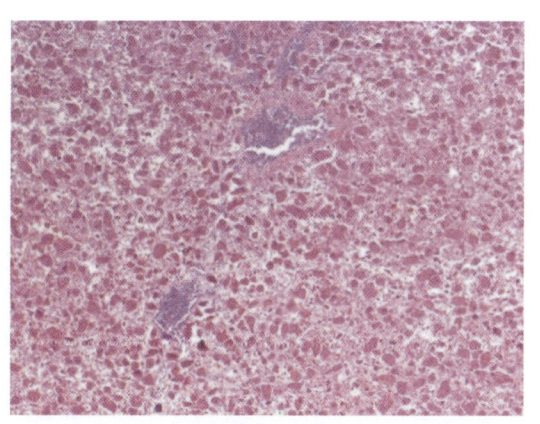

图 1-24　肝自溶(HE 染色,100×)

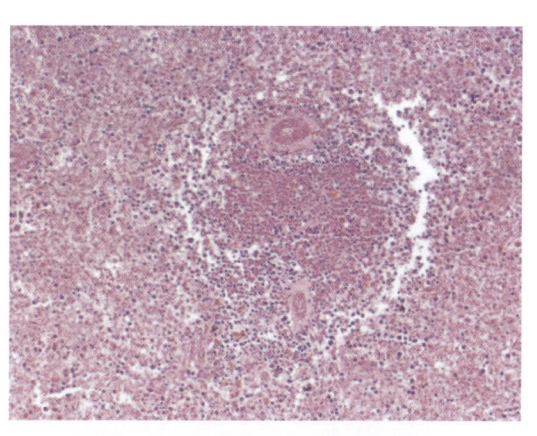

图 1-25　脾自溶(HE 染色,100×)

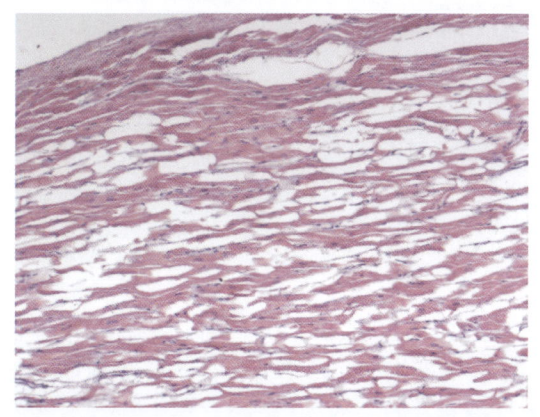

图 1-26　室间隔心肌组织(冰晶形成,HE 染色,100×)

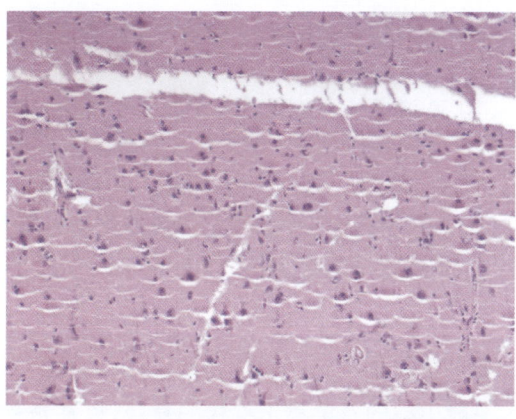

图 1-27　大脑组织切片中的刀痕(HE 染色,100×)

图 1-24
数字切片

图 1-25
数字切片

图 1-26
数字切片

图 1-27
数字切片

案例实践学习

【案例】

1. 案情摘要　某年 2 月 14 日,早上 6:30 左右,某小区有人报警,称发现邻居家里冒出黑烟,有煳味。警察随后到达现场,发现一名女性俯卧位死于家中床上,床上棉絮一角有燃烧痕迹。据调查,该女子有一男友。监控显示该男子当日凌晨 00:30 左右从死者住处离开。男子称其离开时女子说不舒服,要休息,怀疑女子是因疾病导致死亡。

2. 法医学检查　死亡次日对死者进行尸检,尸表正面及背面照如图 1-28、图 1-29 所示。

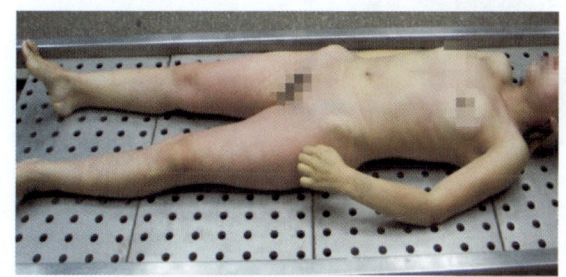

图 1-28　尸体正面照

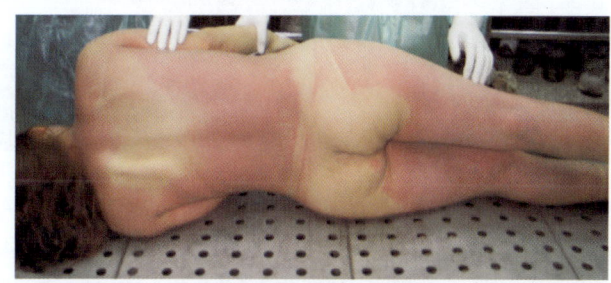

图 1-29　尸体背面照

(本案例由华中科技大学同济医学院法医学系提供)

案例解析
1-1

引导问题:

(1) 根据提供的尸表照片,试述能观察到的尸体现象。

(2) 根据所给材料,分析死者可能死亡的时间,其男友所说情况是否属实?

(3) 该案例给你哪些启示?

Note

(刘茜　任亮)

7

第二章　机械性损伤

实践学习目标

1. 通过观察大体图片,掌握常见、典型机械性损伤的形态学改变。
2. 通过观察切片,掌握损伤的镜下形态学特点,并与死后伤进行鉴别。
3. 通过案例实训,掌握实际案件中机械性损伤及其并发症导致死亡的诊断思路。

一、大体肉眼观

1. 中空性挫伤　死者,男,33岁,被他人用棍棒等殴打后死亡,左大腿后外侧可见车轨状中空性挫伤(图2-1)。圆柱形棍棒打击软组织丰富的部位,可以出现中空性挫伤,表现为两条平行排列的条形挫伤,一般中空的宽度小于棍棒的直径,以往被称为竹打中空。

2. 刺创　死者,男,40岁,被他人刺伤全身多处,致急性失血性休克死亡,左上臂可见贯通伤,为单刃刺器所致(图2-2)。

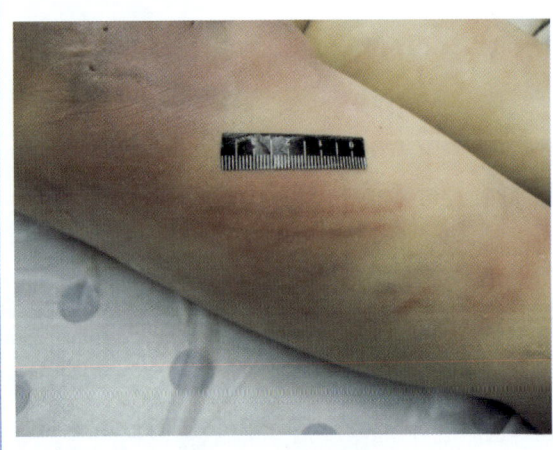

图 2-1　中空性挫伤

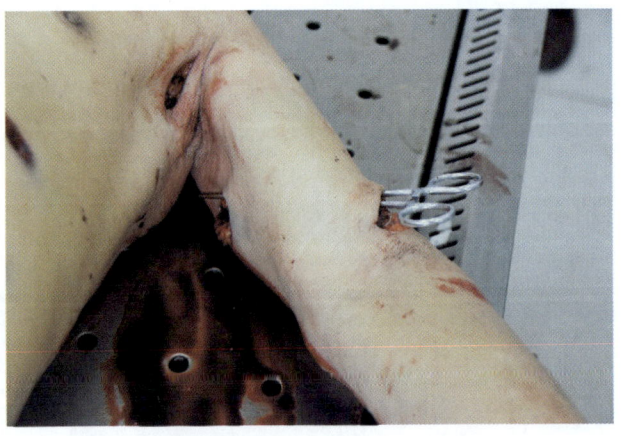

图 2-2　左上臂贯通伤(刺创)

3. 颈部刺创致左侧颈内动脉破裂　死者,男,40岁,被他人刺伤全身多处,致急性失血性休克死亡,颈部刺创致左侧颈内动脉破裂(图2-3),创底深达颈椎。锐器创检查时应注意查找创腔或创道内有无大血管的破裂。

4. 心脏刺创　死者,男,40岁,被他人刺伤全身多处,致急性失血性休克死亡,左胸部刺创,形成左心后室壁贯通伤(图2-4,检查深入体腔的锐器创时,应注意查找创道内有无重要器官的损伤)。

5. 开放性颅脑损伤　死者,男,48岁,被他人砍伤全身多处致创伤性休克死亡,头部砍创致左颞骨骨折,脑组织外露(图2-5)。

6. 颅骨线性骨折　死者,男,28岁,施工时不慎坠落死亡,解剖可见额骨线性骨折(图2-6)。

7. 硬膜外血肿　死者,男,43岁,钝性暴力打击右侧头部,见右颞部形成硬膜外血肿(图2-7)。

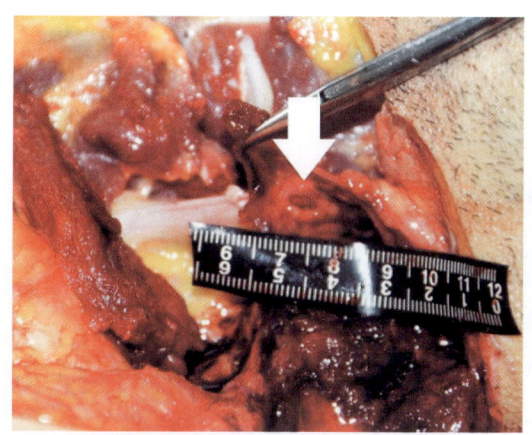

图2-3 颈部刺创致左侧颈内动脉破裂

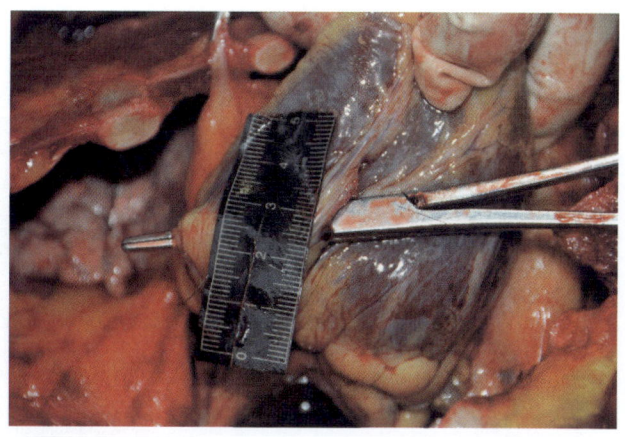

图2-4 心脏刺创

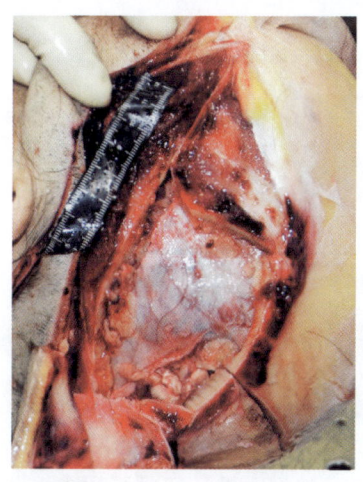

图2-5 开放性颅脑损伤

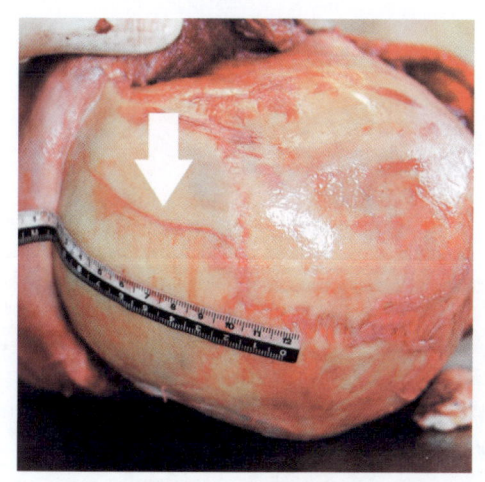

图2-6 颅骨线性骨折

8. 硬膜下血肿伴蛛网膜下腔出血 死者,男,28岁,施工时不慎坠落死亡,解剖可见额骨线性骨折,打开颅骨见额部硬膜下血肿形成,并伴有广泛性蛛网膜下腔出血(图2-8)。

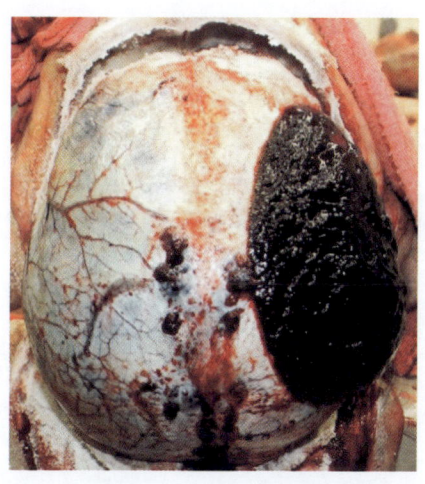

图2-7 硬膜外血肿

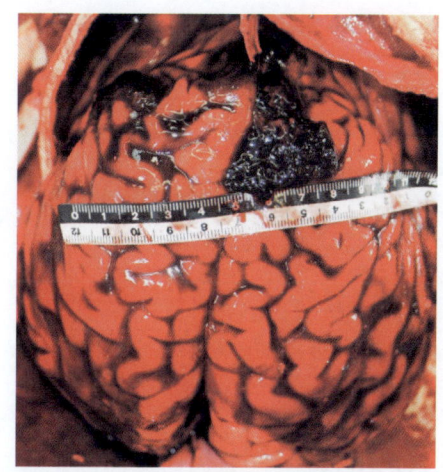

图2-8 硬膜下血肿伴蛛网膜下腔出血

9. 脑挫伤 死者,男,55岁,从楼梯上坠落致重度颅脑损伤而死亡,解剖可见双侧额极、颞极、眶回脑挫伤(图2-9)。

10. 肺动脉血栓栓塞 死者,女,57岁,某日因交通事故致下肢骨折住院治疗,15天后在下床时突然昏迷并死亡。因下肢骨折后长期卧床,下肢深静脉血栓形成并脱落,形成肺动脉血栓栓塞而死亡。解

Note

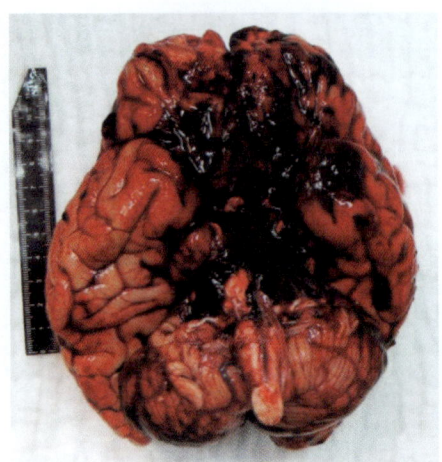

图 2-9　脑挫伤

剖可见双侧肺动脉管腔内血栓阻塞(图 2-10),同时下肢深静脉内发现血栓形成(图 2-11)。

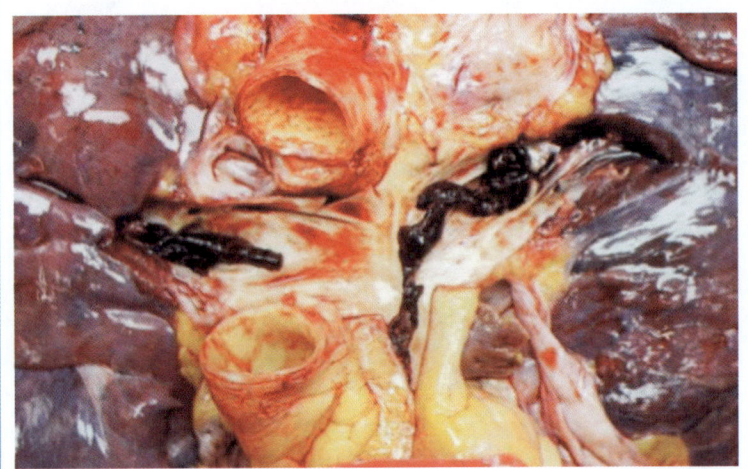

图 2-10　双侧肺动脉血栓栓塞

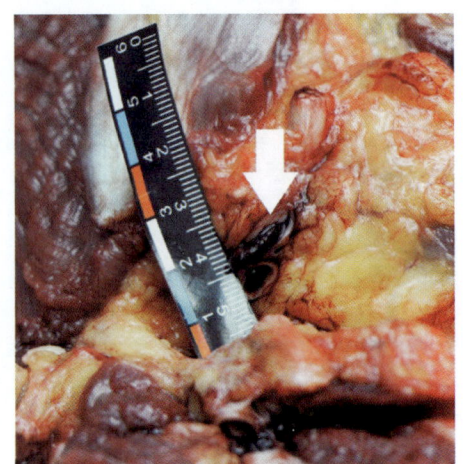

图 2-11　下肢深静脉内血栓形成

二、组织病理学切片

1. 皮肤挫伤

(1) 基本情况:死者,女,75 岁,某日与他人纠纷后,因冠心病急性发作而死亡,其头皮可见小片状皮肤挫伤。

(2) 阅片要点:辨认头皮组织,可见毛囊结构,软组织内可见片状红细胞聚集(图 2-12)。

(3) 法医病理学诊断:头皮挫伤。

2. 肌肉挫伤

(1) 基本情况:死者,女,45 岁,被人殴打致颅脑损伤、全身广泛性软组织损伤而死亡,其腰背部肌肉见片状挫伤。

(2) 阅片要点:镜下观察,可见部分骨骼肌变性,肌浆凝集,间质灶性出血(图 2-13)。

(3) 法医病理学诊断:肌肉挫伤。

3. 皮肤刺创并发坏疽

(1) 基本情况:死者,男,44 岁,某日在路边晕倒,送医院发现其左上臂肿胀伴异味,局部皮肤呈黑色,引流出大量脓性液体,经治疗无效,于入院 30 小时后死亡。据查,其入院前一周曾被他人用刀刺伤左上臂。

(2) 阅片要点:可见表皮层下片状软组织坏死,伴大量中性粒细胞浸润及局灶性出血(图 2-14)。

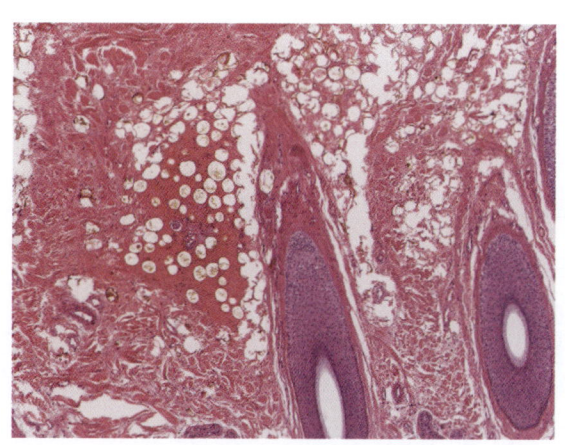

图 2-12　头皮挫伤(HE 染色,40×)

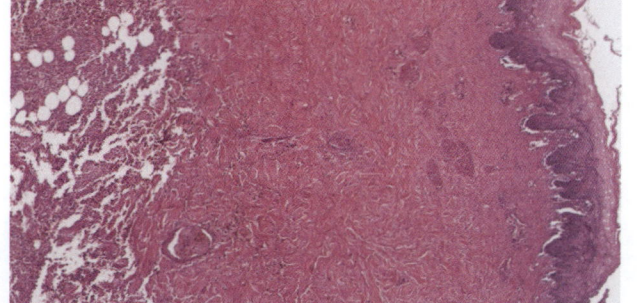

图 2-13　肌肉挫伤(HE 染色,200×)

图 2-12
数字切片

图 2-13
数字切片

（3）法医病理学诊断:皮肤刺创并发坏疽。

图 2-14　表皮层下片状软组织坏死伴出血(HE 染色,40×)

图 2-14
数字切片

4. 颞肌出血

（1）基本情况:死者,男,47 岁,某日被他人用山石打击头部后抛弃至路边,约 8 小时后被人发现,已死亡。

（2）阅片要点:部分肌纤维凝固性坏死,间质灶性出血,并见以中性粒细胞为主的炎症细胞浸润(图 2-15,思考一下此现象说明什么)。

（3）法医病理学诊断:颞肌出血伴炎症细胞浸润。

5. 新鲜脑挫伤

（1）基本情况:死者,男,65 岁,某日被他人用刀砍伤头部,当日经抢救无效死亡。

（2）阅片要点:镜下观察可见颞叶脑皮质浅层散在小片状出血,出血灶处脑组织结构崩解,神经元变性坏死,附近软脑膜破裂;脑组织内部分神经元及小血管周围间隙增大(图 2-16)。

（3）法医病理学诊断:新鲜脑挫伤。

6. 蛛网膜下腔出血伴陈旧性脑挫伤

（1）基本情况:死者,男,53 岁,某日因纠纷被他人打伤头部,当时即昏迷,入院治疗无效,于伤后 18 天死亡。

（2）阅片要点:低倍镜下可见明显蛛网膜下腔出血伴血肿形成,其下部分脑组织疏松淡染(图 2-17(a));用高倍镜观察,可见血肿下部分区域脑组织结构崩解,软化灶形成,软化灶内见大量泡沫细胞聚集,神经元坏死、核消失,并见含铁血黄素颗粒沉积,软化灶周胶质细胞增多、聚集(图 2-17(b))。

（3）法医病理学诊断:蛛网膜下腔出血伴陈旧性脑挫伤。

7. 脑挫伤并发脑脓肿

（1）基本情况:死者,男,49 岁,某日因纠纷被他人打伤头部,当时即入院行开颅术,术中见硬膜下血

图 2-15
数字切片

图 2-16
数字切片

图 2-17
数字切片

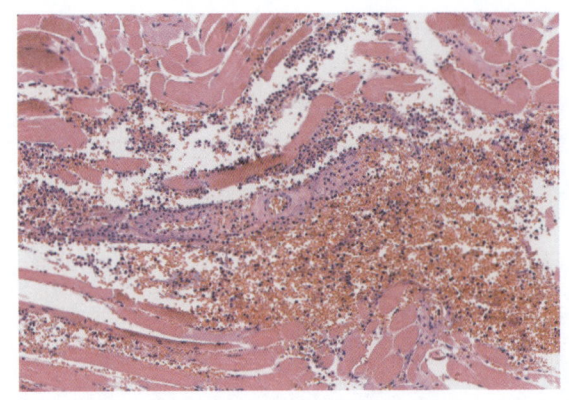

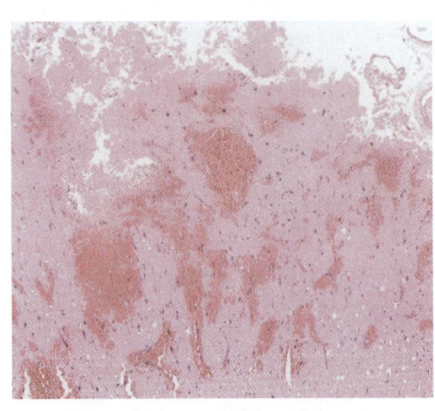

图 2-15　颞肌出血伴以中性粒细胞为主的炎症细胞浸润(HE 染色,200×)　　**图 2-16　新鲜脑挫伤(HE 染色,40×)**

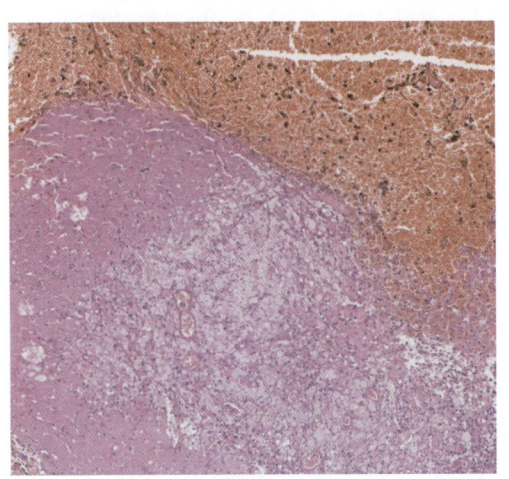

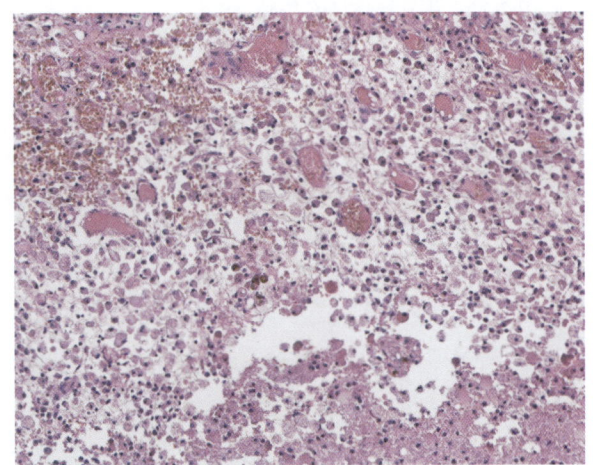

(a) HE染色（40×）　　　　　　　　　　　　　　　(b) HE染色（200×）

图 2-17　蛛网膜下腔出血伴陈旧性脑挫伤

肿形成及脑挫伤,术后昏迷并逐渐出现感染症状和体征,于伤后 24 天死亡。

（2）阅片要点:脑组织自溶,神经元及部分小血管周围间隙增宽,脑组织内散在局灶性变性及大量中性粒细胞浸润灶,灶周神经组织崩解(图 2-18)。

（3）法医病理学诊断:脑挫伤并发脑脓肿(结合案情)。

8. 肺挫伤

（1）基本情况:死者,男,35 岁,某日因交通事故致胸腹联合损伤而死亡。

（2）阅片要点:可见肺广泛性出血,肺泡腔内充满红细胞,尤以被膜下为重(图 2-19)。

（3）法医病理学诊断:肺挫伤。

图 2-18　脑挫伤并发脑脓肿(HE 染色,40×)　　　　　**图 2-19　肺挫伤(HE 染色,40×)**

9. 肝挫伤

（1）基本情况：死者，女，12 岁，某日因高处坠落（简称高坠）死亡。

（2）阅片要点：取自肝挫裂创处组织，注意辨认破口处，用高倍镜观察，可见肝组织碎裂，创腔内见少量出血（图 2-20）。

（3）法医病理学诊断：肝挫伤。

10. 肾挫伤

（1）基本情况：死者，女，12 岁，某日因高坠死亡。

（2）阅片要点：用高倍镜观察，可见肾间质局灶性出血（图 2-21）。

（3）法医病理学诊断：肾挫伤。

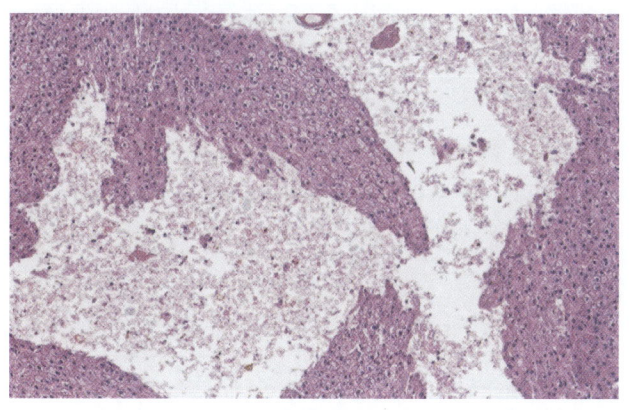

图 2-20　肝挫伤（HE 染色，200×）

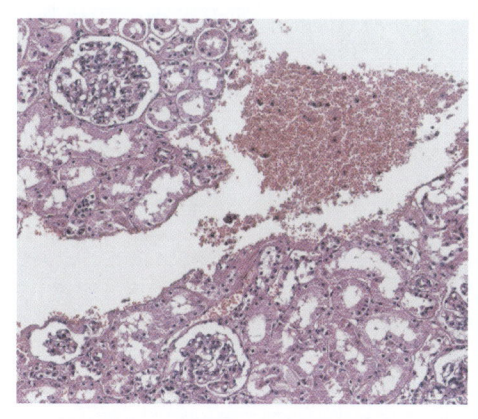

图 2-21　肾挫伤（HE 染色，200×）

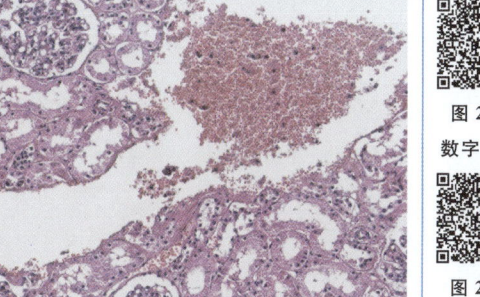

图 2-20
数字切片

图 2-21
数字切片

11. 脾挫伤

（1）基本情况：死者，女，12 岁，某日因高坠死亡。

（2）阅片要点：镜下见脾组织挫碎伴出血，注意辨认挫碎的脾脏组织及自溶的红细胞（图 2-22）。

（3）法医病理学诊断：脾挫伤。

12. 外伤性迟发性脾破裂

（1）基本情况：死者，男，42 岁，某日因腹痛就诊，检查发现脾破裂，并于当日因脾破裂致失血性休克而死亡，据查其入院前一周曾被人打伤过腰腹部。

（2）阅片要点：注意辨认脾组织。可见脾组织内大片状出血伴中性粒细胞浸润，部分区域见含铁血黄素颗粒沉积，脾被膜下及部分出血区周围见由大量增生的纤维母细胞、新生毛细血管及炎症细胞构成的肉芽组织形成（图 2-23）。

（3）法医病理学诊断：外伤性迟发性脾破裂。

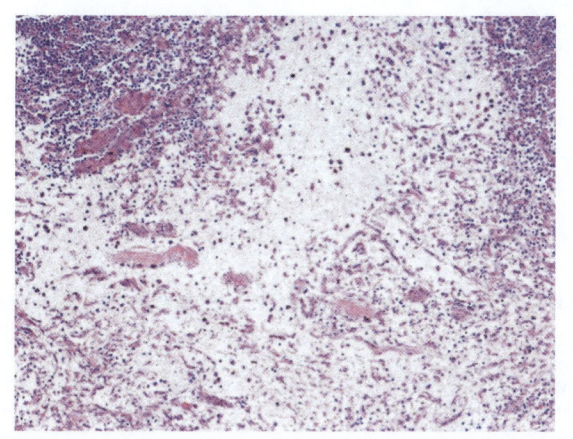

图 2-22　脾挫伤（HE 染色，100×）

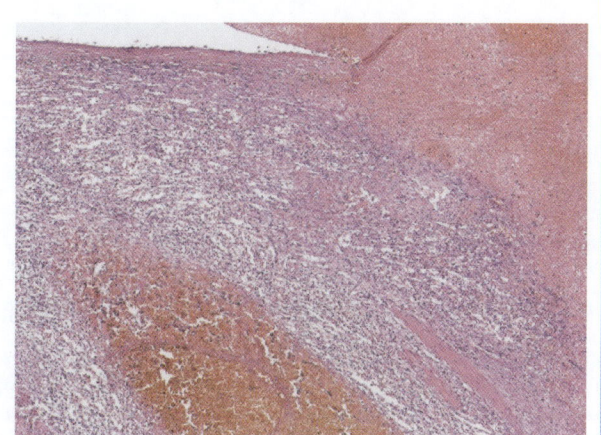

图 2-23　外伤性迟发性脾破裂（HE 染色，40×）

图 2-23
数字切片

Note

13．肺动脉血栓栓塞

（1）基本情况：死者，女，57岁，某日因交通事故致下肢骨折住院治疗，15天后在下床时突然昏迷并死亡。

（2）阅片要点：取材自肺动脉内条索状物，镜下可见血小板梁、纤维素和血细胞等成分，为混合血栓（图2-24）。

（3）法医病理学诊断：肺动脉血栓栓塞。

14．肺脂肪栓塞

（1）基本情况：死者，男，66岁，因交通事故致下肢骨折住院治疗，伤后2天突然死亡。

（2）阅片要点：仔细观察肺间质小血管及肺泡壁毛细血管，可见部分血管扩张呈类圆形，有的呈串珠样排列（注意：普通HE染色切片制片过程中，脂滴溶解，仅留下空泡，图2-25），冰冻切片经油红O染色，空泡呈橘红色阳性反应，证实脂滴栓塞（图2-26）。

（3）法医病理学诊断：肺脂肪栓塞。

图 2-25
数字切片

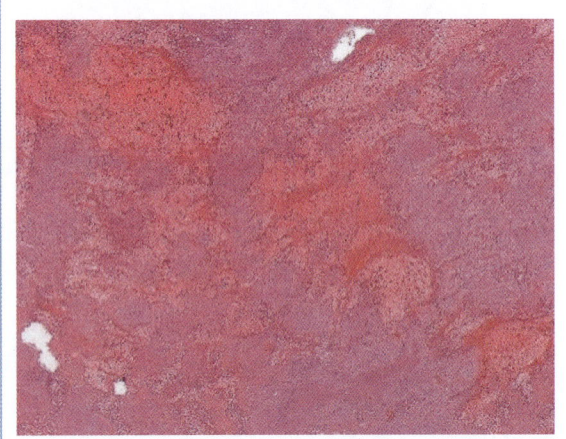

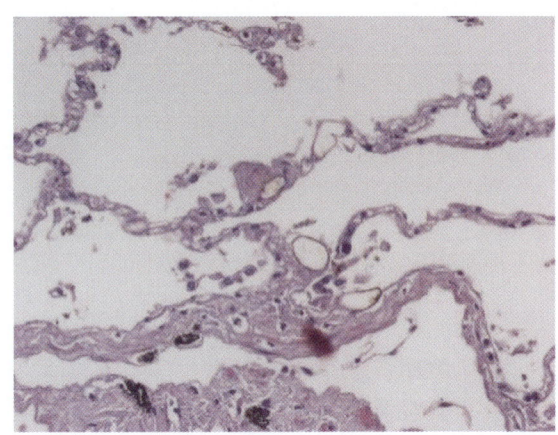

图 2-24　肺动脉内血栓（HE染色，40×）　　　　　图 2-25　肺脂肪栓塞（HE染色，200×）

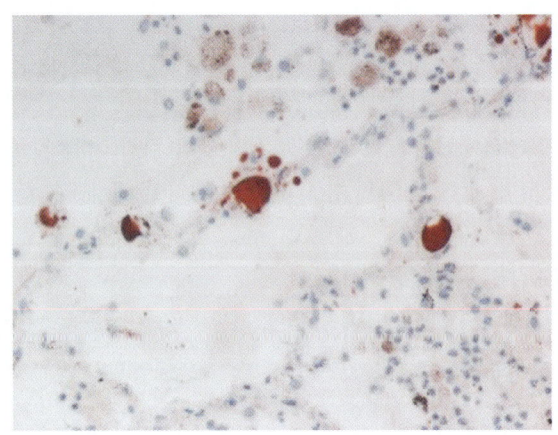

图 2-26　肺脂肪栓塞（油红O染色，200×）

15．挤压综合征

（1）基本情况：死者，女，3岁，被家人长时间殴打，致大面积软组织损伤，2天后死亡。

（2）阅片要点：高倍镜下，可见部分肾小管内呈均质嗜伊红染色颗粒状物质阻塞管腔（图2-27），肌红蛋白染色呈阳性反应（图2-28）。

（3）法医病理学诊断：肾内肌红蛋白管型形成（挤压综合征）。

Note

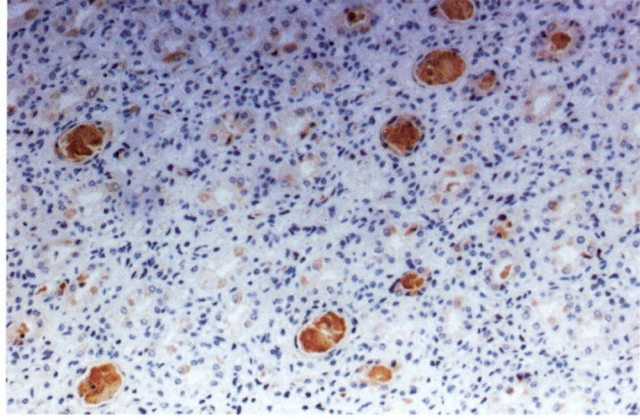

图 2-27　肾内肌红蛋白管型形成（HE 染色，200×）　　　图 2-28　肾内肌红蛋白管型形成（肌红蛋白染色，200×）

 案例实践学习

【案例 2-1】

1. 案情摘要　某年 10 月 13 日，王某（女，68 岁）从高处坠落后送到当地医院进行治疗。次年 1 月 5 日经抢救无效死亡。

2. 住院病历摘要　10 月 13 日，患者因摔伤 1 小时余入我院 ICU，既往具有高血压及糖尿病病史。查体：T 36.5 ℃，P 79 次/分，BP 106/61 mmHg，R 23 次/分，SaO_2 93％，昏迷状，GCS 10 分（E3，V1，M6），双侧瞳孔不等大，左侧 2.5 mm，对光反射存在，右侧 3.5 mm，对光反射减弱。四肢肌力检查不配合，四肢肌张力正常，左侧病理征阳性，右侧病理征未引出。入院诊断：①急性重型颅脑损伤：蛛网膜下腔出血，脑桥出血待排。②胸部闭合性损伤：左侧多发肋骨骨折，双肺挫伤，左侧胸腔积液。③腹部闭合性损伤：脾脏挫伤待排。④多发骨折：左侧肩胛骨骨折，$T_6 \sim T_7$ 左侧横突骨折，$L_1 \sim L_4$ 左侧横突骨折，左侧髋骨骨折。⑤高血压。⑥2 型糖尿病。10 月 19 日患者出现呼吸困难，予以气管插管接呼吸机辅助呼吸。10 月 20 日予以气管切开术。11 月 11 日转入心胸外科。次年 1 月 4 日夜间患者突发呼吸、心搏骤停，后经抢救无效于 1 月 5 日 19:40 宣布临床死亡。

3. 法医学检查

（1）尸表检查：死后 27 小时尸检，老年女性尸体，右侧顶骨结节处头皮见 2 处 1 cm×1 cm 陈旧性瘢痕，胸骨上可见气管插管切口，左手腕外侧、右手腕外侧及左足背分别见 2、3、1 处注射针痕。

（2）解剖检查：左侧颅前窝见大小为 4.0 cm×3.0 cm 的硬膜下血肿形成，出血处镜下见纤维素渗出，部分红细胞呈空泡状改变或破碎呈颗粒状，血肿周围软脑膜增厚伴少量淋巴细胞浸润。

脑重 1100 g，脑底动脉节段性硬化，脑表面及切面肉眼观未见异常。镜下见脑组织水肿，右颞叶及枕叶见小灶性蛛网膜下腔出血，并可见少量的含铁血黄素颗粒形成；脑桥见小软化灶形成；部分脑实质小血管周围见漏出性出血，部分细小动脉管壁增厚、玻璃样变性。

气管可见气管插管切口，周围软组织出血。喉头肉眼观无水肿，镜下喉室黏膜下见淋巴细胞浸润。

左侧近锁骨中线处第 3～5 肋骨骨折，近腋后线处第 2、4～9 肋骨骨折合并骨痂形成。

心重 400 g，底部心外膜散在点状出血。顺血流方向剪开各心房及心室，左、右心室壁分别厚 1.4 cm 及 0.4 cm。左心室腔心内膜灶片状出血，以室间隔侧为重，其中三尖瓣下出血面积为 3.5 cm×4.5 cm，二尖瓣后瓣下方出血面积为 0.7 cm×0.7 cm，前乳头肌出血面积为 2 cm×0.4 cm，后乳头肌出血面积为 0.5 cm×0.5 cm。主动脉根部可见少量脂质斑块。冠状动脉左前降支自分支口始见长 2.5 cm 的 Ⅰ～Ⅱ级脂质斑块，右冠状动脉全程见 Ⅰ～Ⅱ级脂质斑块，距开口 2.5 cm 始见 1.5 cm 长的斑块内出血。镜下左心室及左心室乳头肌部分心肌细胞肥大，部分心肌纤维断裂，乳头肌及室间隔心内膜下出血，心肌间质部分细小动脉管壁增厚、玻璃样变性。左前降支及右冠状动脉镜下见内膜偏心性增厚，见大量粥样坏死物质及少量胆固醇结晶，斑块内见灶性出血。传导系统检查结果提示窦房结轻度脂肪浸

Note

润,房室结中度脂肪浸润,希氏束左束支出血。

左、右肺分别重 400 g 及 550 g,左肺与胸膜粘连。镜下见双肺多发性片状肺水肿,灶性肺出血,肺淤血,部分细小动脉管壁增厚、玻璃样变性。

打开腹腔,左侧膈肌高度位于第 4～5 肋间,右侧膈肌高度位于第 3～4 肋间;腹壁脂肪厚度 3.5 cm,腹腔内干净,腹腔内器官位置未见异常。

肝重 1250 g,胆囊充盈,胆汁为墨绿色。表面及切面肉眼观未见异常。镜下部分肝细胞脂肪变性,汇管区见大量淋巴细胞浸润,肝细胞轻度自溶。

脾重 200 g,表面及切面肉眼观未见异常。镜下脾小体中央动脉管壁增厚、玻璃样变性,脾自溶、淤血。

双肾共重 350 g,被膜易剥离,切面皮、髓质分界清楚,皮质厚 0.5 cm。镜下部分肾小球纤维化、玻璃样变性,肾小管见蛋白管型形成,肾小管上皮细胞广泛性自溶,间质淤血。

肾上腺表面及切面肉眼观未见异常。镜下皮质束状带轻度脂质脱失。

胰重 200 g,表面及切面肉眼观未见异常。镜下见弥漫性自溶。

胃内容物为血性液体,约 20 mL,胃大体未见异常,镜下胃黏膜散在少量淋巴细胞浸润,十二指肠、小肠及阑尾大体未见异常,结肠自回盲部始 40 cm 的肠段出血,镜下见结肠广泛性出血,黏膜层见大量以淋巴细胞为主的炎症细胞浸润;十二指肠及小肠黏膜层见淋巴细胞浸润。

卵巢肉眼观及镜下未见异常,子宫底见 1.2 cm×1.2 cm×0.8 cm 肌瘤形成,镜下子宫淤血,肌瘤内见大量纤维密集排列。

4. **毒化检验** 心血及胃内容物中未检出常见毒(药)物成分。

(本案例由华中科技大学同济医学院法医学系提供)

案例解析
2-1

引导问题:

(1) 根据案情和病历资料,主要考虑哪些死因?

(2) 尸体的法医病理学检查中有哪些具有特征性的病变?死亡原因是什么?

(3) 死亡原因分析中,损伤与病变的关系如何?

【案例 2-2】

1. **案情摘要** 某年 1 月 5 日上午 11 时,刘某(女,60 岁)不慎从高处坠落,当时呼叫无人应答,约于 14 时被人发现,并于下午 18 时左右送到医院就诊。经初步处理后,患者在放射科被抬至检查床上准备拍片时,突然出现意识丧失,口唇发绀,立即被送入 ICU 抢救,于 19 时 37 分出现心搏骤停,抢救无效,于 1 月 5 日 20 时 35 分宣告死亡。

2. **医院门急诊病历摘要** 因"从高处坠落致全身多处受伤 8 小时余"入院,患者中午 11 时许从坡上跌落,家属发现后从事发地点将其抬回,并送入我院,在放射科准备将其抬至检查床上做检查时,患者突然出现意识丧失、口唇发绀、口吐白沫。急诊科医生立即将患者送入 ICU,于 19 时 30 分入住 ICU,入 ICU 时查体:患者神志昏迷,口唇发绀,口吐白沫,无自主呼吸,HR 98 次/分。心音弱,血压测不出。双瞳孔散大,直径 5 mm,对光反射消失。右下肢肢具外固定。心电监护示:交界性心律,完全右束支传导阻滞,88 次/分,立即请心内科会诊。患者于 19 时 37 分出现心搏骤停,经抢救无效,于 20 时 35 分宣告死亡。

3. **法医学检查**

(1) 尸表检查:老年女性尸体,尸长 153 cm,右肩部较左侧稍肿胀,但未见明显损伤出血,仅触及可疑骨折。右小腿肿胀,并见多处青紫斑块,小腿中段右侧周径 34 cm,左侧为 30 cm,头部、颈部、躯干部、肛门和外生殖器未见异常。

(2) 解剖检查:头皮下无出血,颅骨无骨折,硬膜外及硬膜内无血肿。脑重 1200 g,表面观未见损伤、出血,脑中线无偏移;切面未见出血。镜检见大脑、小脑和脑干淤血,轻度水肿,未见出血,蛛网膜下腔淤血,部分小动脉管壁增厚。

Note

舌骨、甲状软骨及环状软骨无骨折。喉头无水肿,扁桃体无肿大,左侧甲状腺轻度肿大。镜检见扁桃体轻度淤血;喉头轻度淤血,黏膜下层见较多的淋巴细胞浸润;甲状腺部分滤泡扩张,间质淤血,并见少量淋巴细胞浸润。

左、右两侧胸腔未见积液。左侧第5、6前肋骨折,胸骨中上段见出血,右侧第3、4前肋骨折。胸膜无粘连。食管未见异常。气管和支气管未见异常;左、右肺分别重250 g和300 g,肉眼观表面未见出血点,可见少量炭末沉着;切面淤血。镜检见肺重度淤血,轻度水肿、灶性出血、灶性肺气肿;较多的肺内小动脉和肺泡壁毛细血管内见大小不等的圆形或类圆形的空泡,经"油红O"特殊染色,肺内小动脉和肺泡壁毛细血管内见圆形或类圆形空泡呈橘红色阳性反应;细支气管腔内可见脱落的黏膜上皮,肺膜下及细支气管周围可见炭末沉着。

以倒"Y"字形打开心包,心包未见异常。心重350 g,以顺血流方向打开心脏,见左心室壁稍增厚,左、右心室壁分别厚1.4 cm和0.4 cm;各心瓣膜未见异常。心瓣膜周径:二尖瓣9 cm,三尖瓣11 cm,主动脉瓣6 cm,肺动脉瓣7 cm。主动脉内膜见散在脂纹及脂质斑块。冠状动脉检查:呈右优势型,左主干长0.6 cm,开口及走行未见异常,左前降支近段见Ⅱ~Ⅲ级动脉粥样硬化斑块狭窄病变,右主支近段见Ⅰ~Ⅱ级动脉粥样硬化斑块狭窄病变。镜检见左心室心肌细胞轻度肥大,间质轻度淤血,纤维结缔组织轻度增多;右心室轻度淤血,轻度脂肪组织浸润。冠状动脉左前降支内膜呈环形增厚,纤维斑块下为较多的无定形坏死物质和胆固醇结晶,管腔狭窄程度约为65%,右主支内膜轻度增厚,管腔狭窄约30%。

腹壁脂肪厚2 cm,左、右侧膈肌高度分别位于第5、6肋间和第4、5肋间。大网膜无粘连,腹腔未见积液。各器官位置未见异常。

肝重1250 g,大小为22 cm×16 cm×10 cm,肉眼观表面及切面未见异常。镜检见肝窦重度扩张、淤血,肝细胞内见少量大小不一的脂肪空泡。胆囊内无结石,含胆汁约5 mL。

脾重100 g,大小为10.5 cm×6.5 cm×3.5 cm,表面观未见异常,切面见重度淤血。镜检见脾重度淤血,轻度自溶,中央动脉管壁增厚。

肾包膜未见出血,双肾重200 g,大小分别为10 cm×5 cm×3 cm和11 cm×5.5 cm×4 cm,表面观未见异常,切面皮质层厚0.2 cm。镜检见肾淤血,近、远曲小管上皮细胞自溶,有的肾小管内见蛋白管型,肾小球轻度自溶。

胰组织块重150 g,肉眼观表面及切面未见异常。镜下见弥漫性自溶。

胃内见约250 mL咖啡色样液体,胃壁未见损伤出血、肿块和溃疡形成。空肠、回肠、阑尾、升结肠及降结肠肉眼观未见异常。镜检见胃、肠轻度淤血,黏膜自溶。

子宫及附件共重1200 g,肉眼观子宫宫体见5个大小不等的肿瘤,最大者为4 cm×3.8 cm×3.5 cm,最小者直径为1 cm。镜检见肿瘤细胞成束状或旋涡状排列,间质小动脉管壁增厚。膀胱及输尿管未见异常。

脊椎及骨盆未触及骨折。右肩部未解剖检查。自前外侧切开右小腿,在右膝关节下至内踝上有长约25 cm范围的软组织出血及凝血块,右侧胫骨在膝关节下5 cm及内踝上9.5 cm见两处斜形完全性骨折,中间未骨折的一段胫骨长13 cm;腓骨下段骨折。

4. 毒化检验　心血及胃内容物中未检出常见毒(药)物成分。

(本案例由华中科技大学同济医学院法医学系提供)

引导问题:

(1) 根据尸检所见及组织病理学检查结果,列出法医病理学诊断。

(2) 根据材料,如何分析死者的死亡原因?

(3) 该案例给你哪些启示?

案例解析
2-2

【案例2-3】

1. 案情摘要　某年9月18日18时20分许,公安机关接报:在某县卫生院内,一学生朱某(男,12岁)不明原因生命垂危,正在抢救。9月18日18时许,朱某与一位同学发生冲突,被对方用右手掌用力

推其左后侧颈部,僵持数秒,双方松手,被拉开后不久,朱某在走向教室的路上突然昏迷倒地,后送至医院抢救。

2. 病历摘要

(1)初诊门诊病历摘要:患者于9月18日18时36分许送入我院,来院时患者呼吸、心跳停止,无生命体征,口唇发绀,小便失禁,给予吸氧、胸外按压约30分钟,患者仍无呼吸、心跳,无生命体征,双侧瞳孔散大,无对光反射,送上级医院。

(2)上级医院门诊病历摘要:9月18日,为患者查体,无生命体征,全身冰凉,四肢僵硬,头颅无明显畸形,双侧瞳孔散大固定,直径约7 mm,唇发绀,无颈动脉搏动,无呼吸、心跳,辅助检查心电图呈一直线,诊断为临床死亡。

3. 法医学检查

(1)尸表及解剖检查:尸长171 cm,双眼球、睑结膜无明显出血点,口鼻、牙齿及双耳未发现明显异常,双唇未见发绀,颈、胸、腹、背部及四肢未见明显异常,头皮内及头皮下未见出血,颅骨无骨折,硬膜外、硬膜下及蛛网膜下腔未见出血,脑组织完整,未见挫裂伤及出血,颅底未见骨折,颈部皮肤完好,颈部肌肉未见出血,舌骨未见骨折,气管内可见黏液泡沫,胸部肌肉未见出血,肋骨未见骨折,双侧胸腔未见积液(血),双肺见广泛出血点,心包完整,心包内见少量黄色液体,心脏表面见出血点,腹部肌肉未见出血,腹腔内未见积液(血),胃充盈,内见食糜约500 mL,胃壁未见出血,四肢未见骨折。

(2)组织病理学检查:脑重1720 g,脑表面肉眼观未见异常,切面肉眼观见侧脑室稍扩张。镜下见神经元周围间隙及脑内小血管周围间隙稍增宽,部分脑内小血管扩张、充血,少量脑实质小血管周围见围管性出血,偶见蛛网膜下腔点状出血。

心重315 g,左、右心室壁及室间隔分别厚1.4 cm、0.5 cm及1.4 cm,心外膜、心内膜及各瓣膜检查未见异常。冠状动脉检查未见异常。镜下见左冠状动脉前降支及右冠状动脉内膜稍增厚,左、右心室壁部分心肌细胞肥大,传导系统未见异常。

左、右肺分别重432 g、492 g,表面肉眼观未见异常,各切面肉眼观见散在点片状棕褐色样变。镜下见肺淤血,点灶性肺水肿,灶性肺泡腔内见红细胞积聚。

肝重1470 g,表面及各切面肉眼观未见异常。镜下见肝窦稍扩张、充血,汇管区少量炎症细胞浸润,偶见肝细胞点状坏死。

脾重194 g,表面及各切面肉眼观未见异常。镜下见脾窦扩张、充血。

双肾共重293 g,被膜易剥离,表面未见异常,切面皮、髓质分界清楚,皮质厚0.5 cm。镜下见肾小球毛细血管及间质小血管扩张、充血,肾小管上皮细胞自溶。

肾上腺表面及切面肉眼观未见异常。镜下见肾上腺皮质脂质脱失。

胰重114 g,表面及各切面肉眼观未见异常。镜下见胰组织灶性自溶。

胸腺重62 g,表面及各切面肉眼观未见异常。镜下见胸腺点状出血。

喉头表面及切面肉眼观未见异常。镜下见喉头黏膜下灶片状以巨噬细胞及淋巴细胞为主的炎症细胞浸润。

甲状腺表面、切面肉眼观及镜下均未见异常。

双侧扁桃体肿大,表面及切面肉眼观未见异常。镜下见扁桃体淋巴小结稍增生。

双侧睾丸及附睾组织共重41 g,表面、切面肉眼观及镜下均未见异常。

双侧颈动脉表面及切面肉眼观未见异常。镜下见左侧颈总动脉近颈内、外动脉分叉处与其旁神经节间结缔组织灶性红细胞积聚,右侧颈总动脉周围结缔组织灶性红细胞积聚。

4. 毒化检验　心血及胃内容物中未检出常见毒(药)物成分。

(本案例由华中科技大学同济医学院法医学系提供)

引导问题:

(1)根据尸检所见及组织病理学检查结果,列出法医病理学诊断。

(2)如何分析死者的死亡原因和死亡机制?

案例解析 2-3

(任亮)

第三章 机械性窒息

实践学习目标

1. 通过观察大体图片,掌握常见、典型机械性窒息征象的肉眼观特征性表现。
2. 通过观察切片,掌握常见机械性窒息的镜下形态学特点。
3. 通过案例实训,掌握机械性窒息征象在实际案件中的作用和意义,训练实践中机械性窒息鉴定的诊断思路。

一、大体肉眼观

1. 缢沟 死者,男,75岁,某日被发现在家中自缢死亡。颈部见不闭锁、向上提空的缢沟,颈前缢沟最深,缢沟压痕淡褐色,呈皮革样化外观(图 3-1)。

2. 勒沟 死者,女,33岁,某日在住处卧室内被发现死亡,其颈部有细绳勒压。颈项部见环形索沟,颈部左侧索沟处见片状擦伤(图 3-2)。

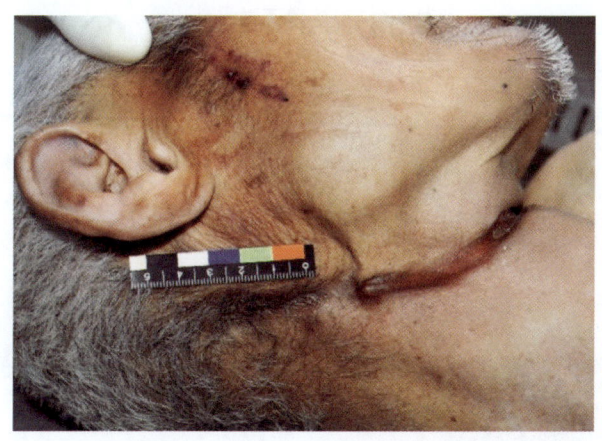

图 3-1 缢沟

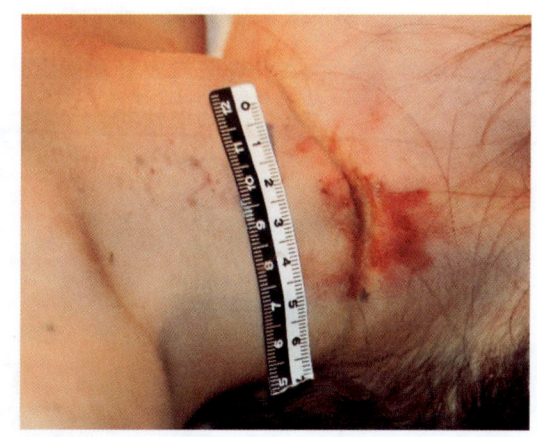

图 3-2 勒沟及擦伤

3. 扼痕 死者,男,45岁,某日与人发生纠纷后被扼压颈部而死亡。颈部见点片状擦挫伤,以及纵行走向的条形擦伤(图 3-3)。

4. 睑结膜出血点 死者,男,45岁,某日与人发生纠纷后被扼压颈部而死亡。睑结膜下见多发性出血点,有的呈针尖状,部分出血点融合呈片状(图 3-4)。

5. 肺被膜下淤点性出血 死者,女,33岁,某日被家人发现在卧室内死亡,其颈部有细绳勒压。肺被膜下见多发性出血点,出血灶大小不等(图 3-5)。

6. 心外膜下淤点性出血 死者,男,25岁,某日被家人发现其在卧室中自缢死亡。心外膜下见多发性出血点,出血灶大小不等(图 3-6)。

7. 哽死 死者,男,57岁,独居,某日独自晚餐后再未与人接触,次日晨间被晨练同伴发现已死于家

Note

19

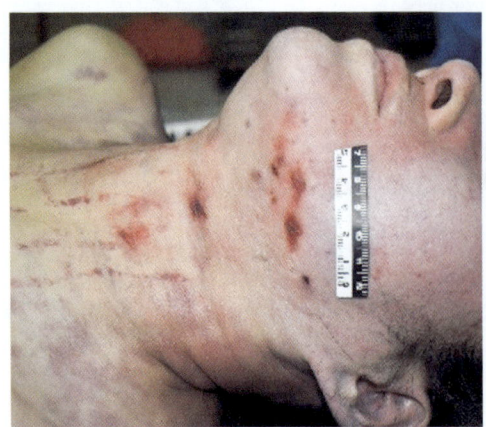

图 3-3　扼痕

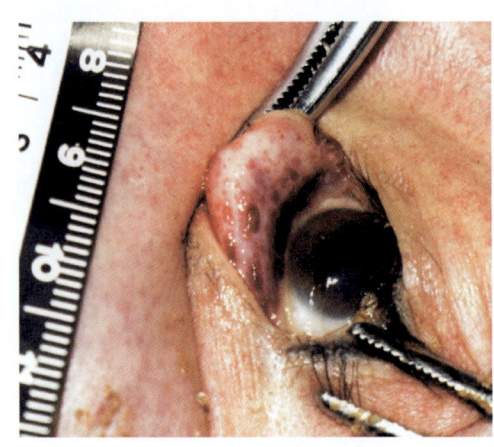

图 3-4　睑结膜出血点

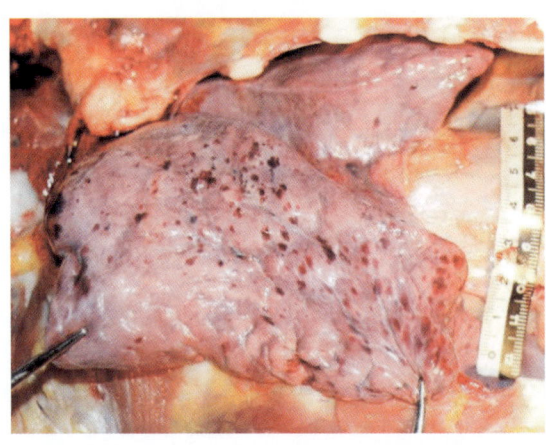

图 3-5　肺被膜下淤点性出血

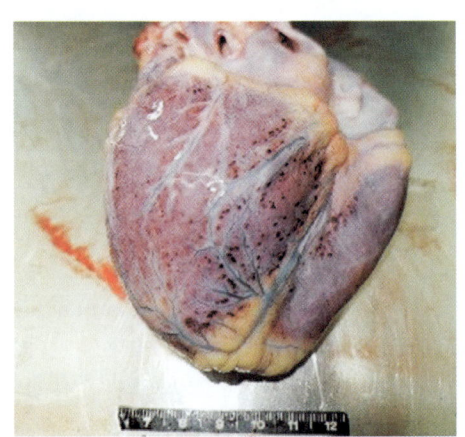

图 3-6　心外膜下淤点性出血

中。解剖时见气管、支气管腔内大量食物成分将呼吸道完全阻塞(图 3-7)。

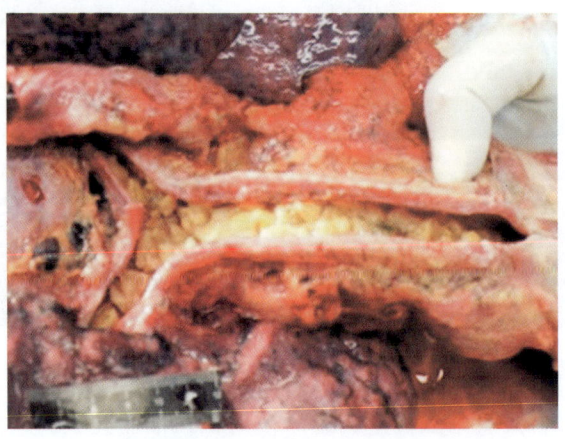

图 3-7　气管、支气管腔内见大量食物成分(呼吸道阻塞)

二、组织病理学切片

1. HE 染色颈部索沟

(1)基本情况:死者,男,75 岁,某日被发现在家中自缢死亡。

(2)阅片要点:镜下辨认表皮结构,注意观察表皮层和真皮层,注意分辨索沟与周围皮肤交界处。索沟处表皮层变薄(有时缺失),嗜苏木素染色增强,棘细胞扁平且排列紧密,细胞核由正常的椭圆形变成杆状,纵轴与皮肤表面平行。真皮乳头扁平而消失,胶原纤维融合,嗜苏木素染色增强。真皮内皮肤

附属器(汗腺、毛囊)的上皮细胞核亦变成杆状,呈平行排列(图3-8)。注意与电流损伤表现相鉴别。

(3)法医病理学诊断:颈部生前索沟。

2. 绪方染色颈部索沟

(1)基本情况:死者,男性,75岁,某日被发现在家中自缢死亡。

(2)阅片要点:为上一切片的绪方染色。镜下见索沟处表皮细胞及真皮内结缔组织除具有上述索沟的形态特征外,被染成柠檬黄色,而索沟周围正常皮肤的表皮及真皮被染成淡紫红色(图3-9),皮下肌肉层也有局部黄色反应。

(3)法医病理学诊断:颈部生前索沟(绪方染色)。

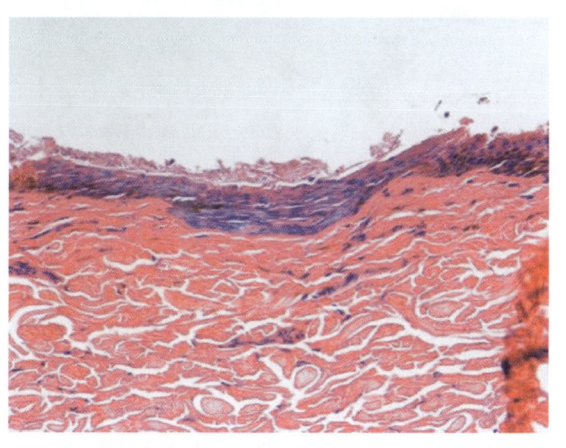

图3-8 颈部生前索沟(HE染色,40×)

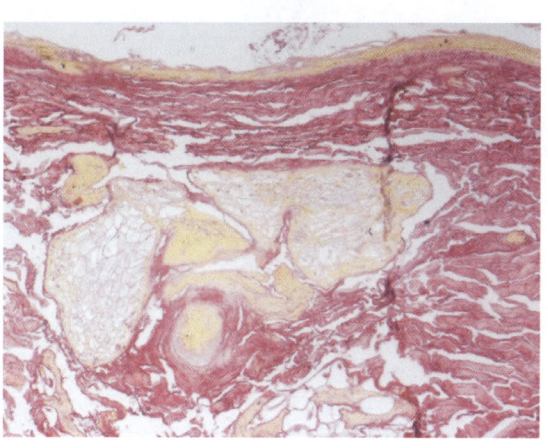

图3-9 颈部生前索沟(绪方染色,40×)

图3-8 数字切片
图3-9 数字切片

3. 湖泊淡水中硅藻

(1)基本情况:经离心沉淀及消化处理。

(2)阅片要点:用高倍镜观察,可见部分梭形、短棒状、花纹左右对称的羽纹目硅藻(图3-10)。纹理是辨别硅藻的关键点之一,实践中常遇到破裂的硅藻碎片,要注意辨认。

(3)法医病理学诊断:湖泊淡水中硅藻。

4. 硅藻土混悬液

(1)基本情况:硅藻土混悬液。

(2)阅片要点:用高倍镜观察,可见大量圆盘状、花纹呈中心对称的中心目硅藻,注意辨别杂质和硅藻碎片(图3-11)。

(3)法医病理学诊断:硅藻土混悬液中硅藻。

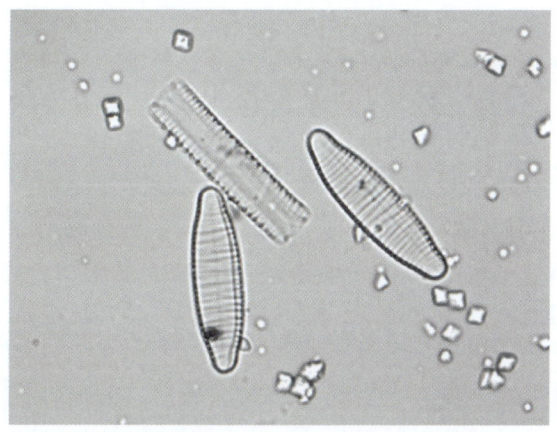

图3-10 湖泊淡水中硅藻(滴片,400×)

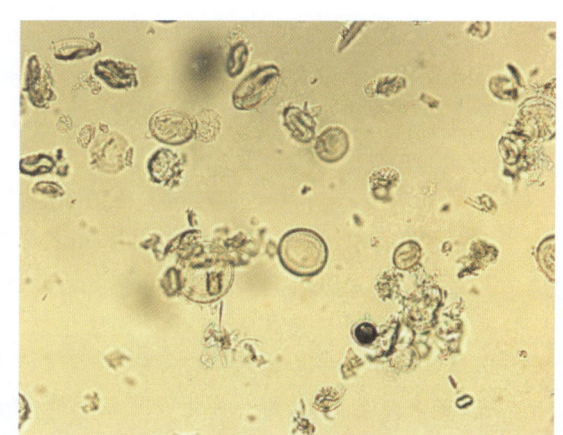

图3-11 硅藻土混悬液中硅藻(滴片,400×)

5. 溺死肺中硅藻

(1)基本情况:死者,男,27岁,某日被发现死于当地某桥下河水中。

（2）阅片要点：肺组织经消化后，呈黄褐色杂质碎片，调整焦距可在组织碎片中发现圆盘状中心目及梭形羽纹目硅藻（图 3-12）。

（3）法医病理学诊断：溺死肺中硅藻阳性。

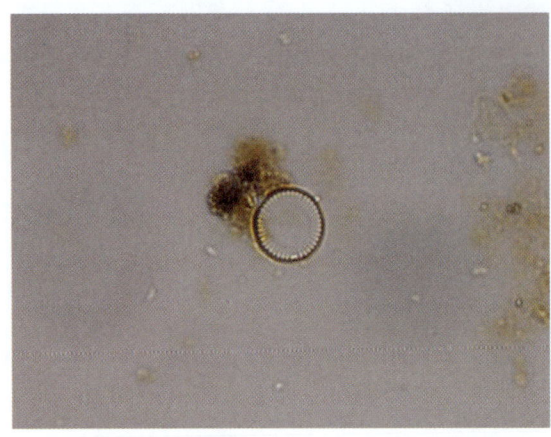
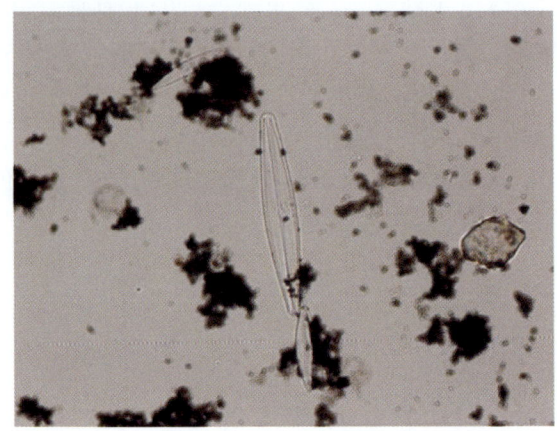

图 3-12　溺死肺中硅藻阳性（滴片，400×）

案例实践学习

【案例 3-1】

1. 案情摘要　死者陈某，女，30 岁，某日 11 时，因纠纷被他人用绳子勒住颈部，待无声音后，被他人用锤子打击头部，当日 19 时被发现死亡。

2. 法医学检查

（1）死后 10 小时尸检，顶部头皮见弧形 7.2 cm×0.5 cm 挫裂创，深达颅骨；额部、面部点片状皮下出血，双眼睑结膜点状出血，双眼下睑发紫，唇黏膜有出血点；自喉结处向颈部两后侧见 25.0 cm×2.0 cm 马蹄形索沟，勒痕皮革样化，索沟经下颌至双耳下颈部广泛皮下出血；颈部左侧见 1.1 cm×0.2 cm 表皮剥脱，背部上方有一星芒状破口，双手甲床发绀。颈部肌肉广泛出血，气管（甲状软骨旁）出血，右侧肺叶间点状出血，心尖部有出血点，帽状腱膜下出血面积为 10 cm×13 cm，相应处颅骨见 3 cm 线性骨折。

（2）脑重 1250 g，表面及切面未见异常。镜下见脑组织各部神经元缺血缺氧性改变，胞质嗜酸性增强，尼氏体消失，核固缩，间质血管淤血明显，近室管膜上皮处大量胶质细胞反应性肥大。

心重 270 g，顺血流方向剪开各心房、心室，左、右心室壁厚分别为 1.3 cm、0.4 cm。冠状动脉检查未见明显异常。镜下见左心室心外膜轻度脂肪浸润，伴散在单核、淋巴细胞浸润，右心室心外膜中度脂肪浸润，间质血管淤血明显。心传导系统检查未见异常。

左肺重 450 g，右肺重 480 g，左肺下叶见一 1.5 cm×1.5 cm×1.0 cm 大小的血肿。镜下部分肺泡腔内充满粉红色水肿液，部分肺泡代偿性扩张呈气肿状，部分肺泡腔内见数量不等的红细胞，肺胸膜下点、灶性出血，间质细小血管淤血明显。

肝重 1150 g，大小为 21.0 cm×17.0 cm×13.0 cm。镜下见部分肝细胞胆汁淤积，肝窦淤血明显。

脾重 120 g，大小为 10.5 cm×8.0 cm×4.0 cm。镜下见脾窦淤血明显。

双肾重 200 g，皮质厚 0.4 cm。镜下见部分近曲肾小管上皮细胞脱落、自溶，间质血管淤血明显。

胰腺大体未见明显异常，镜下见胰腺组织弥漫性自溶。

送检颈部皮肤表皮擦伤，部分表皮剥脱，外观呈褐色，表面皮革样化。镜下见表皮及真皮乳头压陷而变薄，真皮乳头消失，部分表皮角质层剥脱或缺失，基底细胞核受压而变细长，真皮胶原纤维轻度融合伴嗜酸性增强，间质细小血管淤血明显。绪方染色颈部索沟处表皮及皮下肌肉呈柠檬黄色改变（阳性反应），周围正常皮肤呈紫色。

（3）死者胃内容物及肝组织中均未检出常见毒物成分。

（本案例由华中科技大学同济医学院法医学系提供）

引导问题：

（1）根据案情，考虑死因是什么？依据是什么？

（2）案情调查及现场勘查时应注意收集哪些资料和证据？

（3）尸体检查和病理学检验中有哪些具有特征性的征象？

【案例 3-2】

1. 案情摘要　张某，女，30 岁。某年 8 月 9 日，被发现死于出租屋内。

2. 法医学检查

（1）尸表检查：3 日后对张某的尸体进行了法医学尸体检查。尸长 162.0 cm，发长 28.0 cm，营养良好，发育正常。尸僵缓解，尸斑分布于双下肢未受压处，呈暗红色，指压不褪色，密集点状出血。双眼部突出、肿胀，双睑结膜见点状出血，角膜轻度混浊，双侧瞳孔直径 0.5 cm。双侧外耳道、鼻腔未见明显异常，舌尖出血，外露于上下切齿间，齿列正常。双手指甲及双足趾甲重度发绀。右手背掌指关节突起处有小擦伤。

颈部见弧形索沟，最低位置位于颈部正中甲状软骨上方，左侧索沟经左下颌角下，斜行向上至左耳垂下，至左枕后部上提悬空并逐渐变浅、消失；右侧索沟经右下颌角下，斜行向上至右耳垂下，经右枕后部上提悬空并逐渐变浅、消失，索沟在枕部提空呈"八字不交"。各部位索沟距头顶距离如下：甲状软骨上方距头顶 20.0 cm，左下颌角距头顶 17.0 cm，左乳突处 14.0 cm，右下颌角 18.0 cm，右乳突处 15.0 cm。索沟呈皮革样化，部分索沟皮肤见表皮剥脱，颈部正中索沟最宽处 1.5 cm，左侧索沟最宽处 1.4 cm，右侧索沟最宽处 1.7 cm，表皮剥脱以颈部正中最为明显。颈部索沟附近（下颌下、胸骨及右锁骨上窝）散在已皮革样化的片状表皮剥脱，呈黄褐色，质硬，切开未见皮下出血，镜下见表皮剥脱，皮下胶原纤维融合、致密，间质小血管淤血。

（2）解剖检查：冠状切开头皮，未见皮下出血。锯开颅骨，颅顶及颅底诸骨未见骨折，硬脑膜完整，未见硬膜外及硬膜下血肿。脑水肿，重 1300 g，脑沟变浅，脑回增宽，双顶叶见小片状蛛网膜下腔出血，表面及切面腐败明显，脑底动脉环未见异常，镜下见顶叶蛛网膜下腔散在出血，脑水肿显著，部分神经元呈缺血缺氧性改变，间质细小血管淤血明显，偶见血管周围漏出性出血，脑组织广泛性自溶。

颈部人工缺血后分层解剖。颈部索沟皮下出血不明显。颈部索沟下肌肉见出血，其中右侧胸骨舌骨肌舌骨端见 1.0 cm×0.5 cm 片状出血，右侧甲状软骨板外侧肌肉出血，双侧胸锁乳突肌锁骨端见 3.0 cm×2.0 cm 片状出血。镜下见颈部索沟处表皮及真皮乳头压陷、变薄，乳头消失，部分表皮角质层剥脱或缺失，基底细胞核受压而变细长，真皮胶原纤维轻度融合伴嗜酸性增强，间质细小血管淤血明显。索沟皮肤切片绪方染色后，镜下见颈部索沟部分表皮、皮肤附属器、胶原纤维及肌肉呈柠檬黄色改变（阳性反应），周围正常皮肤呈紫色。

舌尖散在点状出血，左侧扁桃体肥大，喉头水肿，左侧舌骨大角骨折，甲状腺下端软组织出血，颈总动脉内膜未见异常，第 3 颈椎脱位，椎体出血。镜下见双侧胸锁乳突肌间质灶、片状出血，未见炎症细胞。喉头肌肉见点状出血。

依次剖开胸腹腔，左侧膈肌高度位于第 5 肋间，右侧膈肌高度位于第 5 肋间。胸骨及肋骨未见骨折，各器官位置正常，胸腔、腹腔未见积血、积液。

倒 Y 形剪开心包，心包未见积血、积液。心重 184 g，表面及切面腐败，顺血流方向剪开各心房、心室，主动脉根部散在粥样斑块，左心室壁厚 0.9 cm，右心室壁厚 0.3 cm。冠状动脉检查未见明显异常。镜下见右心室前壁中度脂肪浸润，间质细小血管淤血明显，心肌自溶明显。心传导系统检查：窦房结、房室结及希氏束区自溶明显，间质细小血管淤血明显。

左肺重 229 g，右肺重 184 g，双肺表面及切面腐败明显。镜下见部分肺泡壁纤维增厚，肺泡壁毛细血管及间质细小血管淤血明显，肺组织广泛自溶。

腹部皮下脂肪厚 3.0 cm，各器官位置正常，形态完整，未见积血及积液。

肝重 632 g，大小为 29.0 cm×12.0 cm×3.0 cm，表面及切面见腐败空泡。镜下见肝细胞自溶明

显,偶见中央静脉,汇管区偶见少量炎症细胞。

脾重 76.5 g,大小为 12.0 cm×6.5 cm×1.5 cm,表面及切面腐败明显。镜下见脾组织自溶明显。

双肾重 194 g,皮质厚 0.4 cm,表面及切面腐败明显。镜下见肾小球毛细血管丛及间质细小血管淤血,肾小管上皮细胞脱落进入管腔,肾间质自溶明显。

胰表面及切面腐败明显。镜下见胰腺组织弥漫性自溶。

胃充盈,胃内见半流体状物质,量约 50 g,胃大体未见异常。镜下胃黏膜脱落、自溶,间质细小血管淤血明显。

子宫表面及切面腐败明显,镜下间质细小血管淤血明显。

(3) 心血未检见常见毒物成分。

(本案例由华中科技大学同济医学院法医学系提供)

案例解析
3-2

引导问题:

(1) 根据尸检所见及组织病理学检查结果,列出法医病理学诊断。

(2) 根据材料,如何分析死者的死亡原因?

(3) 请判断该死者的死亡方式?

【案例 3-3】

1. 案情摘要　丁某,女,50 岁。某年 4 月 14 日 8 时许,被货车倒土掩埋,从土中救出来时丁某已死亡(具体掩埋时间及救治经过不详)。

2. 法医学检查

(1) 尸检所见:4 月 17 日 16 时,当地公安局法医对丁某的尸体进行了法医学尸体检验。面部发绀,双侧睑结膜散在针尖状出血点。指甲发绀,右手环指近侧指节背侧有一处 3.0 cm×2.0 cm 大小的紫红色皮下出血。左大腿中段前外侧在一 12.0 cm×4.0 cm 范围内散在片状淡青紫红色皮下出血;右髌骨对应处稍内侧有一处 2.5 cm×2.4 cm 大小的淡红色皮下出血。气管内见少量泡沫状液体,左、右肺被膜下散在针尖状出血点,余未见明显异常。

(2) 组织病理学检查:脑重 1570 g,脑水肿显著,脑回增宽、脑沟变浅。镜下见中央回蛛网膜下腔散在小片状出血,伴少量单核、淋巴细胞浸润,脑各部水肿明显,部分皮质及海马神经元呈缺血缺氧性改变,胞质嗜酸性增强,尼氏体消失,核固缩,间质细小血管淤血明显,少数血管周围见含铁血黄素颗粒沉积,部分区域散在淀粉样小体聚集。

心肥大,重 410 g。顺血流方向剪开各心房、心室,左心室壁厚 1.3 cm,右心室壁厚 0.3 cm,冠状动脉检查未见明显异常。镜下见室间隔心肌间质灶性纤维化,左心室前壁心外膜下少量单核、淋巴细胞浸润,间质细小血管淤血。心传导系统见增龄性改变。

肺组织块重 95 g,表面散在点状出血。镜下见部分肺泡出血及水肿,充满粉红色水肿液,间质及肺泡壁细小血管淤血。

肝组织块重 140 g,镜下见肝细胞水肿,甚至气球样变,部分肝细胞轻度脂肪变,胆汁淤积,散在点灶状坏死伴单核、淋巴细胞浸润,汇管区内单核、淋巴细胞增多。

脾重 55 g,大小为 13.0 cm×7.0 cm×3.0 cm。镜下见脾小体分界不清,其余未见异常。

单肾重 150 g,皮质厚 0.5 cm。镜下见部分肾小球纤维化,肾被膜下及间质多发灶性单核、淋巴细胞浸润。

甲状腺大体未见异常,镜下见部分甲状腺滤泡萎缩,滤泡内胶质减少。

胰大体未见异常,镜下见胰腺腺泡上皮细胞重度自溶。

(3) 毒化检验:心血、肝脏及胃壁中未检出毒鼠强、敌敌畏、对硫磷、甲拌磷、乐果、氯氰菊酯、巴比妥、安定、阿普唑仑、三唑仑的成分。

(本案例由华中科技大学同济医学院法医学系提供)

案例解析 3-3

引导问题：

（1）根据尸检所见及组织病理学检查结果，列出法医病理学诊断。

（2）如何分析死者的死亡原因和死亡机制？

（任亮 刘茜）

第四章 高低温与电流损伤死亡

实践学习目标

1. 通过观察大体图片,掌握高低温损伤和电流损伤的形态学改变,以及生前烧死与死后焚尸的鉴别要点。

2. 通过观察切片,掌握电流损伤的典型镜下形态学特点。

3. 通过案例实训,掌握高低温损伤和电流损伤在实际案件中的作用和意义。

一、大体肉眼观

1. 皮肤烧伤 死者,男,52岁,在救火时被烧伤,经抢救无效死亡。躯干及四肢见大片状烧伤,烧伤区域皮肤发红,部分呈黑褐色,可见水疱形成(图4-1)。

2. 皮肤裂创 死者,男,33岁。某市一商铺发生火灾,工作人员李某被发现死于火场。高温使皮肤组织内水分蒸发,干燥变脆,皮肤在凝固收缩时,可顺着皮纹方向裂开,形成皮肤裂创(图4-2)。

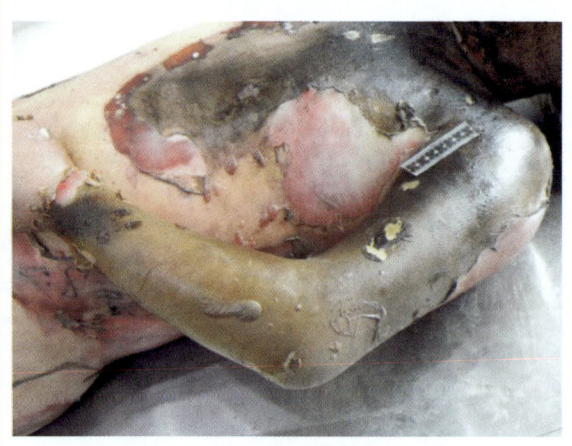

图 4-1 皮肤烧伤

图 4-2 皮肤裂创

3. 睫毛症候 死者,男,33岁。某市一商铺发生火灾,工作人员李某被发现死于火场。火场中,由于受害者反射性紧闭双眼,死后可发现睫毛仅尖端被烧焦,睫毛根残留(图4-3)。

4. 生前烧死和死后焚尸的呼吸道 死者,男,76岁。某老年公寓发生火灾,现场发现其尸体。解剖见死者呼吸道(气管、左右主支气管)黏膜表面有烟灰、炭末与黏液混合形成黑色黏稠状伪膜附着(图4-4(a)),为生前烧死的表现。死者,女,11岁,被他人捂压口、鼻致机械性窒息死亡后被焚尸。解剖见尸体气管内干净,无烟灰、炭末附着(图4-4(b)),为死后焚尸的表现。

5. 反常脱衣现象 死者,女,34岁,某年1月27日失踪,同年2月15日,被发现死于当地一小山上。据调查,死者生前存在智力障碍,死亡当天最低气温−5℃。现场发现死者下半身裸露,上半身仅着一件秋衣,呈反常脱衣现象(图4-5)。由于反常脱衣现象,往往怀疑案件与强奸或性活动有关,实际工

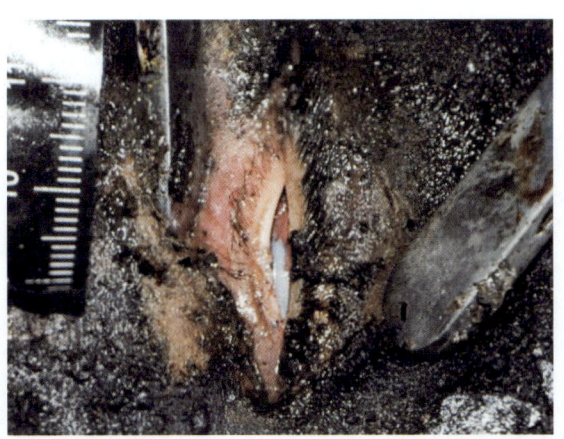

图 4-3 睫毛症候

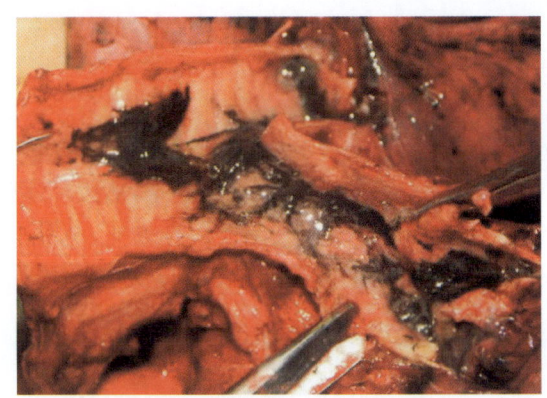

(a) 生前烧死尸体的呼吸道

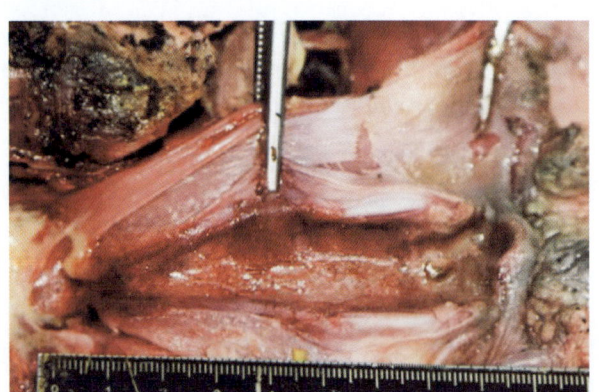

(b) 死后焚尸的呼吸道

图 4-4 不同死因死者的呼吸道

作中应注意分析和判断。

6. 手背部电流斑 死者,男,64岁,某日在房屋施工现场触电后死亡。尸体手背部皮肤见类圆形电流斑,周边隆起,中间凹陷,似火山口,表面炭化发黑,质坚硬,周围皮肤表皮剥脱,皮瓣形成,真皮发红(图4-6)。

图 4-5 反常脱衣现象

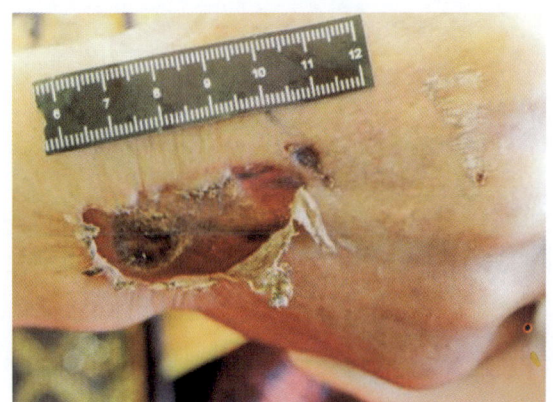

图 4-6 手部电流斑

7. 足部电流斑 死者,男,50岁,在某工地吊装预制板过程中,因接触电线,随即倒地死亡。脚部见条索状电流斑,皮肤表面发焦、炭化、质硬,边缘隆起(图4-7)。

8. 臀部电流斑及电烧伤 死者,男,66岁,其尸体被发现悬吊于电线杆上。皮肤表皮大片状剥脱,呈黄褐色,其内片状皮肤炭化,色灰黄、质硬(图4-8)。

Note

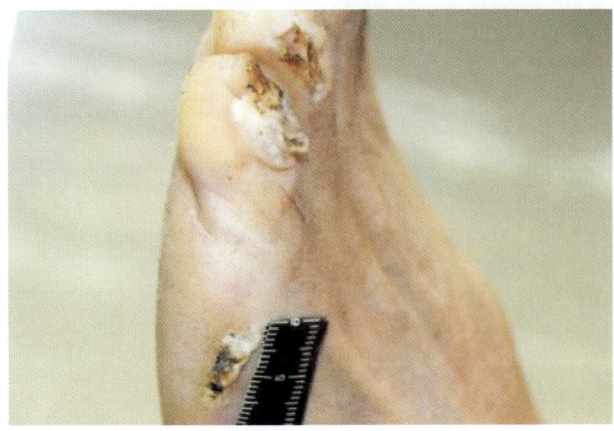

图 4-7 足部电流斑

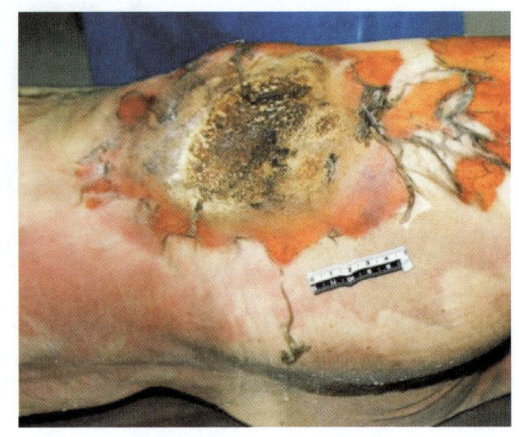

图 4-8 臀部电流斑及电烧伤

二、组织病理学切片

1. 生前烧死者气管

（1）基本情况：死者，女，31 岁，某日被发现死于一处失火的商铺门面房现场。

（2）阅片要点：镜下辨认气管的结构，注意观察黏膜层上皮细胞脱落，与黑色炭末混合，形成一层伪膜附着在气管内，黏膜下层水肿（图 4-9(a)）。黏膜上皮细胞变性、肿胀，上皮细胞凝固性坏死，与黏液、炭末混杂（图 4-9(b)）。

（3）法医病理学诊断：生前烧死者气管（热作用呼吸道综合征）。

图 4-9(a)
数字切片

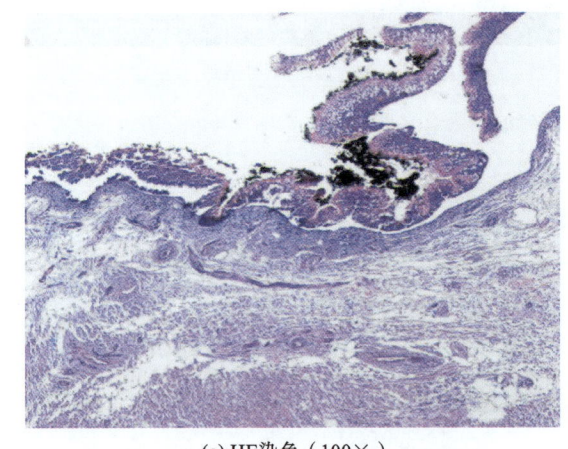

(a) HE染色（100×）

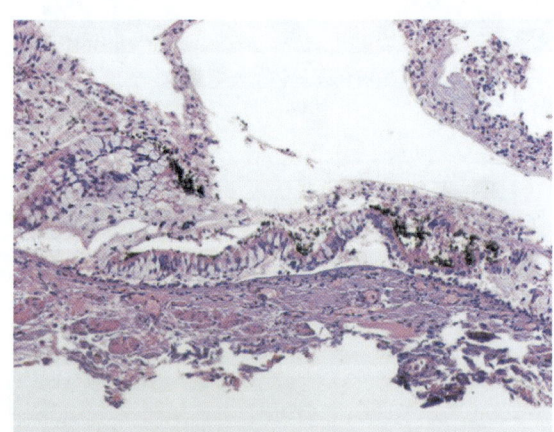

(b) HE染色（200×）

图 4-9 生前烧死者气管

2. 生前烧死者肺

（1）基本情况：死者，男，76 岁。某日凌晨，一老年公寓发生火灾，现场发现其尸体。

（2）阅片要点：肺广泛性充血及水肿，肺内细支气管黏膜上皮细胞坏死、脱落，未坏死的上皮细胞核浓缩，有的肺组织出血或呈凝固性坏死，细支气管腔和周围可见炭末沉积（图 4-10）。

（3）法医病理学诊断：生前烧死者肺。

3. 胃黏膜出血

（1）基本情况：死者，女，31 岁，被发现死于自己平房厨房的地上。尸体有反常脱衣现象，无损伤及性侵征象，血液中乙醇含量为 166.25 mg/100 mL。气象资料显示死亡当日多云到晴天，气温－6 ℃至 7 ℃，西北风 3 到 4 级。胃黏膜肉眼见局部小片状针尖样出血点。

（2）阅片要点：镜下见胃黏膜自溶，黏膜浅层散在灶性出血（图 4-11）。

（3）法医病理学诊断：胃黏膜出血。怀疑冻死时，应检查胃黏膜是否有点片状出血，但注意此现象并非冻死的特异性改变。

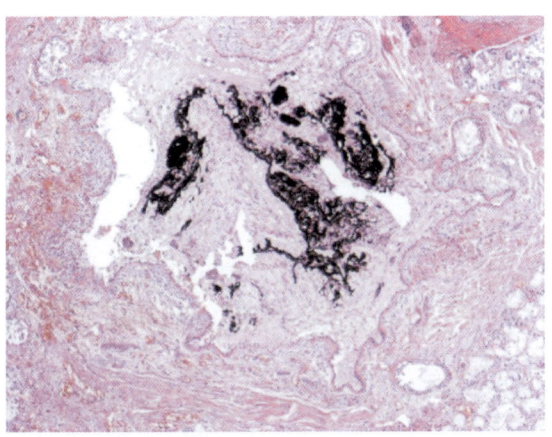

图 4-10　生前烧死者肺（HE 染色，40×）

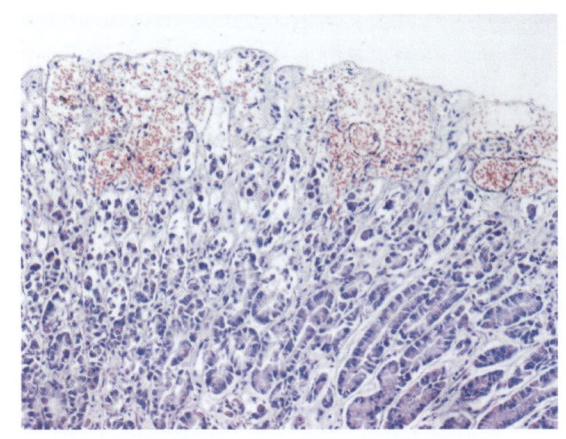

图 4-11　胃黏膜点状出血（HE 染色，100×）

图 4-10
数字切片

4. 皮肤电流斑 1

（1）基本情况：死者，男，64 岁，某日在房屋施工现场触电后死亡。

（2）阅片要点：表皮层内见空泡形成，表皮层的基底层细胞及真皮层皮肤附属器细胞核浓缩，呈细长杆状、极性化排列，与皮肤表面垂直或呈旋涡状，有的似钉插入真皮内（图 4-12）。

（3）法医病理学诊断：皮肤电流斑。

5. 皮肤电流斑 2

（1）基本情况：死者，男，7 岁，在本村临时搭建的演出舞台旁触电死亡。此检材为死者足底皮肤疑似电流斑处。

（2）阅片要点：局部角质层缺失，缺口周围角质层嗜酸性增强，其下方棘层及基底层细胞及细胞核纵向伸长，扭曲变形，形似"核流"，真皮层胶原纤维灶性融合坏死（图 4-13）。实际工作中，取材时注意取电流损伤与正常皮肤交界处，皮损中心处表皮往往脱落，交界处易于观察细胞极化现象。

（3）法医病理学诊断：足底皮肤电流斑。

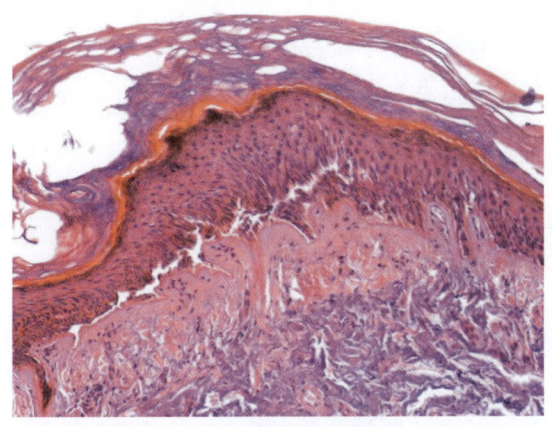

图 4-12　皮肤电流斑（HE 染色，100×）

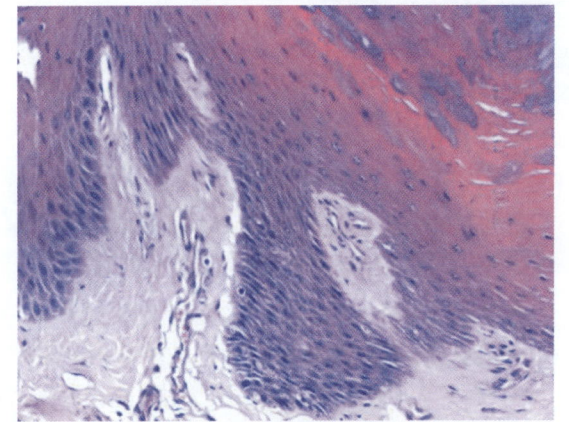

图 4-13　足底皮肤电流斑（"核流"现象，HE 染色，200×）

图 4-13
数字切片

案例实践学习

【案例 4-1】

1. 案情摘要　死者，男，25 岁，在某地一处鱼塘内电鱼时，突然昏迷，急送附近医院，经检查已经死亡。

Note

2. 法医学检查

(1) 尸表检查：死后 48 小时尸检，见角膜中度混浊，双侧瞳孔直径均为 0.6 cm，睑、球结膜充血，翻动尸体时鼻腔及口腔内见血性液体流出，双侧外耳道干净，牙齿无松动，双手指甲重度发绀，双脚趾甲轻度发绀。右手掌部近腕关节 2 cm 处见 3.5 cm×1.5 cm 皮肤电烧伤。

(2) 解剖检查：心重 400 g，左心耳及室间隔表面见散在出血点，心内膜及各瓣膜检查未见异常。冠状动脉检查见双侧冠状动脉均开口于左冠状动脉窦内，其中右冠状动脉开口于左窦上缘，距左窦、右窦交界处 0.5 cm 处，左前降支两处孤立性粥样斑块致管腔Ⅰ级狭窄，左旋支自分支口始见长 2.8 cm 的粥样斑块致管腔Ⅰ级狭窄。镜下见心肌细胞自溶。

右手掌皮肤镜下见部分区域角质层及表皮层坏死、脱落缺失，损伤中心表皮细胞融合变薄，基底层细胞及胞核纵向伸长、扭曲，染色较深，部分区域可见"核流"现象，真皮层胶原纤维肿胀、融合、凝固性坏死。

（本案例由华中科技大学同济医学院法医学系提供）

案例解析
4-1

引导问题：

(1) 根据案情，考虑死因是什么？

(2) 案情调查及现场勘查时应注意收集哪些资料和证据？

(3) 尸体检查中有哪些与死亡有关的检查结果？死亡原因是什么？

(4) 水中电击死的法医学鉴定应注意哪些事项？

【案例 4-2】

1. 案情摘要　死者，男，47 岁。某年 5 月 4 日被发现严重烧伤，在医院治疗期间，生命体征持续变差，经医院治疗无效于当年 6 月 3 日死亡。

2. 法医学检查

(1) 尸表检查：颈前见一 2.5 cm×1.8 cm 的气管插管口，胸腹两侧可见手术减张口，右大腿内侧可见肌肉崩裂；全身大面积Ⅱ～Ⅲ度烧伤，烧伤面积约为 95%。

(2) 解剖检查：颅底未见骨折，各器官肉眼观检查未见异常。

(3) 组织病理学检查：脑重 1200 g，肉眼观表面脑组织自溶，切面未见异常。镜下见全脑各部轻度水肿、自溶，脑实质及蛛网膜下腔小血管扩张、淤血。

心外观偏大，重 450 g，顺血流方向剪开各心腔，左、右心室壁分别厚 1.4 cm 及 0.5 cm，各心室腔及心瓣膜未见异常。冠状动脉检查未见异常。镜下见心肌间质淤血，左右心室壁间质多发灶性出血，乳头肌心肌纤维断裂。左、右肺均重 850 g，表面及切面未见异常。镜下见肺泡壁毛细血管及肺内小血管扩张、淤血，部分肺泡腔内见炎症细胞及红细胞，有的小血管腔内炎症细胞比例增高。

肝重 1900 g，表面及各切面肉眼观未见异常。镜下见肝细胞弥漫性自溶。

脾重 200 g，表面及各切面肉眼观未见异常。镜下见脾轻度淤血。

双肾共重 300 g，包膜易剥离，表面未见异常，切面皮、髓质分界不清。镜下见肾轻度淤血，间质纤维结缔组织增多，伴淋巴细胞和单核细胞浸润，另见一些纤维化、玻璃样变性的肾小球，大量肾小管上皮细胞变性、坏死，少数肾小管腔内见管型形成。

（本案例由华中科技大学同济医学院法医学系提供）

案例解析
4-2

引导问题：

(1) 根据尸检所见及组织病理学检查结果，列出法医病理学诊断。

(2) 根据材料，如何分析死者的死亡原因？

(3) 该案例给你哪些启示？

【案例 4-3】

1. 案情摘要　死者，男，4 岁。某年 6 月 26 日 7 时上了当地一所幼儿园的接送车辆，后被遗忘在车

上,于 6 月 26 日 15 时许被发现死于车内。当地 6 月 26 日天气实况如下:8 时、9 时、10 时、11 时、12 时、13 时、14 时、15 时气温分别为 23.0 ℃、25.0 ℃、27.5 ℃、29.2 ℃、30.7 ℃、31.7 ℃、32.4 ℃、33.1 ℃;日平均气温 26.7 ℃,日最高气温 33.6 ℃(14 时 47 分),日最小湿度 27%(14 时 29 分),日照时数 11.4 小时。

2. 法医学检查

(1) 尸表检查:6 月 28 日,当地公安局法医对死者的尸体进行了法医学尸体检验。尸长 105 cm,发育正常,尸斑呈暗紫色,指压不褪色,尸僵已缓解,尸体轻度腐败,腹部尸绿形成,双侧角膜完全混浊,口唇发绀,双手十指发绀。

(2) 解剖检验:心脏外膜见多个针尖样出血点,余未见异常。

(3) 组织病理学检查:脑重 1500 g,脑表面肉眼观未见异常,切面腐败,侧脑室扩张。镜下见全脑各部水肿、自溶,蛛网膜下腔及实质部分细小血管扩张、淤血,部分神经元变性、坏死,胞核及尼氏小体消失,小脑浦肯野细胞胞体肿胀、胞核溶解。

心重 73 g,左、右心室壁分别厚 1.0 cm、0.2 cm,心各瓣膜及冠状动脉检查未见异常。镜下见全心各部心肌纤维自溶,部分间质细小血管扩张、淤血。

左、右肺分别重 140 g、150 g,表面光滑,各切面肉眼观未见异常。镜下见肺自溶,灶性肺出血,肺气肿,片状肺水肿,肺泡壁毛细血管及间质细小血管扩张、淤血。

肝组织块重 400 g,表面肉眼观未见异常,切面见腐败空泡形成。镜下见肝细胞广泛性自溶,散在点灶性肝细胞坏死,汇管区单核、淋巴细胞浸润。

脾重 50 g,表面肉眼观未见异常,切面见腐败空泡形成。镜下见脾自溶。

双肾共重 77 g,切面皮、髓质分界清楚,皮质厚 0.2 cm。表面及切面肉眼观未见异常。镜下见肾自溶,肾小球毛细血管及间质细小血管扩张、淤血。

胸腺重 50.5 g,表面及切面肉眼观未见异常。镜下未见异常。

胸大肌表面及切面肉眼观未见异常。镜下见间质少量单核、淋巴细胞浸润。

(本案例由华中科技大学同济医学院法医学系提供)

引导问题:

(1) 根据尸检所见及组织病理学检查结果,列出法医病理学诊断。

(2) 如何分析死者的死亡原因和死亡机制?

案例解析
4-3

(任亮 刘茜)

第五章　心血管系统疾病猝死

实践学习目标

1. 通过观察大体图片,掌握常见心血管系统疾病猝死器官病变及其并发症的大体表现。
2. 通过观察组织病理学切片,掌握常见心血管系统疾病猝死病变器官的组织学特征。
3. 通过案例实训,掌握常见心血管系统疾病猝死案例的法医病理学诊断技能,训练针对死亡原因的分析思路。

一、大体肉眼观

1. 左前降支斑块内出血　死者,男,47岁,某年1月15日21时30分,因"腹痛1小时"到当地卫生院就诊,初步诊断为"腹痛查因(胃炎)?",给予妥布霉素、654-2肌注,头孢拉定、吗丁啉、法莫替丁、胃乃安口服。患者于当日22时15分返回住处,5分钟后突然病情加重并昏迷,救护车于22时33分到达现场,患者当时血压、心率、呼吸均测不到,就地抢救半小时无效,宣布死亡。解剖检查见心脏冠状动脉左前降支粥样硬化,管壁偏心性增厚,粥样斑块内可见黑色小片状出血(图5-1),管腔几乎完全堵塞。

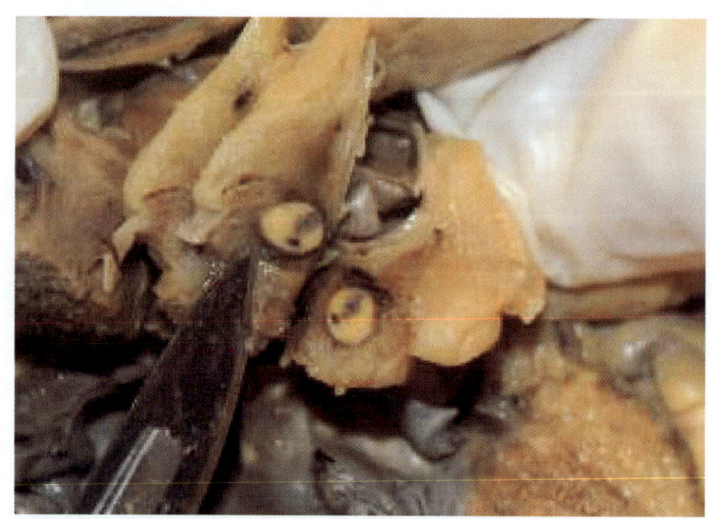

图5-1　冠状动脉左前降支粥样硬化管腔Ⅳ级狭窄(斑块内黑色小片状出血)

2. 急性心梗并发心脏破裂、心包压塞　死者,女,60岁,于某年10月10日15时45分因"胸闷,胸部、上臂和后背痛,伴头晕、恶心6小时,晕厥半小时"至某医院急诊,经抢救无效于当日16时25分宣布死亡。尸检见心包腔内大量血液及凝血块(图5-2(a));左心室前壁距离心尖0.7 cm处见一长2.2 cm的透壁性破裂痕(图5-2(b))。左冠状动脉前降支管壁偏心性增厚,管腔Ⅲ级狭窄,管腔内血栓形成。

3. 冠状动脉开口畸形　死者,女,44岁,在回家路上倒地死亡,尸检发现其左冠状动脉开口位置异常,左冠状动脉开口中心位于左主动脉窦上缘上方0.7 cm,距左主动脉窦中线偏左0.8 cm处(图5-3),

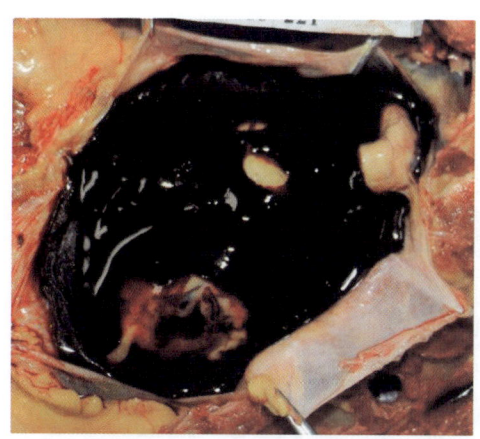
(a) 心包压塞

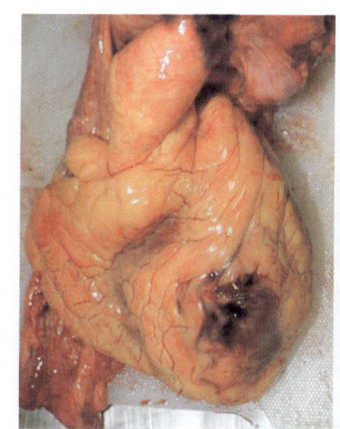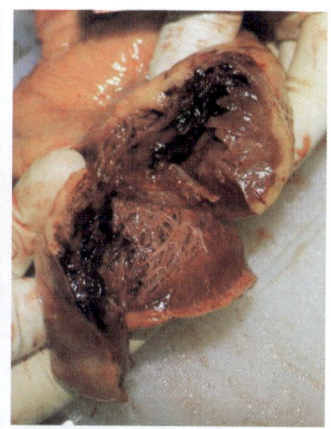
(b) 左心室前壁心肌梗死并透壁性破裂

图 5-2 冠心病猝死

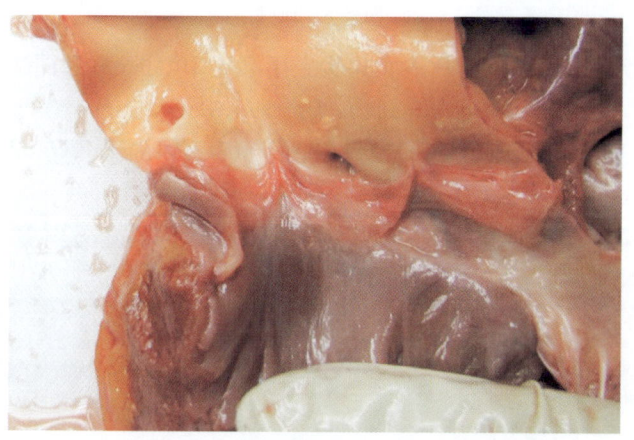

图 5-3 冠状动脉开口畸形(左冠状动脉高位开口)

右冠状动脉开口未见异常。

4. 心室壁瘤破裂 死者,男,22 岁,某年 10 月 4 日 4 时,因"饮酒及吸毒后心前区疼痛,伴大汗淋漓 2 小时,晕厥两次"入院,抢救无效于当日 6 时死亡。尸检见左心室后壁心肌梗死,室壁瘤形成并破裂(图 5-4)。

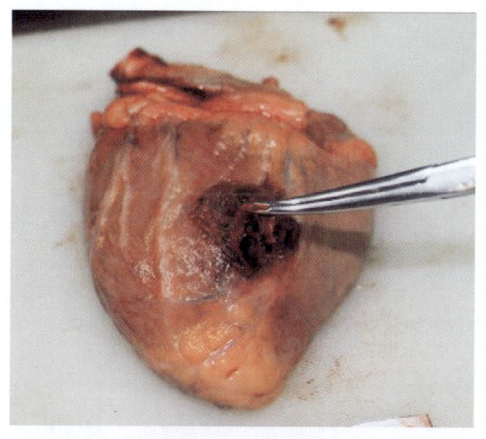
(a) 左心室后壁外膜面

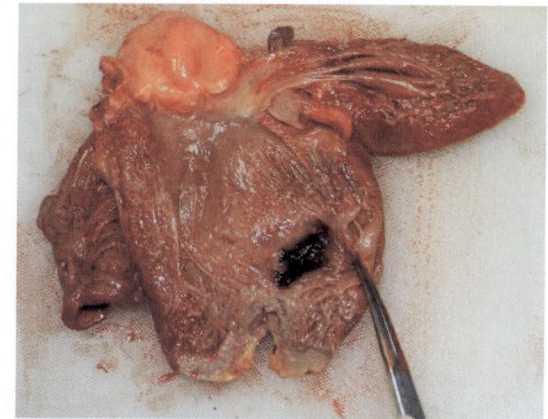
(b) 左心室壁后壁内膜面

图 5-4 左心室后壁室壁瘤形成并破裂

5. 肺动脉血栓栓塞 死者,女,71 岁,某年 5 月 23 日,被电动自行车撞到,入院后诊断为"左股骨颈骨折,骨盆骨质疏松,左侧桡骨远端骨折,左侧尺骨茎突骨折可能"。同年 5 月 25 日行左侧股骨头置换

Note

术,5月30日突发胸痛、呼吸困难,后抢救无效死亡。尸检见肺动脉骑跨性血栓栓塞(图5-5(a)),下肢腘静脉内血栓形成(图5-5(b))。

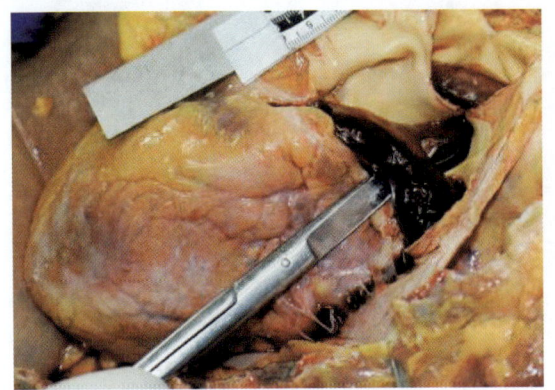 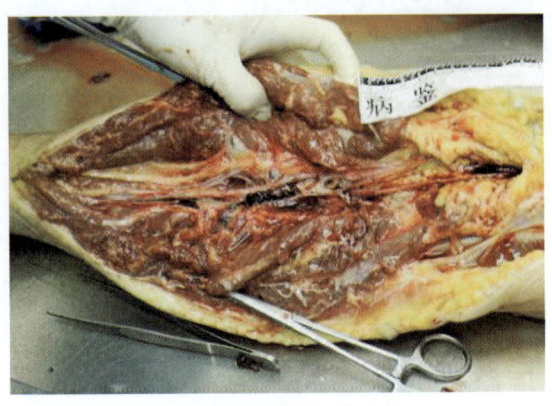

(a)肺动脉骑跨性血栓栓塞　　　　　　　　(b)下肢腘静脉内血栓形成

图5-5　血栓

6.高血压心脏病　死者,男,53岁,长途车司机。于某年10月5日和同事出差,第二天早晨起床时同事发现其口吐白沫,呼之不应,遂呼叫120到场,于送医途中死亡。尸检发现心脏重720 g,心尖圆钝,左心室向心性肥厚,左心室壁厚1.9 cm,右心室壁厚0.5 cm,室间隔1.5 cm(图5-6)。

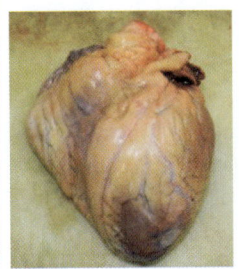 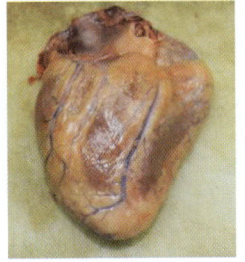  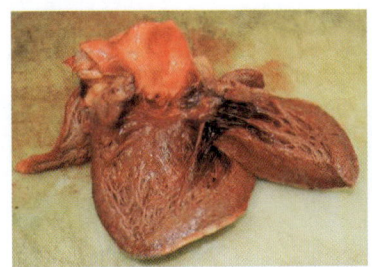 

(a)心脏前面及后面观　　　　　　　　(b)左心室及右心室观

图5-6　高血压心脏病

7.限制型心肌病　死者,男,3个多月。某年3月28日21时40分许,因"咳嗽"至医院就诊,初步诊断为"上感",予口服冲剂带回家。次日午饭后,仍哭闹,17时45分家属发现其口唇发绀,急送医院抢救,但抢救无效,于当日19时45分死亡。尸检发现心脏肥大(71 g)、呈球形,心尖圆钝,心外膜暗红色、淤血(图5-7(a)),心脏表面未见出血点。左心室心内膜明显增厚,色白(图5-7(b))。

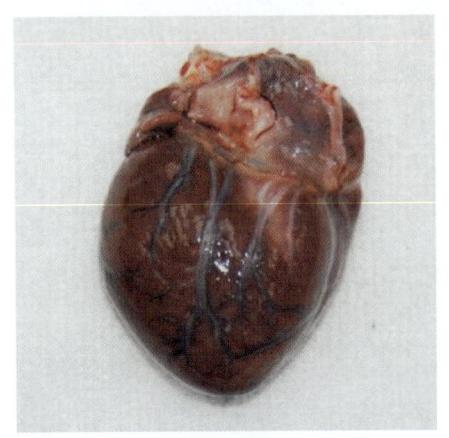 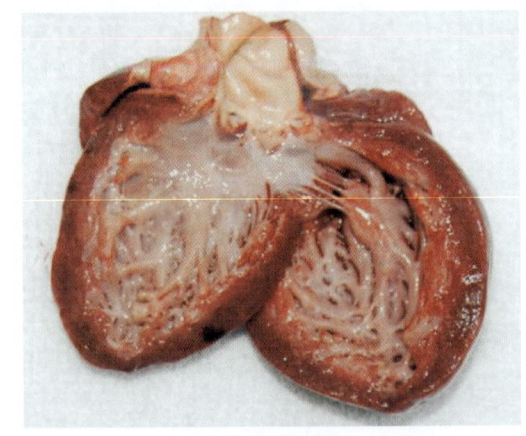 

(a)心脏肥大、呈球形,心尖圆钝,心外膜暗红色、淤血　　　　(b)左心室内膜明显增厚,色白

图5-7　限制型心肌病

8.肥厚型心肌病　死者,女,44岁。某年10月13日17时许,在诊所输液后,回家途中倒地死亡。

解剖见心脏重 480 g,心脏向心性肥大,以左心室为著,左心室流出道处室间隔向左心腔隆起(图 5-8),左心室壁厚 1.3 cm,右心室壁厚 0.6 cm,室间隔厚 1.9 cm,室间隔与左心室厚度比值为 1.46。

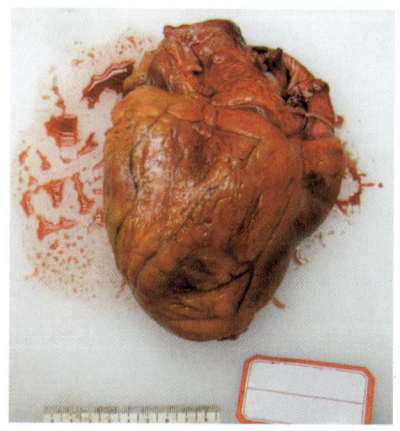

(a) 心脏肥大

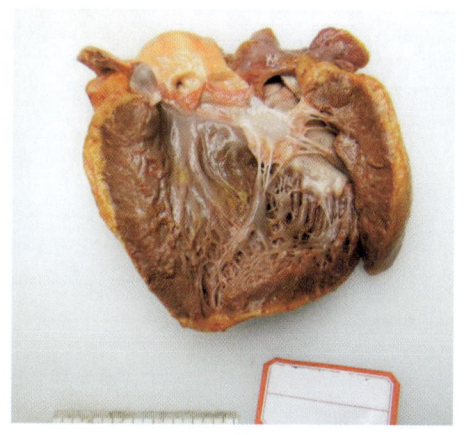
(b) 左心室向心性肥厚

图 5-8 肥厚型心肌病

9. 致心律失常性右心室心肌病 死者,女,31 岁。某年 6 月 14 日 3 时于家中发现其倒在客厅内,口角有血性液体流出,即拨打 120,半小时后急救人员到场,确认其已死亡。尸检见其右心室高度扩张,右心室壁薄(图 5-9(a)),最薄处仅厚 0.2 cm,心肌最薄处不足 0.1 cm,局部几乎完全被脂肪组织替代(图 5-9(b))。

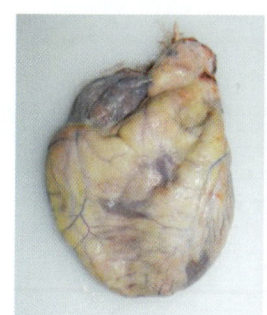
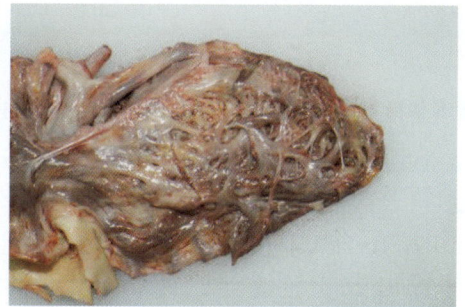
(a) 右心腔扩张、右心室壁变薄

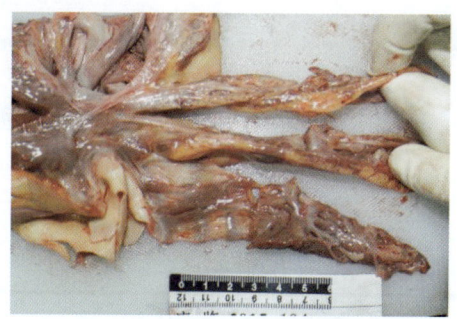
(b) 右心室壁心肌几乎被脂肪组织取代

图 5-9 致心律失常性右心室心肌病

10. 主动脉夹层 死者,男,47 岁。某年 6 月 4 日凌晨 2 时许,因腰痛至某卫生站就诊,B 超示左侧肾结石,建议其转上级医院治疗。当日 6 时许到达某医院,急诊收入院,接受输液治疗后疼痛稍好转,15 时许自觉无法排尿,当日 19 时许,医生给予导尿,导尿过程中诉感觉腰痛、出汗、喘不过气,忽然嘴唇苍白,呼吸、心跳停止,抢救无效死亡。尸检发现左侧胸腔 1800 mL 血液和 500 g 血凝块,心包反折线下游 4.5 cm 处主动脉外膜见一长 2.2 cm 的横行裂口,管壁中膜层分离(图 5-10(a)),对应内膜见一长 3.3 cm 横行裂口(图 5-10(b))。

二、组织病理学切片

1. 冠状动脉Ⅳ级狭窄并斑块内出血

(1) 基本情况:死者,男,39 岁。某年 4 月 2 日~5 日自觉腰痛;4 月 6 日 6 时家人发现其呼之不应,急救人员到场后证实已死亡。

(2) 阅片要点:镜下辨认冠状动脉管壁增厚的类型(偏心、环形),评估狭窄等级(程度),注意观察管壁增厚处有无胆固醇结晶、炎症细胞浸润、斑块破裂,以及管腔内有无血栓成分。本例管壁偏心增厚,管腔狭窄Ⅳ级(注意分辨管腔),管腔血小板聚集,斑块内见大量胆固醇结晶,少量炎症细胞浸润,并见片状出血(图 5-11)。

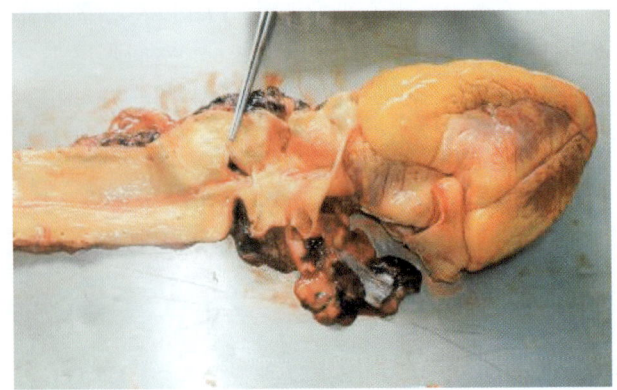

(a) 主动脉中膜层分离，夹层内见血凝块　　　　　(b) 主动脉内膜见一横行裂口

图 5-10　主动脉夹层

图 5-11
数字切片

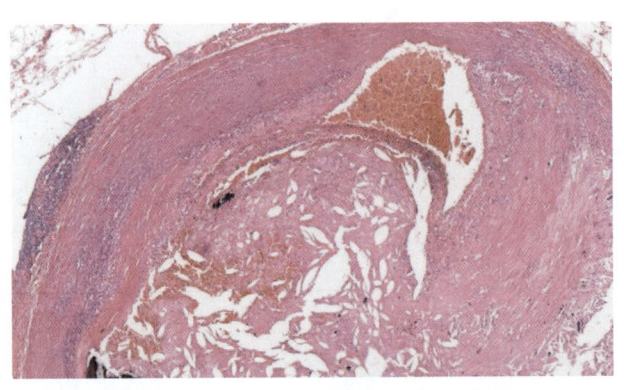

图 5-11　冠状动脉Ⅳ级狭窄并斑块内出血（HE 染色，25×）

（3）法医病理学诊断：冠状动脉Ⅳ级狭窄并斑块内出血。

2. 冠状动脉Ⅱ级狭窄并附壁血栓形成

（1）基本情况：死者，女，60 岁。某年 10 月 10 日 15 时 45 分因"胸闷，胸部、上臂和后背痛，伴头晕、作呕 6 小时，晕厥半小时"担架入院，于当日 16 时 25 分抢救无效，宣布死亡。

（2）阅片要点：本例冠状动脉左前降支管壁偏心增厚，管腔狭窄Ⅱ级，附壁血栓形成，堵塞管腔（图 5-12(a)）。左心室乳头肌见部分区域心肌肌浆呈节段性凝聚与淡染相间，凝聚区嗜酸性增强，呈唇状或竹节状，病变灶呈片状分布，为乳头肌收缩带坏死（图 5-12(b)）。

（3）法医病理学诊断：冠状动脉Ⅱ级狭窄并附壁血栓形成；乳头肌收缩带坏死。

图 5-12(a)
数字切片

图 5-12(b)
数字切片

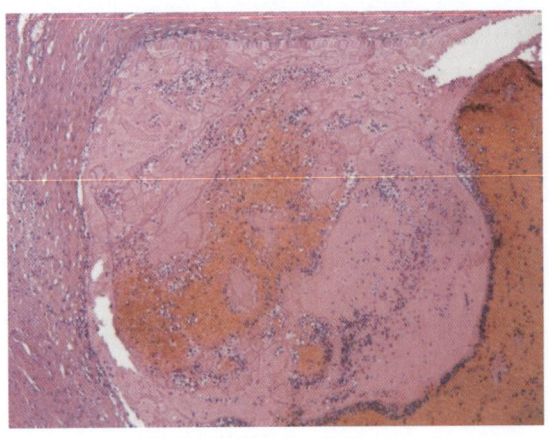
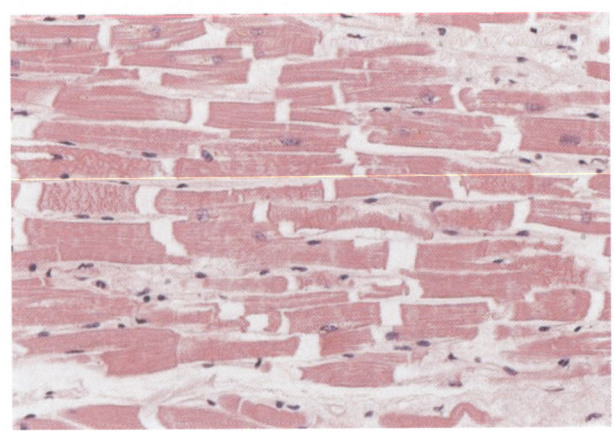

(a)附壁血栓形成（HE染色，25×）　　　　　(b)乳头肌收缩带坏死（HE染色，200×）

图 5-12　冠状动脉Ⅱ级狭窄并附壁血栓形成

3. 心肌炎

（1）基本情况：死者，女，8岁，某年7月10日21时诉喉咙不适。11日晨稍好转，晚上诉腹部不适，食欲差，呕吐，当日21时到医院就诊，诊断为扁桃体炎，给予抗生素及"助消化"药口服。12日晨诉腹痛好转，但进食后仍呕吐，困倦，乏力，14时许解大、小便起身时突然倒地昏迷，约20分钟后急救人员到场后证实死亡。

（2）阅片要点：广泛性心肌纤维变性、坏死，间质内见大量以淋巴细胞、单核细胞为主的炎症细胞浸润（图5-13）。

（3）法医病理学诊断：病毒性心肌炎。

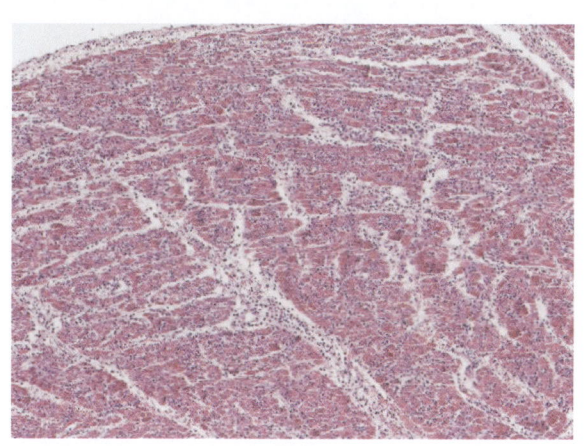
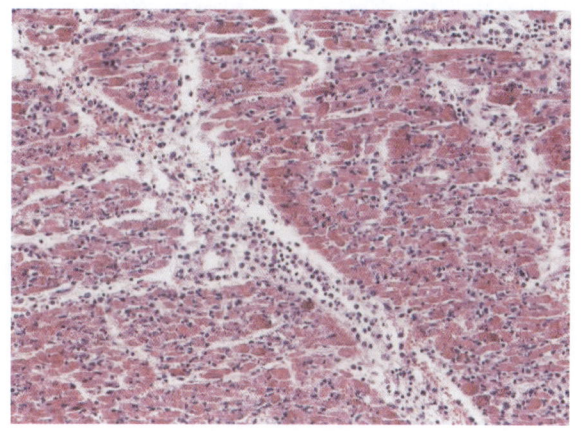

图 5-13
数字切片

(a) HE染色（50×）　　　　　　　　　　　　(b) HE染色（100×）

图 5-13　病毒性心肌炎

4. 限制型心肌病

（1）基本情况：死者，男，3个多月。某年3月28日晚21时40分许，因"咳嗽"至医院就诊，初步诊断为"上感"，予口服冲剂带回家。次日仍哭闹，17时45分家属发现其口唇发绀，急送医院抢救无效，于当日19时45分宣布死亡。尸检发现心脏肥大（71 g）、呈球形，心尖圆钝，心外膜暗红色、淤血，未见出血点。

（2）阅片要点：镜下见左、右心室壁肌纤维错综排列及波浪状改变，部分心肌细胞肥大伴部分心肌细胞萎缩。左心室心内膜明显纤维性增厚（图5-14(a)）。图5-14(b)为Masson染色，蓝色部分为心内膜增生的纤维组织。

（3）法医病理学诊断：限制型心肌病（结合大体）。

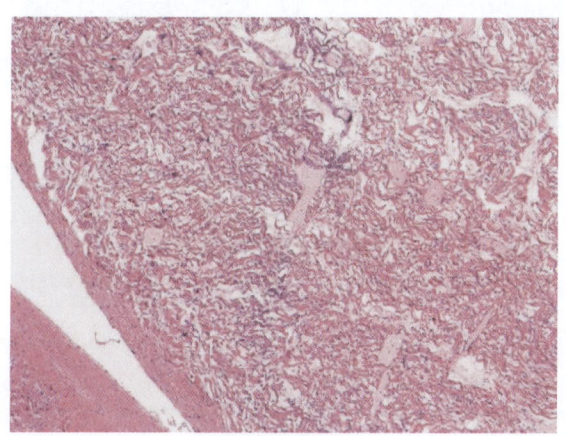

图 5-14(a)
数字切片

图 5-14(b)
数字切片

(a) HE染色（50×）　　　　　　　　　　　(b) Masson染色（50×）

图 5-14　限制型心肌病

Note

5. 肥厚型心肌病

（1）基本情况：死者，女，44岁。某年10月13日17时许，因头晕到某诊所输液（具体不详）后，回家途中突然倒地死亡。解剖见心脏向心性肥厚，重480g，左心室壁厚1.3cm，右心室壁厚0.6cm，室间隔厚1.9cm，左心室流出道处室间隔向左心腔隆起，室间隔与左心室厚度比值为1.46。

（2）阅片要点：心肌细胞肥大，细胞核增大变椭圆形甚至不规则形状（图5-15（a）），心肌纤维排列紊乱，呈簇状或交织呈渔网状（图5-15（b））。间质纤维组织增生。

（3）法医病理学诊断：肥厚型心肌病（结合大体）。

图 5-15
数字切片

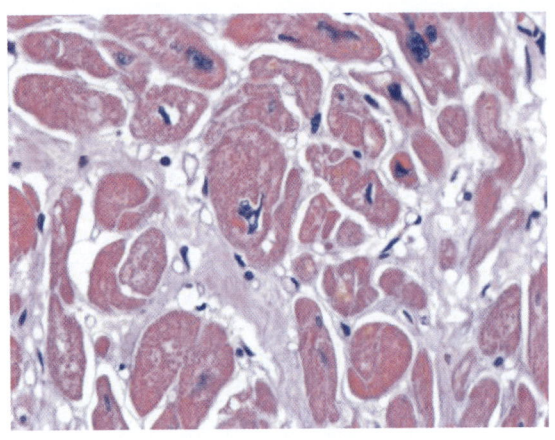
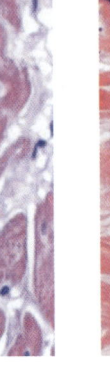

(a) 心肌细胞肥大（HE，400×）　　　　　(b) 心肌纤维排列紊乱（HE，400×）

图 5-15　肥厚型心肌病

6. 致心律失常性右心室心肌病

（1）基本情况：死者，女，31岁。某年6月14日3时被发现倒在客厅内，口角有血性液体流出，即拨打120，半小时后急救人员到场，确认其已死亡。尸检见其右心室壁最薄处仅厚0.2cm，心肌含量少，脂肪含量多，局部右心室壁几乎完全被脂肪组织替代。

（2）阅片要点：右心室心肌大部分被脂肪取代，同时伴有散在残留的心肌细胞与纤维组织，残余心肌被脂肪纤维组织分割呈岛状或齿状（图5-16(a)），Masson染色可显示蓝色的纤维组织（图5-16(b)）。

（3）法医病理学诊断：致心律失常性右心室心肌病（结合大体）。

图 5-16(a)
数字切片

图 5-16(b)
数字切片

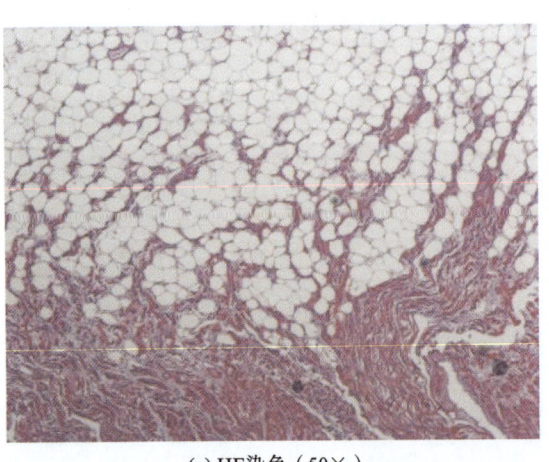

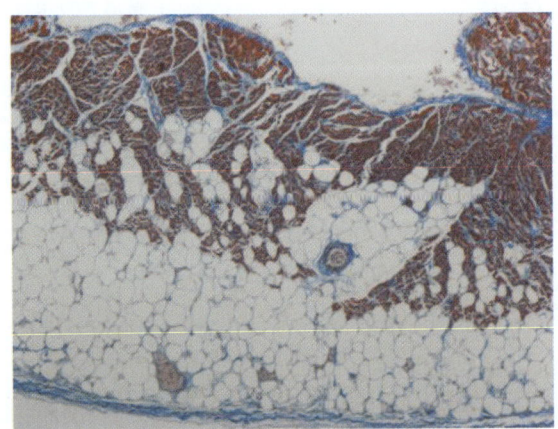

(a) HE染色（50×）　　　　　　　(b) Masson染色（50×）

图 5-16　致心律失常性右心室心肌病

7. 结核性心肌炎

（1）基本情况：死者，男，26岁。某年1月27日，因"咳嗽、咳痰、气促伴发热、盗汗、消瘦2个月"就诊。初步诊断：肺结核。治疗至当年3月15日5时40分许出现血压下降、心率减慢。经抢救无效，于当日6时30分宣告临床死亡。

Note

（2）阅片要点：心肌灶性变性、坏死,坏死灶内见大量上皮样细胞增生、淋巴细胞浸润及朗汉斯巨细胞（图 5-17）。

（3）法医病理学诊断：结核性心肌炎。

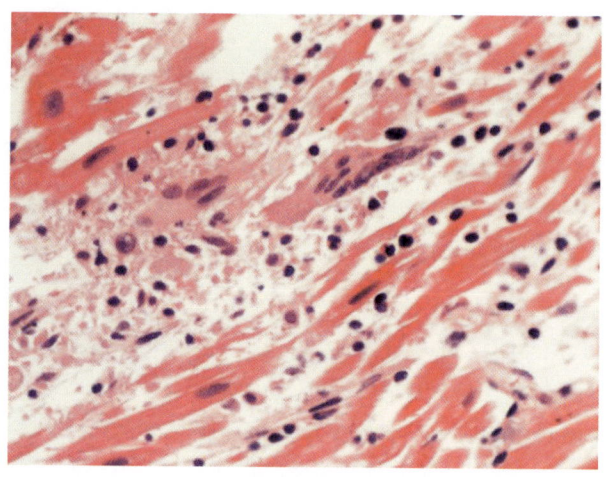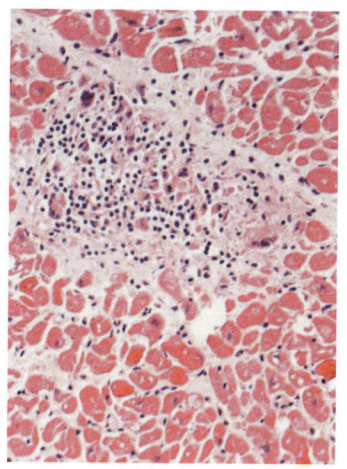

(a) HE染色（200×）　　　　　　　　(b) HE染色（50×）

图 5-17　结核性心肌炎

8. 风湿性心肌炎

（1）基本情况：死者,女,65 岁。某年 2 月 12 日因上腹不适,伴咳嗽入院,2 月 15 日上午做彩超过程中突然发生休克,经抢救后转入重症病房,于 2 月 19 日下午死亡。

（2）阅片要点：心肌间质见梭形阿绍夫小体,中心少量纤维素样坏死,周围见风湿细胞和淋巴细胞（图 5-18）。

（3）法医病理学诊断：风湿性心肌炎。

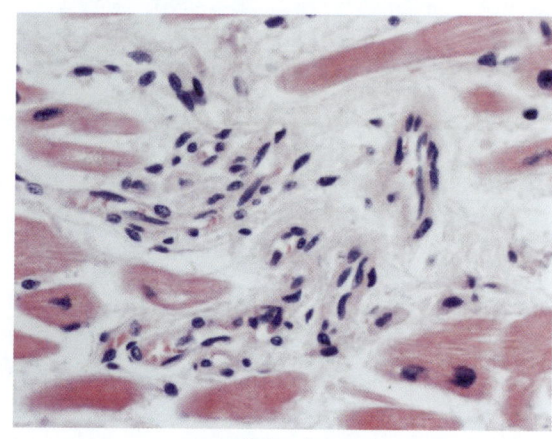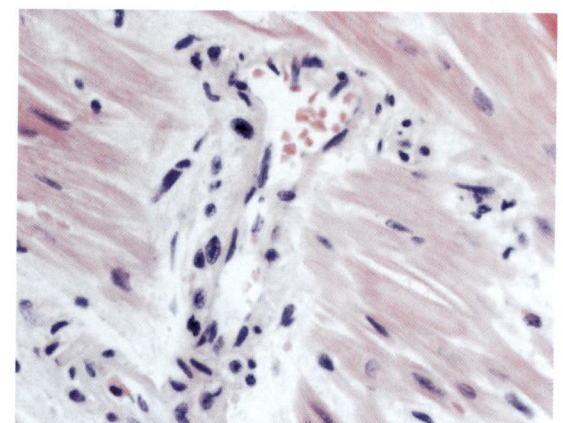

(a) HE染色1（400×）　　　　　　　　(b) HE染色2（400×）

图 5-18　风湿性心肌炎

图 5-18
数字切片

9. 高血压心脏病

（1）基本情况：死者,男,53 岁,长途车司机。于某年 10 月 5 日和同事出差,第二天早晨起床时同事发现其口吐白沫,呼之不应,遂呼叫 120 到场,于送医途中死亡。尸检发现心脏重 720 g,心尖圆钝,左心室向心性肥厚,左心室壁厚 1.9 cm,右心室壁厚 0.5 cm,室间隔 1.5 cm。

（2）阅片要点：心肌细胞肥大同时伴部分萎缩,细胞核呈多型性改变,间质细胞增殖、纤维组织增生使心肌结构紊乱（图 5-19（a）、(b)）；肾小球纤维化,间质纤维增生、淋巴细胞浸润,肾小管蛋白管型（图 5-19(c)）,大量细动脉管壁增厚并玻璃样变性。

（3）法医病理学诊断：高血压心脏病。

Note

图 5-19(a)
(b)数字切片

图 5-19(c)
数字切片

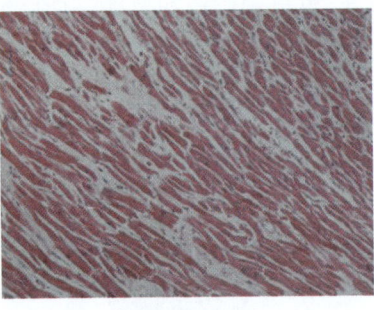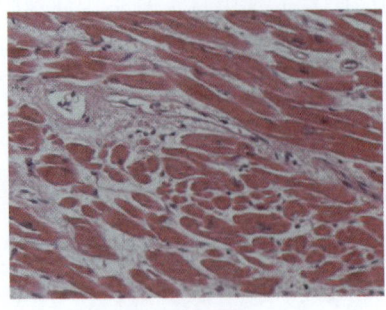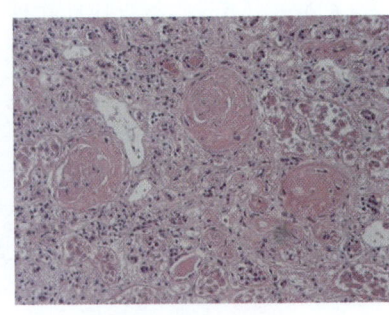

(a) HE染色（50×）　　　　　　(b) HE染色（200×）　　　　　　(c) HE染色（100×）

图 5-19　高血压心脏病

10. 主动脉夹层

（1）基本情况：死者，男，27 岁。某年 11 月 30 日，自觉腹痛、头晕，到医院就诊，医生给予护胃、解痉处理，随后两天连续就诊，第三天返家路上自觉不适，坐在路旁休息，路人见其异常，遂拨打 120，经急救人员抢救无效死亡。尸检见主动脉夹层，延伸至胸主动脉，并累及右颈总动脉。

（2）阅片要点：主动脉内膜破裂，中膜层变性、坏死、弹力纤维断裂，黏液样变，主动脉内膜破口位于升主动脉段，外膜破口位于胸主动脉段，双侧胸腔积血共约 2100 mL。主动脉壁分离形成夹层，夹层内可见大量红细胞聚集，并见血栓成分(图 5-20)。

（3）法医病理学诊断：主动脉夹层。

图 5-20
数字切片

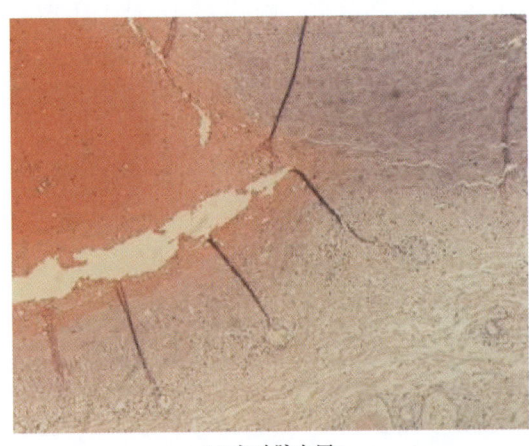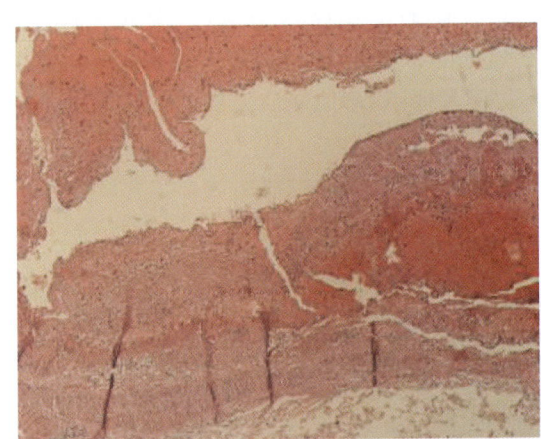

(a) 主动脉夹层1　　　　　　　　　　　　(b) 主动脉夹层2

图 5-20　主动脉夹层

案例实践学习

【案例 5-1】

1. 案情摘要　死者，杨某，男，42 岁。某年 2 月 28 日 15 时 15 分许，杨某至某诊所就诊，主诉胃痛 1 日，诊断为胃肠型感冒。处方：①5％氯化钠葡萄糖溶液 100 mL＋利巴韦林（病毒唑）注射液 4 mL，静脉滴注。②5％氯化钠葡萄糖溶液 250 mL＋注射用头孢拉定 3 g 静脉滴注，皮试。③口服药：西咪替丁胶囊，每日 3 次，每次 2 粒；维生素 K_4 片，每日 3 次，每次 3 粒；氨苄西林胶囊，每日 3 次，每次 2 粒；ABOB片（吗啉胍），每日 3 次，每次 4 粒；尼美舒利片（瑞普乐），每日 3 次，每次 0.1 g。护士为杨某做头孢拉定皮试，10 分钟左右后为他静脉输入第一瓶液体（5％氯化钠葡萄糖溶液 100 mL＋利巴韦林（病毒唑）注射液 4 mL）。皮试后 20 分钟，护士检查皮试结果为阴性，遂将头孢拉定 3 g 加入 5％氯化钠葡萄糖溶液 250 mL 中溶解后，接上输液管道。输液期间医生询问患者情况，回答胃痛有缓解。17 时许输液完毕，患者诉疼痛基本缓解，后自行步行离开诊所。当日晚上 6 时 30 分许，杨某晕倒在自家门口。救护车的医护人员到现场后确认患者心跳、呼吸已停止。

Note

2. 法医学检查

(1) 尸表检查：死后 4 天行系统尸检，尸长 170 cm，发育未见异常，营养良好。颜面部发绀；双侧球、睑结膜轻度淤血，角膜高度混浊，瞳孔不可透视；左耳廓见少许血液，拭去血液后见左耳垂有两处针尖大小裂伤伴少量出血。胸廓左右对称，腹部稍膨隆，均未触及异常，背部可见多处圆形拔罐痕；四肢长骨及关节未见异常，左手背见注射针孔，双手甲床及双足甲床发绀。

(2) 解剖检查：胸骨平第 5 肋处骨折，左侧第 3、4 肋骨折，伴周围少许软组织出血。心脏：重 510 g，外观肥大（图 5-21(a)），心内见暗红色流动性血液，约 280 mL；心外膜及心内膜光滑；房、室间隔无缺损，动脉导管及卵圆孔闭合；左心室前侧壁见 3.5 cm×1.7 cm×0.7 cm 大小的暗红色区域（图 5-21(b)）；二尖瓣瓣膜增厚，余各瓣膜完好，周径：三尖瓣 15.5 cm，肺动脉瓣 8 cm，二尖瓣 11 cm，主动脉瓣 6.5 cm；左冠状动脉前降支自起始处开始见内膜偏心性增厚、粥样斑块形成，斑块长约 3.5 cm，管腔Ⅲ～Ⅳ级狭窄；左冠状动脉旋支自起始处开始见内膜偏心性增厚、粥样斑块形成，斑块长约 4 cm，管腔Ⅱ～Ⅳ级狭窄，距起始 1 cm 处见管腔几乎完全闭塞；右冠状动脉自起始处开始见内膜环形增厚，粥样斑块形成，斑块长约 6 cm，管腔Ⅲ～Ⅳ级狭窄；肺动脉通畅，主动脉根部粥样斑块形成。

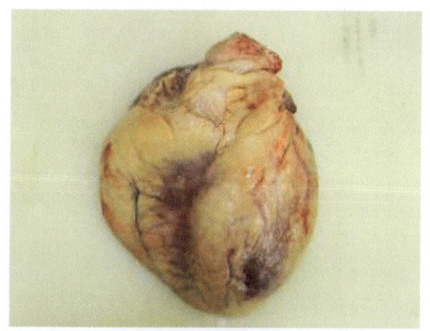

(a) 心脏外观肥大

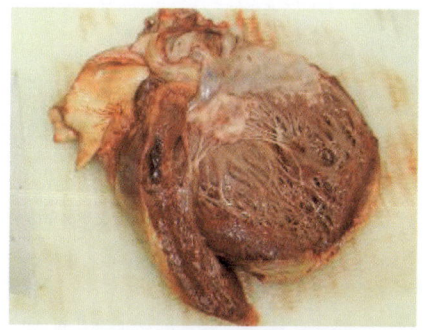

(b) 左心室前侧壁见暗红色区域

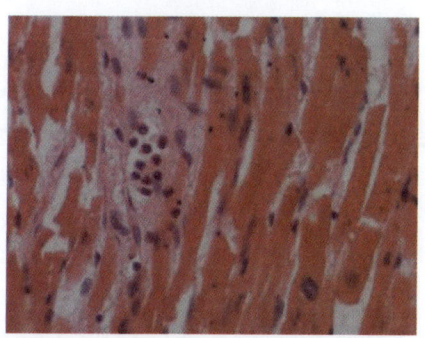

(c) 心肌纤维嗜酸性变（HE染色，400×）

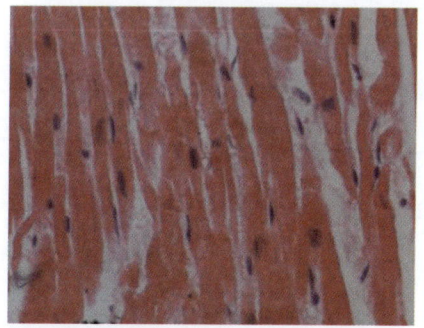

(d) 心肌细胞片状出血、变性、溶解、收缩带坏死（HE染色，400×）

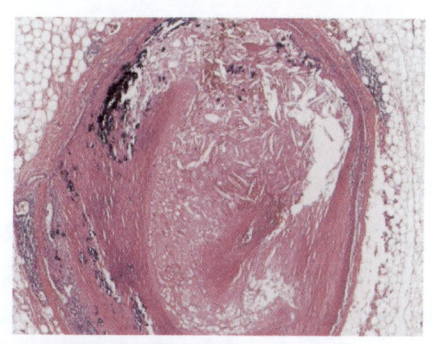

(e) 左冠状动脉旋支管腔Ⅳ级狭窄，几乎完全闭塞（HE染色，25×）

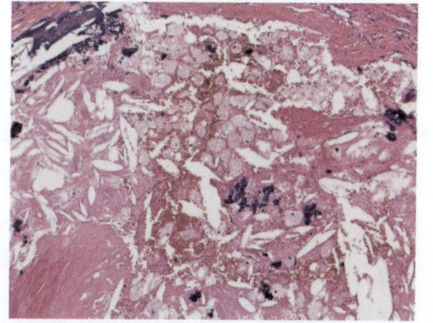

(f) 斑块内见灶片状出血、大量坏死物、胆固醇结晶及钙盐沉积（HE染色，100×）

图 5-21 法医病理学检查图片

图 5-21(e)
(f)数字切片

(3) 组织病理学:喉头黏膜脱落,黏膜下可见以小片状淋巴细胞为主的炎症细胞浸润。心肌细胞嗜酸性变,心肌细胞肥大,片状心肌细胞变性、溶解(图 5-21(c))、收缩带坏死,侧壁梗死灶内可见片状心肌细胞出血、变性、溶解、收缩带坏死(图 5-21(d)),心肌间质水肿并灶性,可见以中性粒细胞为主的炎症细胞浸润,局部心肌间质纤维增生并炎症细胞浸润。左冠状动脉前降支管壁偏心性增厚,管腔Ⅲ～Ⅳ级狭窄,管壁内见大量坏死物、胆固醇结晶;左冠状动脉旋支管壁偏心性增厚,管腔Ⅳ级狭窄,管腔几乎完全闭塞(图 5-21(e)),增厚处可见大量坏死物、胆固醇结晶及钙盐沉积,斑块内见灶片状出血(图 5-21(f));右冠状动脉管壁环形增厚,管腔Ⅲ级狭窄,增厚处可见大量坏死物、胆固醇结晶。传导系统局部间质脂肪组织增生。左肺重 640 g,大小为 22 cm×15 cm×7.5 cm;右重 750 g,大小为 25 cm×15 cm×8 cm;右肺下叶与膈肌少许粘连,双肺切面见少量泡沫样液体;双肺门动、静脉通畅,支气管腔内见少量胃内容物。肺:双肺各叶部分肺泡腔见大量粉红色液体充盈并可见心衰细胞,部分肺泡代偿性气肿,间质淤血,支气管黏膜脱落;双肺门组织结构未见异常。胃黏膜散在炎症细胞浸润,片状胃黏膜出血。脾脏红、白髓结构清晰,白髓散在,红髓扩张、淤血,脾小动脉管壁增厚,玻璃样变性。

(4) 特殊检查:对杨某尸体心血进行过敏相关指标检查,结果:MCT(人肥大细胞类胰蛋白酶)含量为 12.69 ng/mL(成人参考值应小于 13.5 ng/mL),血清总 IgE 含量为 150.22 U/mL(成人参考值应不超过 100 U/mL)。

引导问题:

(1) 对于胸骨平第 5 肋处骨折,左侧第 3、4 肋骨骨折,应如何考虑?

(2) 对于血清总 IgE 含量升高,应如何分析?

(3) 分析心肌梗死的发展过程以及相应组织病理学改变。

(4) 如何分析本案病例的死亡原因?

(本案例由南方医科大学法医学院提供)

【案例 5-2】

1. 案情摘要 死者,林某,女,29 岁。某年 8 月 4 日 14 时 54 分因"头痛、头重伴周身不适 2 天"在当地医院内科门诊就诊,门诊医生考虑急性上呼吸道感染,予以抗炎、抗病毒、对症治疗,嘱加强休息,不适随诊。8 月 5 日 19 时 59 分因发热再次就诊,急诊医生以"发热 1 天"收治,完善检查后,予以退热及对症支持治疗;嘱多饮水,随诊。8 月 5 日 23 时 50 分患者出现胸闷、气促及咳嗽、咳痰,当时未立即随诊,后病情逐渐加重,由家人送医院途中发现其呼之不应,于 8 月 6 日 3 时 56 分转运至抢救室继续救治,于当日 6 时 56 分抢救无效死亡。

2. 法医学检查

(1) 尸表检查:死后 4 天尸检,尸长 159 cm,发育未见异常,营养一般。翻动尸体可见淡红色液体从口、鼻腔流出。心前区见 9 cm×7 cm 抢救痕迹,右锁骨下见棉球,棉球下见一穿刺孔,双侧腹股沟见针孔。

(2) 解剖检查:双肺弹性回缩存在,与胸壁无粘连;双侧胸腔内见暗红色半透明液,左侧约 373 mL,右侧约 209 mL;心包腔内见少量淡黄色清亮液,约 30 mL。双侧扁桃体略肿大;气管腔内见少量血性液体,黏膜光滑、淤血。左肺重 498 g,大小为 20.0 cm×13.0 cm×4.5 cm;右肺重 587 g,大小为 21.0 cm×12.5 cm×5.5 cm;右肺表面可见纤维样物,双肺表面饱满,切面水肿,可见大量水肿液流出。心脏重 255 g,心内见暗红色流动性血液,约 120 mL;心前壁及侧壁散在出血点,主动脉根部左侧、下腔静脉根部、室间隔可见小片状出血;心外膜及心内膜光滑;房、室间隔无缺损,动脉导管及卵圆孔闭合;心肌切面未见异常,左心室壁厚 1.20 cm,右心室壁厚 0.25 cm,室间隔厚 1.3 cm;各瓣膜完好,周径:三尖瓣 11.0 cm,肺动脉瓣 6.0 cm,二尖瓣 8.0 cm,主动脉瓣 5.7 cm;左冠状动脉前降支、左冠状动脉旋支及右冠状动脉未见异常;肺动脉通畅,主动脉未见异常。

(3) 组织病理学检查:窦房结、房室结未见异常;左心、右心、室间隔广泛心肌间质水肿,其间可见大量以淋巴细胞和单核细胞为主的炎症细胞浸润,将心肌分隔成条索状,广泛性心肌纤维断裂、坏死。局

部肺淤血,局部代偿性气肿,局部肺泡腔内可见小片状出血;双肺门组织结构未见异常。

(4)特殊检查:对林某尸体心血进行过敏相关指标检查,结果:MCT(人肥大细胞类胰蛋白酶)含量为 8.97 ng/mL(成人参考值应小于 13.5 ng/mL),血清总 IgE 含量为 33.30 U/mL(成人参考值应不超过 100 U/mL)。

引导问题:

(1)根据尸检所见及组织病理学检查结果,列出法医病理学诊断。

(2)根据材料,如何分析死者的死亡原因?

(3)该案例给你哪些启示?

(本案例由南方医科大学法医学院提供)

案例解析
5-2

【案例 5-3】

1. 案情摘要 死者,蔡某,男,45 岁。某年 7 月 14 日早上至当地医院就诊,主诉"左下肢疼痛、麻木 3 小时"。既往:吸烟饮酒 20 余年,每天吸烟 1~2 包,偶有饮酒。入院查体:T 36.9 ℃,P 72 次/分,R 20 次/分,BP 129/69 mmHg,神志清楚,急性病容,胸廓无畸形,双肾区无叩痛,肠鸣音 1~3 次/分,四肢无畸形,活动无障碍。左下肢轻度红肿,左侧小腿及足背皮温稍减低,无压痛及肌紧张,左侧胫后及足背动脉未触及搏动;右下肢无异常;双侧股动脉搏动正常,双下肢活动自如。7 月 14 日下肢动静脉彩超提示:左侧股总动脉斑块形成并血流减慢,左侧下肢动脉血流速度明显降低,血流频谱收缩期频带窗及三相波消失。入院诊断:左下肢疼痛原因待查,怀疑左侧股动脉栓塞。

7 月 14 日 11 时 27 分患者出现意识丧失。查体:呼之不应,疼痛刺激无反应,呼吸、心搏骤停,口唇发绀,双侧对光反射消失,瞳孔散大。立即给予床边胸外按压、使用球囊进行人工呼吸等,抢救至 13 时 30 分无效,临床宣告死亡。

2. 法医学检查

(1)尸表检查:尸长 171 cm,左肘窝见 26 cm×12 cm 表皮剥脱,剥脱处肿胀、潮红;左侧食指远端关节部分缺失,左、右手背可见针孔,双手甲床发绀。

(2)解剖检查:胸骨平第 4 肋处骨折,骨折对应处纵隔软组织出血;肋骨未见骨折。心包腔可见血液及凝血块,共约 300 mL(图 5-22(a))。将心脏与主动脉共同取出,见心内血呈暗红色、流动性,量约

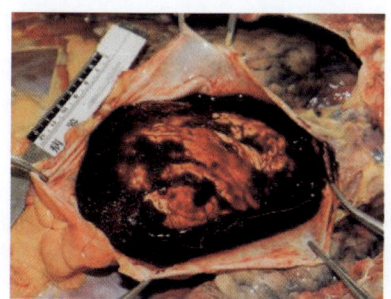
(a)心包腔大量血液及凝血块

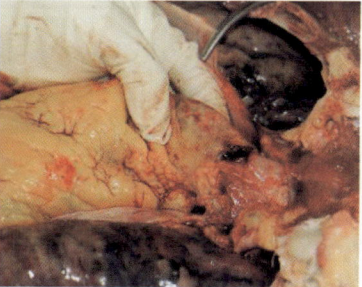
(b)主动脉根部外膜破口

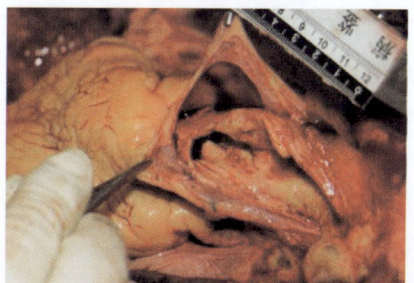
(c)主动脉根部内膜破口

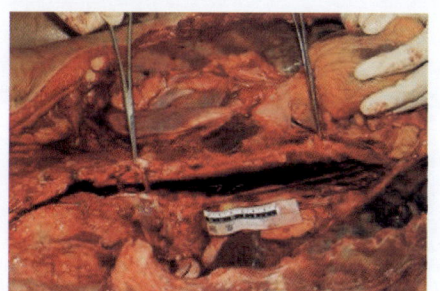
(d)夹层延伸至腹主动脉

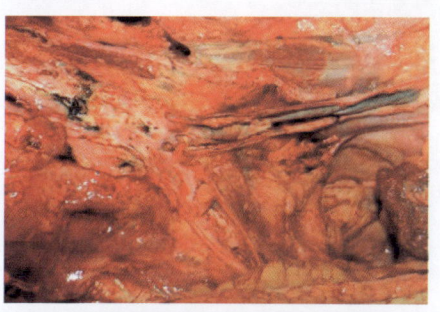
(e)左侧髂总动脉夹层内血栓形成

图 5-22 解剖及法医病理学检查图片

50 mL;双侧冠状动脉开口未见异常,左前降支自起始处见管壁偏心性增厚,粥样斑块形成,管腔Ⅲ级狭窄,斑块长约1.5 cm;肺动脉通畅。主动脉根部外膜见1.9 cm长破口(图5-22(b)),内膜见3.5 cm长横行破口(图5-22(c));自主动脉根部始经主动脉弓、胸主动脉、腹主动脉至双侧髂总动脉夹层形成(图5-22(d)),左侧髂总动脉夹层内广泛血栓形成(图5-22(e)),主动脉至双髂动脉、双侧股动脉内膜见广泛粥样斑块,部分斑块破裂;左侧锁骨下动脉上臂近端夹层形成,该夹层起自右侧头臂干;右颈总动脉夹层形成。

(3)组织病理学检查:心肌间质小片状纤维化,散在心肌嗜酸性变,心肌纤维断裂,心肌细胞水肿;右心室壁心肌间质轻度增宽。左冠状动脉前降支粥样斑块形成,内膜环形增厚,局部偏心性增厚,管腔Ⅲ级狭窄,增厚处可见大量坏死物及胆固醇结晶;左旋支内膜轻度增厚,管腔未见明显狭窄;右冠状动脉主支内膜轻度增厚,管腔Ⅰ级狭窄。传导系统组织结构未见异常。主动脉管壁增厚,中膜可见大量坏死物、胆固醇结晶及局部大量炎症细胞浸润,并夹层形成,内、外膜破口周围可见大量出血。

引导问题:

(1)根据尸检所见及组织病理学检查结果,列出法医病理学诊断。

(2)对于患者"左下肢疼痛"的临床症状,如何用尸检表现解释?

(本案例由南方医科大学法医学院提供)

本章实践操作注意要点

1.即便患者生前有类似猝死表现的病史,也应该排除暴力与中毒致死的可能。

2.如果发现尸体有暴力或者中毒的征象,则需要分析暴力/中毒和疾病在死亡后果中的作用。

3.猝死的死因鉴定不能仅局限于尸体检验,案情、病历资料、现场对判断猝死也有重要意义。

(岳霞)

案例解析
5-3

Note

第六章　呼吸系统疾病猝死

实践学习目标

1. 通过观察大体图片,掌握急性喉阻塞、常见肺实变、结节、肺气肿病、支气管扩张等肉眼观的特征性表现。

2. 通过观察组织学切片,掌握常见各型肺炎、肺气肿、硅肺及肺结核的镜下形态学特点。

3. 通过案例实训,掌握呼吸系统疾病猝死的分析思路,训练法医病理学诊断及死因分析的书写能力。

4. 拓展了解新型冠状病毒肺炎的肺病变特点。

一、大体肉眼观

1. 急性会厌炎　死者,男,43 岁,因喉部不适,呼吸困难,送医院救治。入院后颈部 CT 示:口咽部及喉腔狭小,周围间隙饱满、模糊不清,右侧颌下腺显示肿大,咽前、右侧咽壁软组织明显肿胀,脂肪间隙不清,喉咽向左移位,声门右侧壁向内突起,声门裂明显狭窄。经救治 10 小时无效死亡。尸检见双侧扁桃体轻度肿大,会厌舌面和杓状会厌襞显著肿胀,以右侧为重(图 6-1)。

2. 支气管肺炎(肺切面灶性实变)　死者,女童,3 岁,咳嗽、流鼻涕、发烧,某诊所以支气管炎治疗 7 天后死亡。解剖肺切面见大小不等的灰黄色实变灶(图 6-2)。

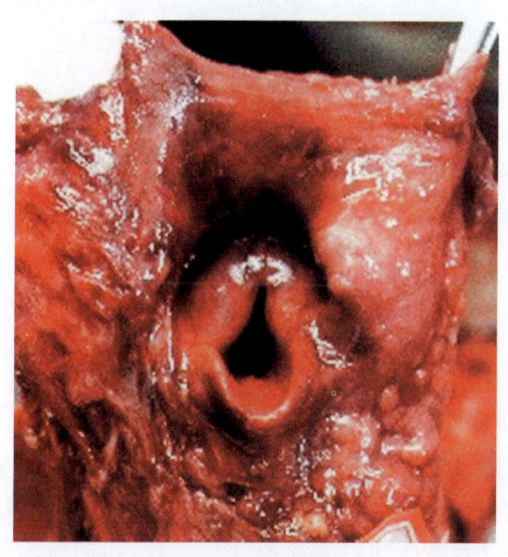

图 6-1　急性会厌炎

图 6-2　肺切面多发灰黄色实变灶

3. 支气管扩张　死者,男,53 岁,因慢性支气管炎急性发作,在家中进行输液治疗,3 小时后发现其呼吸停止。解剖见双侧肺均与胸壁粘连,左、右肺分别重 700 g、900 g,气管及双侧支气管腔内见较多脓液,肺实质内细支气管显著扩张,切面可见细支气管腔内黄色脓液流出,肺组织灶性实变(图 6-3、图

45

6-4)。注意:本例死者同时有肺气肿、肺大泡形成及支气管肺炎。

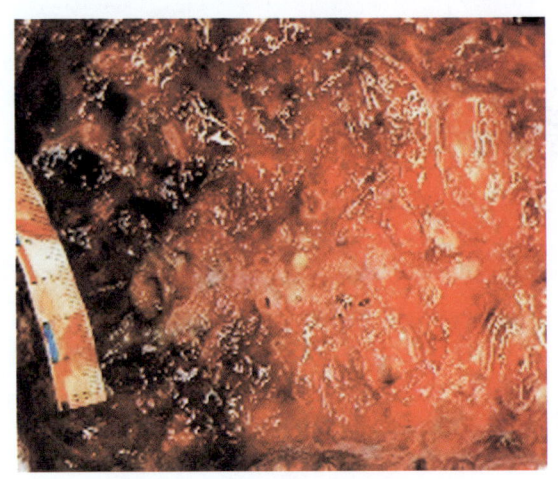

图6-3　肺切面细支气管管腔扩张

图6-4　固定后肺切面见细支气管管腔扩张

4. 弥漫性肺气肿并左侧肺大泡破裂(伴肺结核病)　死者,男,60岁,在看守所突发昏迷,呼之不应,伴有口唇发绀,被送入当地医院诊治,于当日经抢救无效死亡。解剖打开胸腔,纵隔显著向右偏移,左侧胸腔见少量红色液体,右肺与胸壁广泛粘连。右侧胸腔干净;左肺严重萎陷,肺上叶见1个直径为4.5 cm的肺大泡破裂。左、右肺分别重1000 g、800 g,双肺表面及切面见广泛分布的黄色结节,最大直径为0.8 cm,并可见散在的肺大泡(图6-5、图6-6)。注意:本例同时伴有肺粟粒性结核病,另外,本案例在解剖时未考虑到是气胸,因此未做气胸实验检测。

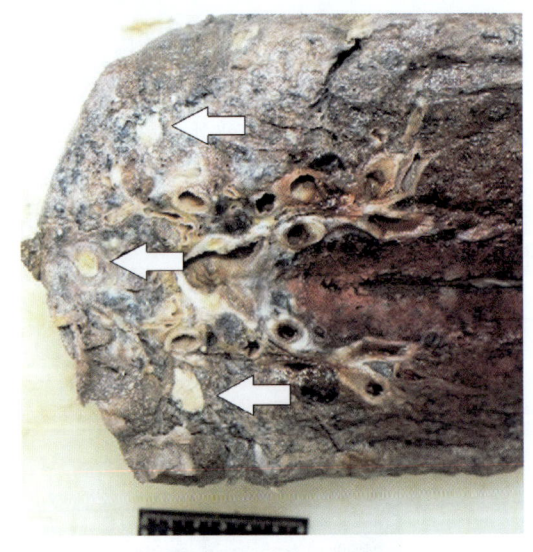

图6-5　切面见结核结节(白色箭头示)

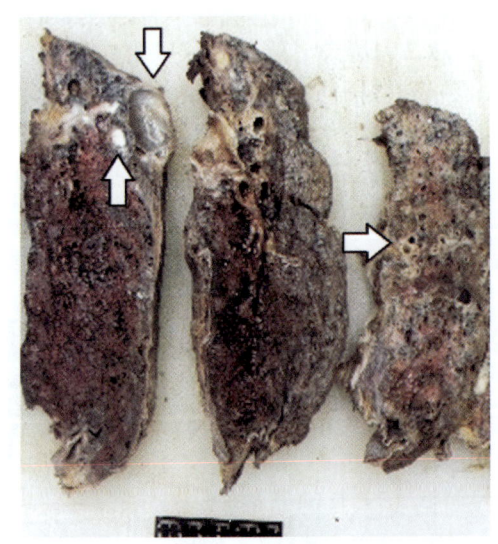

图6-6　白色箭头从左向右分别示肺结核结节、肺大泡及肺气肿三种病变

5. 新型冠状病毒肺炎　死者,女,67岁。2020年2月某日出现咳嗽、少痰,活动后气喘、胸闷。入院后行新型冠状病毒核酸检测,呈阳性,给予拜复乐、阿比多尔、连花清瘟胶囊等治疗,呼吸困难进行性加重,于出现症状后第23天死亡,临床死亡原因诊断为"新型冠状病毒肺炎、重症肺炎,急性呼吸窘迫综合征,呼吸衰竭,多器官功能衰竭"。解剖见双侧胸腔内各约100 mL淡黄色清亮液体。双肺表面呈灰红相间花斑状,淤血显著,伴较多炭末沉积,可见片状出血,右肺叶间轻度粘连(图6-7)。切面质实呈鱼肉状,触之质韧,固定后切面可见细条索状纤维组织增生(图6-8)。

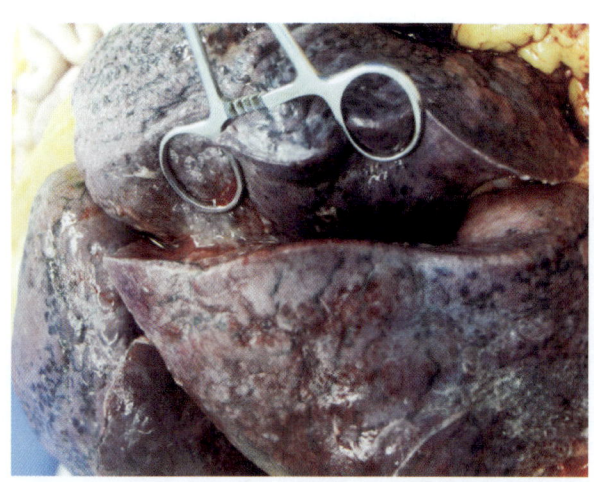

图 6-7 右肺上、中叶间轻度粘连

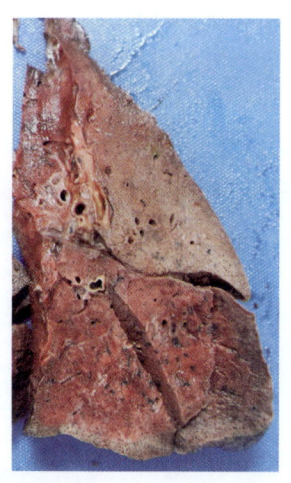

图 6-8 右肺切面质实呈鱼肉状，并可见白色细条索状纤维化

（案例由华中科技大学同济医学院法医学系刘良教授新冠肺炎解剖团队提供）

二、组织病理学切片

1. 新型冠状病毒肺炎并发大叶性肺炎

（1）基本情况：死者，女，67 岁。2020 年 2 月某日出现咳嗽、少痰，动后喘气、胸闷。入院后行新型冠状病毒核酸检测，呈阳性，给予拜复乐、阿比多尔、连花清瘟胶囊等治疗，呼吸困难进行性加重，于出现症状后第 23 天死亡，临床死亡原因诊断为"新型冠状病毒肺炎、重症肺炎，急性呼吸窘迫综合征，呼吸衰竭，多器官功能衰竭"。

（2）阅片要点：镜下辨认肺组织结构。肺组织弥漫性实变，肺泡间隔明显增宽伴纤维结缔组织增生，肺泡腔内浆液、巨噬细胞渗出，可见散在Ⅱ型肺泡上皮细胞增生、脱落，部分区域细小支气管上皮可见鳞状细胞化生，肺透明膜形成伴肺水肿；部分区域肺泡腔内片状出血；部分区域肺泡腔内见大量纤维蛋白、幼稚中性粒细胞、巨噬细胞等炎性渗出物，呈大叶性肺炎改变（图 6-9）；有的小动脉腔内可见血栓形成伴机化。

（3）法医病理学诊断：新型冠状病毒肺炎并发大叶性肺炎。

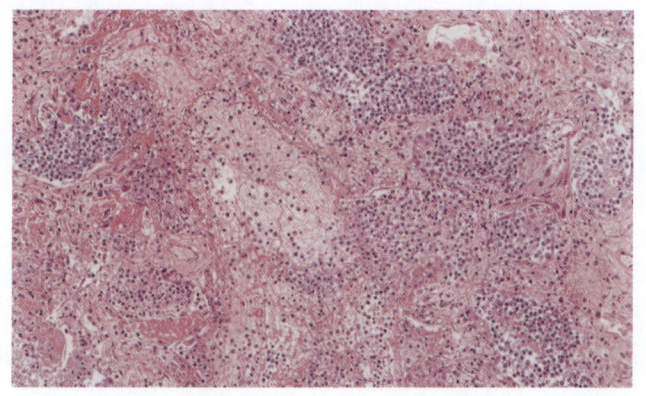

图 6-9 数字切片

图 6-9 新型冠状病毒肺炎并发大叶性肺炎（HE 染色，100×）

（案例由华中科技大学同济医学院法医学系刘良教授新冠肺炎解剖团队提供）

2. 小叶性肺炎（支气管肺炎）

（1）基本情况：死者，女，3 岁，咳嗽、流鼻涕、发烧，某诊所以支气管炎治疗 7 天后死亡。

（2）阅片要点：部分肺泡壁毛细血管及肺内小血管扩张、淤血，细小支气管管腔内及周围肺泡腔内见以中性粒细胞为主的炎症细胞渗出，病灶以肺小叶为范围，病变严重处细小支气管管壁结构破坏，有

Note

47

的肺泡腔表面见均质红染物质附着(图 6-10)。注意辨认自溶的中性粒细胞。

（3）法医病理学诊断：小叶性肺炎。

图 6-10
数字切片

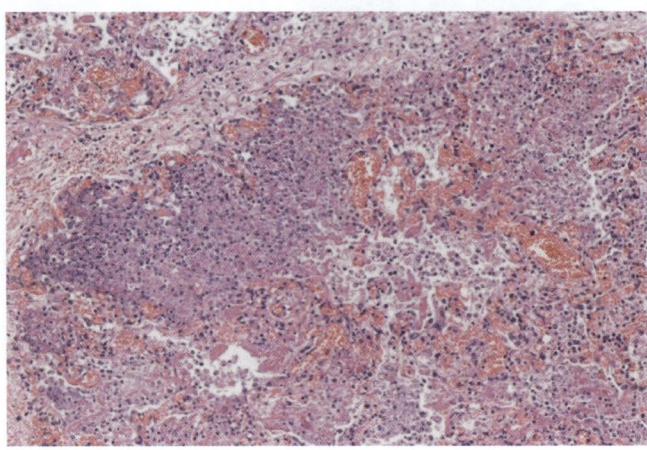

图 6-10　小叶性肺炎(HE 染色,100×)

3. 间质性肺炎

（1）基本情况：死者,男,10 岁,咳嗽、流鼻涕,当地医生诊断为感冒,给予输液治疗,回家 12 小时后被发现死亡。

（2）阅片要点：肺被膜灶片状出血,细小支气管壁及血管周围见以多灶性淋巴细胞为主的炎症细胞聚集,肺组织灶性气肿、水肿及灶片状出血,肺泡间隔明显增宽,肺泡壁毛细血管及肺内小血管扩张、淤血,增厚的肺泡壁多见以淋巴细胞为主的炎症细胞浸润(图 6-11)。

（3）法医病理学诊断：间质性肺炎。

图 6-11
数字切片

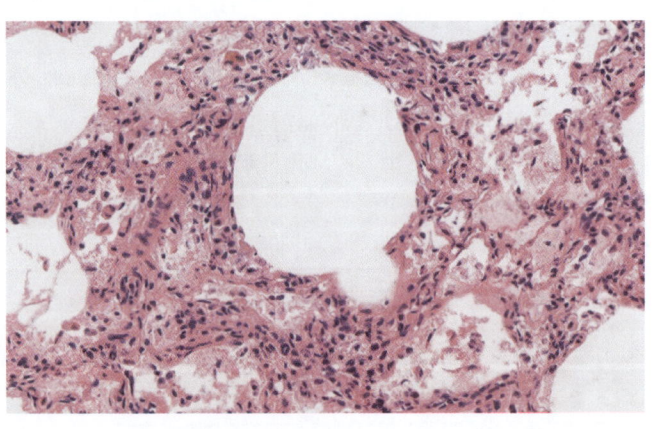

图 6-11　间质性肺炎(HE 染色,200×)

4. 肺矽结节

（1）基本情况：死者,女,40 岁,受凉后咳嗽、高烧、呼吸困难,3 日后被送往当地医院进行抢救,经抢救无效,宣布死亡。

（2）阅片要点：境界清楚的椭圆形结节,结节内纤维呈旋涡状排列,结节周围炎症细胞浸润,炭末沉积及纤维组织包裹(图 6-12)。

（3）法医病理学诊断：肺矽结节。

5. 肺结核病

（1）基本情况：2017 年某日上午 8 时许,某监狱刘某突发晕厥,送入医院抢救无效,于 11 时 30 分宣布临床死亡。

（2）阅片要点：肺组织内多见不同病变程度的结核结节,有的结核结节纤维化,有的结核结节中央为干酪样坏死,周围可见淋巴细胞、成纤维细胞及朗汉斯巨细胞(图 6-13);有的部位可伴感染,局部见组

Note

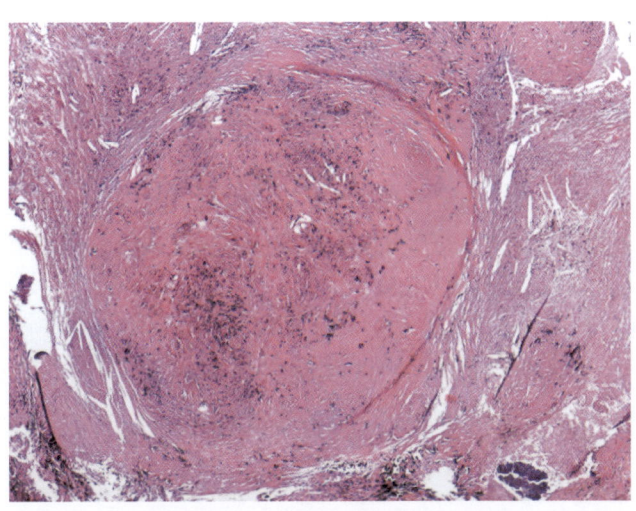

图 6-12
数字切片

图 6-12　肺矽结节(HE 染色,40×)

织坏死及中性粒细胞浸润,周围肺组织片状出血。

（3）法医病理学诊断:肺结核病。

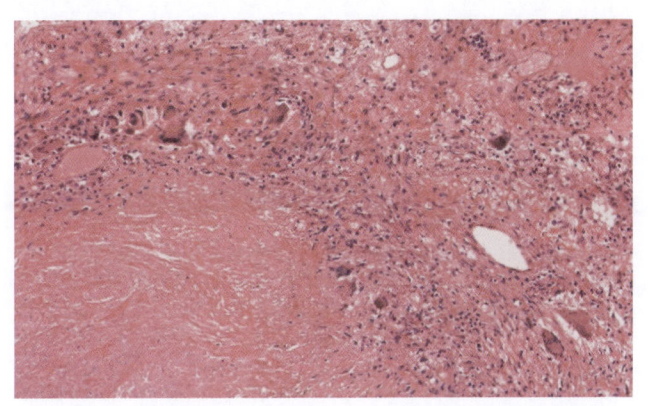

图 6-13
数字切片

图 6-13　肺结核结节,可见朗汉斯巨细胞(HE 染色,100×)

6. 真菌性肺炎

（1）基本情况:死者,女,26 岁,因"葡萄胎清宫术后"接受 5-氟尿嘧啶(5-FU)化疗,后出现严重免疫抑制等不良反应,昏迷 9 日后死亡。

（2）阅片要点:镜下见广泛性肺水肿,片状肺泡腔见大量红细胞聚积及纤维素渗出,部分肺泡腔内见透明膜形成,肺内小血管及肺泡腔内可见放射状的真菌菌丝及透明芽孢,肺组织自溶(图 6-14)。

（3）法医病理学诊断:真菌性肺炎。

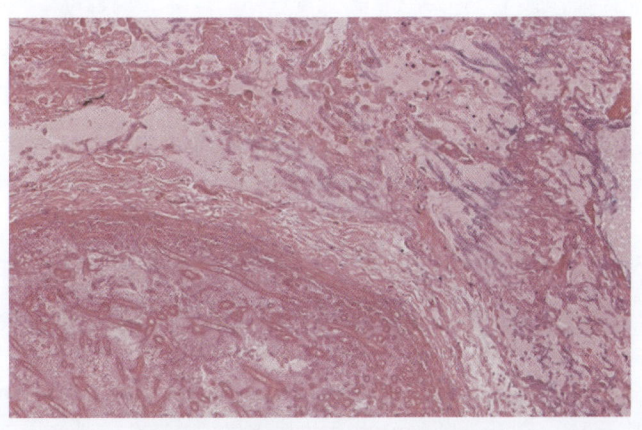

图 6-14
数字切片

图 6-14　真菌性肺炎(HE 染色,100×)

7. 新型冠状病毒肺炎

(1)基本情况:死者,男,85岁。2020年1月某日因"头晕1天,伴记忆力减退、心慌、气促、头部闷胀不适,无发热、咳嗽",以"多发性脑梗死"收入院。入院时体温正常。既往有多发性脑梗死、冠心病、胃炎、脑血管病后遗症病史。入院10日后出现喉咙发痒及发热,CT检查示双肺散在少许小斑片状感染病灶。入院后第13日经新型冠状病毒核酸检测为阳性,确诊为新型冠状病毒感染患者。入院后第20日复查CT示:双肺散在斑片状感染病灶,较前进展,考虑病毒性肺炎。入院后第28日死亡,临床死亡原因诊断为"新型冠状病毒肺炎、呼吸衰竭"。

(2)阅片要点:弥漫性肺实质和间质的损伤病变,肺门周围大部分肺泡腔结构存在,肺泡间隔纤维性增宽,肺泡腔内见蛋白质、纤维素性渗出,并见巨噬细胞、脱落的肺泡上皮细胞聚集。部分肺内小动脉内可见混合血栓栓塞及机化(图6-15)。

图 6-15
数字切片

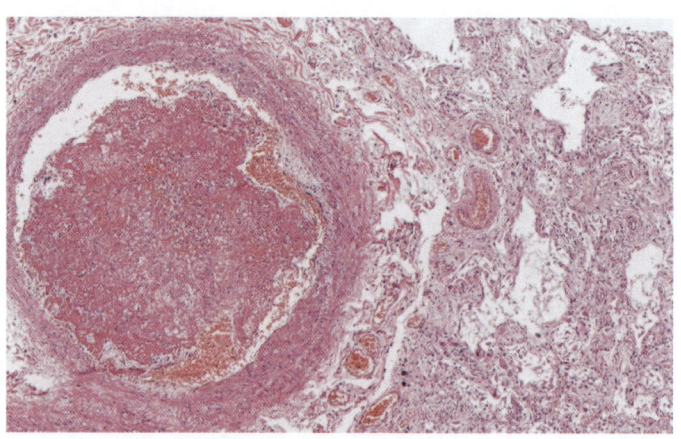

图 6-15　新型冠状病毒肺炎(肺小血管内血栓机化,HE 染色,40×)

(案例由华中科技大学同济医学院法医学系刘良教授新冠肺炎解剖团队提供)

 案例实践学习

【案例 6-1】

1. 案情摘要　死者罗某,男,30岁。某年10月某日下午4时许,罗某的尸体在其住所被发现。据调查,其周围人说已经5天没有看到罗某。

2. 法医学检查

(1)尸表检查:成年男性解冻尸体,尸长168 cm,其发黑,长度为6 cm,营养不良,极度消瘦,舟状腹。尸斑红色,位于背侧未受压部位。双眼球、睑结膜苍白,角膜混浊。双侧外耳道、口腔、鼻腔干净。双手指甲甲床发绀,双足趾甲甲床苍白。下腹部尸绿形成。

(2)解剖检查及病理组织学检查:自两耳后切开头皮,头皮下及帽状腱膜下未见出血。环状锯开颅骨,硬脑膜外、下无出血。脑重1500 g,肉眼观脑表面及切面未见明显异常。镜下见脑组织内冰晶裂隙形成,蛛网膜增厚,蛛网膜及蛛网膜下腔多见单核淋巴细胞及类上皮细胞浸润,脑组织水肿、自溶,神经元变性。

切开颈部,颈部皮下及各肌群无出血,舌骨、甲状软骨及环状软骨无骨折。双侧扁桃体及甲状腺无肿大。

切开并分离胸壁皮肤、肌肉及软组织。胸骨及肋骨未见骨折。打开胸腔,左侧胸腔内可见200 mL血性液体。食管腔内未见异常,气管及双侧支气管腔内干净,倒"Y"字形打开心包,心包腔内可见少量淡红色冰碴。

心重250 g,顺血流方向剪开各心腔,左、右心室壁分别厚1.1 cm和0.3 cm。心瓣膜及各心腔未见异常。冠状动脉检查未见异常。镜下心肌组织内见冰晶形成,心肌组织自溶。

左、右肺分别重425 g和275 g,双肺表面及切面可见大小不一的结节,并可见空洞形成,空洞直径

最大 3 cm,有的空洞内可见脓液流出。镜下见肺组织自溶明显,肺组织内见大小不一的结核结节,结节中央见干酪样坏死,周围可见朗汉斯巨细胞、单核淋巴细胞及类上皮细胞,周围见纤维结缔组织包绕。有的结核结节纤维化;有的结节及周围见大量中性粒细胞浸润并组织坏死。肺组织可见代偿性肺气肿及灶性纤维化。

打开腹腔,皮下脂肪厚 5 cm,左、右膈肌高度分别位于第 5 肋和第 4 肋,腹腔干净,腹腔内可见少量淡黄色液体。胃内可见 50 mL 液体内容物。

肝组织块重 275 g,表面及切面未见异常。镜下见肝组织自溶显著。

脾重 200 g,表面及切面肉眼观未见明显异常。镜下可见广泛的结核结节,有的结核结节内可见朗汉斯巨细胞。

双肾共重 275 g,被膜易剥离,切面皮、髓质分界不清,镜下见肾组织自溶明显,肾小球毛细血管及肾内小血管扩张、淤血。

胰腺组织重 50 g,肉眼观表面及切面未见异常。镜下见弥漫性自溶。

肠管镜下见黏膜上皮脱落自溶。

3. 毒化检验:死者罗某心血、肝脏、胃内容物及尿液经湖北同济法医学司法鉴定中心法医毒物分析:①血液中检出乙醇成分,含量为 19.1 mg/100 mL;同时检出正丙醇成分,含量为 0.5 mg/100 mL(乙醇含量∶正丙醇含量=38.2∶1);②尿液中甲基苯丙胺、氯胺酮和吗啡类毒品检测均为阴性(一);③血液、肝脏和胃内容物中均未检出毒鼠强、常见有机磷类和氨基甲酸酯类农药、常见巴比妥类和苯二氮䓬类安眠药及甲基苯丙胺和氯胺酮各毒物/毒品成分。

(本案例由华中科技大学同济医学院法医学系提供)

引导问题:

(1) 腐败尸体对解剖、组织学检查等有何影响?

(2) 对于此案例毒化检验的结果如何分析?

(3) 请列出法医病理学诊断并分析死亡原因。

(4) 呼吸系统疾病猝死经常是多种疾病伴发,且在慢性病的基础上并发急性病变,结合此案例谈谈你的理解。

案例解析
6-1

【案例 6-2】

1. 案情摘要 某年 9 月 4 日凌晨 1 时许,魏某因支气管炎发作请个体诊所医生到家中给予输液治疗,第一瓶为氨茶碱,第二瓶药名未知。凌晨 4 点半家人发现其呼吸停止,第二瓶液体尚有剩余。急救中心人员到达后确认死者无生命体征,判定为"心搏骤停死亡"。

2. 法医学检查

(1) 尸表检查:12 天后进行尸检,老年男性解冻尸体,尸长 162 cm,发长 4 cm,极度消瘦,尸斑暗红色,存在于背部未受压处,指压不褪色。双眼角膜混浊,双眼球、睑结膜苍白;双侧外耳道、鼻腔及口腔干净;双手指甲发绀,双足趾甲苍白。左手背见一针痕,周围可见皮下青紫。下腹部尸绿形成。

(2) 解剖检查及组织病理学检查:自两耳后切开头皮,头皮下及帽状腱膜下未见出血。环状锯开颅骨,硬脑膜外、下无出血。

脑重 1350 g,表面及切面未见异常。镜下见各部脑组织淤血、水肿,可见冰晶裂隙形成,脑实质小血管周围偶见围管性出血,细小动脉管壁增厚、玻璃样变性。

切开颈部,颈部皮下及各肌群无出血,舌骨、甲状软骨及环状软骨无骨折。双侧扁桃体及甲状腺无肿大,喉头无水肿。镜下见喉头、扁桃体淤血。

切开并分离胸壁皮肤、肌肉及软组织,未见出血。肋骨及胸骨未见骨折。打开胸腔,左、右胸腔干净,双侧肺均与胸壁粘连。食管内未见异常,气管及双侧支气管腔内见较多脓液。右侧锁骨下、气管周围及肺门部淋巴结见肿大。倒"Y"字形打开心包,心包腔内未见异常。

心重 250 g,顺血流方向剪开各心腔,心室内充满鸡脂样凝血块。左、右心室壁分别厚 1.2 cm 及

0.3 cm,主动脉根部可见散在的脂质斑块,各心腔及心瓣膜未见异常。冠状动脉检查未见异常。镜下见心肌间质淤血,乳头肌心肌纤维断裂明显。

左、右肺分别重700 g、900 g,两侧肺门部淋巴结肿大,有的呈蚕豆大小,左肺门支气管旁见一个5.0 cm×3.5 cm×1.5 cm肿块,双肺表面可见散在大小不一的肺大泡;肺实质内细支气管显著扩张,切面可见细支气管腔内黄色脓液流出,双肺下叶质实。镜下见肺正常组织结构广泛破坏,可见大量扩张的细支气管,管腔内可见中性粒细胞、坏死物质、炎性渗出物及黏液,周围肺实质可见大量中性粒细胞浸润。肺实质广泛性纤维化,其内可见大量纤维组织增生、新生小血管及淋巴细胞和单核细胞浸润,肺泡间隔毛细血管减少,肺泡壁纤维组织增生,大量肺泡代偿性气肿。左肺门肿块镜下为肿大的淋巴结,广泛淋巴组织增生。

打开腹腔,腹腔内干净,皮下脂肪厚1 cm,左、右膈肌高度分别位于第6肋及第5、6肋间,大网膜及腹腔各器官位置正常,胃内见少量食糜。

肝组织块重210 g,表面、切面未见异常。镜下肝细胞内多见脂肪空泡,汇管区纤维结缔组织及炎症细胞增多,肝窦及肝内小血管扩张、淤血。

脾重150 g,表面及切面未见异常。镜下脾淤血。

双肾重200 g,包膜易剥离,切面皮、髓质分界清楚,皮质层厚0.4 cm。镜下见肾小球毛细血管及肾内小血管扩张、淤血,肾近曲小管上皮细胞自溶,多见肾小球硬化及肾小管内蛋白管型。

胰腺重50 g,表面、切面未见异常。胰腺组织镜下多灶性自溶。

胃、肠壁镜下见黏膜层不同程度自溶。

3. 毒化检验:常见毒(药)物检验均为阴性。

(本案例由华中科技大学同济医学院法医学系提供)

引导问题:

(1)根据尸检所见及组织病理学检查结果,列出法医病理学诊断。

(2)对于在医疗过程中发生的死亡,尤其是输液过程中发生的死亡需要考虑哪些可能死因?

(3)该案例给你哪些启示?

案例解析
6-2

【案例6-3】

1. 案情摘要　陈某,女,89岁。某年6月14日中午12时许,陈某与人发生肢体冲突,4小时后在家中死亡。

2. 法医学检查

(1)尸体解剖检查(当地公安局法医进行检查):当地法医对死者陈某的尸体进行了法医学解剖检验:左上臂内侧见23 cm×20 cm皮下出血,左肘部见3 cm×3 cm皮下出血,左前臂外侧见13 cm×6 cm皮下出血;右上臂内侧见5 cm×4 cm表皮擦伤;右腕部见4.5 cm×2.5 cm表皮擦伤;左髋部假关节形成,可扪及股骨颈骨折;左小腿可见二处分别为3 cm×3 cm、2 cm×2 cm皮下出血,右膝部见一8 cm×4 cm皮下出血;左右两侧胸部不对称,可扪及左肋骨骨折。解剖见左侧头顶部帽状腱膜下有一处3 cm×2.5 cm出血,左侧胸肌见10 cm×7 cm出血,左侧第2~8肋骨骨折,双肺与胸膜粘连,心脏表面见出血点。余未检见明显异常。提取死者陈某主要器官组织送本鉴定中心检查鉴定。

(2)各脏器组织病理学检查:全脑重1040 g,脑各切面、脑室系统及脑干检查无异常。镜下见蛛网膜下腔及脑实质内小动脉硬化,部分血管内可见圆形空泡。脑各部轻度水肿,皮质浅层多见淀粉样小体。

心重220 g,左、右心室壁分别厚1.5 cm及0.45 cm。左、右冠状动脉检查无异常。镜下左心室心肌细胞肥大、心肌细胞内可见脂褐素及淀粉样物质沉积,右心室外膜脂肪组织浸润明显,部分心肌细胞被分割成岛屿状。心肌间质见血管扩张、淤血,小动脉硬化,部分血管内可见圆形空泡。

左、右肺分别重400 g和420 g,肉眼观左肺上叶见肺大泡,切面颜色稍发黄。镜下见灶性肺水肿、气肿,散在肺大泡形成,肺内小动脉及肺泡壁毛细血管管腔内见大量空泡,并见肺内小动脉硬化。个别

Note

支气管壁周围淋巴细胞浸润。

肝脏重 680 g,大小为 20 cm×9.5 cm×7.5 cm。镜下见肝细胞灶性水肿及坏死,部分肝窦扩张、淤血,汇管区见小动脉硬化,淋巴细胞浸润、纤维组织增多及腐败菌落。

双肾重 120 g,肉眼观表面呈细颗粒状,包膜不易剥离,皮质厚 0.3 cm,左、右肾分别见 1 cm×1 cm 囊肿,肾盂周围脂肪组织增多。镜下见部分肾小球纤维化,残存肾小球代偿肥大,间质见以淋巴细胞为主的炎症细胞浸润,肾内小动脉硬化,肾小管腔内多见蛋白管型。

脾重 60 g,包膜皱缩,表面粗糙,颜色发黄。镜下脾被膜增厚,呈玻璃样变性,部分区域见被膜内淋巴细胞浸润,脾淤血、溶血,细、小动脉硬化。

胰腺肉眼及镜下无异常。

特殊染色检查:死者肺、脑、心肌组织经冰冻切片,“油红 O”脂肪染色,显示肺泡壁毛细血管及肺内小血管内见大量橘红色圆形物分布;脑及心肌部分小血管内可见橘红色圆形物聚集。

(本案例由华中科技大学同济医学院法医学系提供)

引导问题:

(1) 根据尸检所见及组织病理学检查结果,列出法医病理学诊断。

(2) 如何分析死者的死亡原因和死亡机制?

(3) 对于外伤后突然死亡的案例,应重点考虑哪些可能的死因?

案例解析
6-3

本章实践操作注意要点

1. 由于肺组织含有大量空气,会浮在固定液上面,导致部分肺组织在固定期间仍可能发生自溶,建议在固定脏器的容器最上面覆盖毛巾,并确保毛巾也被固定液浸泡。

2. 呼吸道传染病的传播途径最难阻断,尤其是新发传染病,该类传染病是否在法医尸检及后续取材、固定等环节仍具有传染性没有确切依据,建议在怀疑呼吸道传染病(包括肺结核)案例解剖时做好充分防护。

(董红梅　刘茜)

第七章　中枢神经系统疾病猝死

实践学习目标

1. 通过观察大体图片,掌握常见中枢神经系统疾病检验的重点及肉眼观特征性表现。
2. 通过观察组织学切片,掌握常见中枢神经系统疾病猝死病变的形态学特点。
3. 通过案例实训,掌握常见中枢神经系统疾病猝死案例的法医病理学诊断技能,训练死亡原因的分析思路。

第一节　脑血管疾病

一、大体肉眼观

(一) 脑出血

1. 脑血管畸形破裂　死者,男,44 岁,某日因头痛到某门诊部就诊,具体诊疗过程不详,返家后当日下午于家中被发现死亡。尸检主要见弥漫性蛛网膜下腔出血,脑底部积血(图 7-1),镜下见蛛网膜下腔脑血管畸形,其他均未见异常。

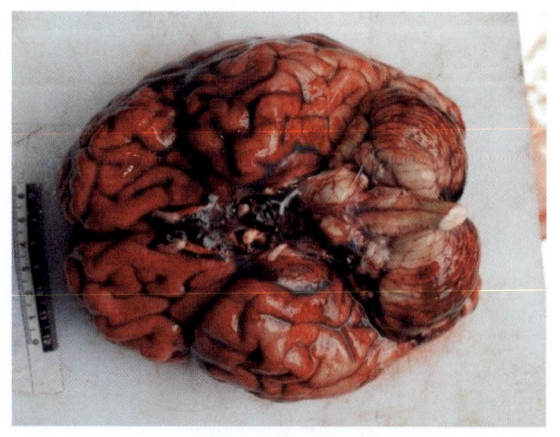
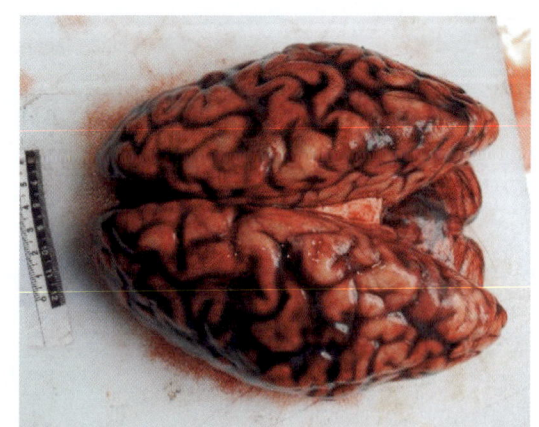

(a) 全脑弥漫性蛛网膜下腔出血1　　　　　　　(b) 全脑弥漫性蛛网膜下腔出血2

图 7-1　脑血管畸形破裂

2. 脑动脉瘤破裂　死者,男,35 岁,某日饮酒时与他人发生肢体冲突,倒地,急诊送医。入院诊断:①心跳、呼吸骤停复苏后,缺氧缺血性脑病? ②急性特重颅脑损伤:蛛网膜下腔出血,脑室出血,脑干损伤? ③动脉瘤破裂出血待排。急诊行开颅去骨瓣减压术,但术后仍无自主呼吸,次日抢救无效死亡。尸

检见全脑弥漫性蛛网膜下腔出血,左侧大脑前动脉处动脉瘤形成,用注射器沿基底动脉注入清水,见动脉瘤破裂(白色三角尖端指示,图7-2)。

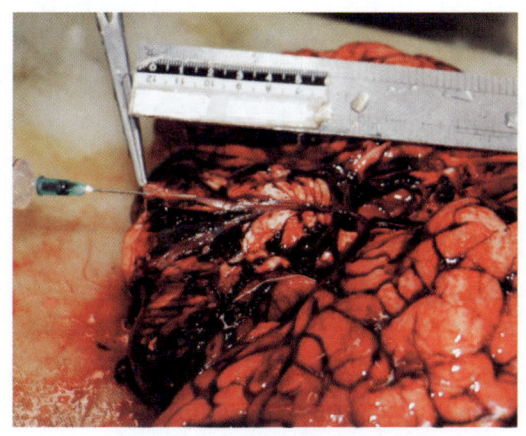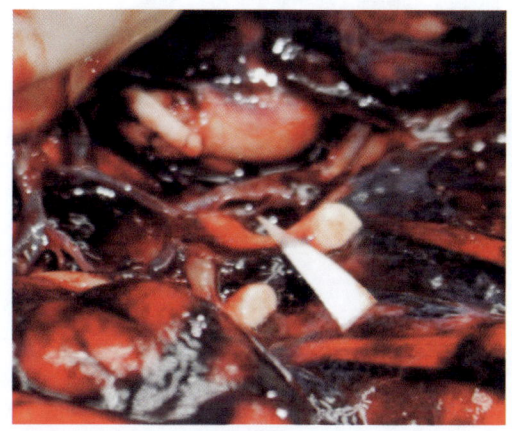

(a) 左侧大脑前动脉处动脉瘤破裂 　　　　　　(b) 弥漫性蛛网膜下腔出血

图 7-2　脑动脉瘤破裂

3. 高血压病脑血管破裂

(1) 小脑出血:死者,男,38 岁,某日 7 时许自觉头痛,请村医来家中治疗(具体不详),9 时病情加重,失去意识,呼 120 急救,医生到场证实已死亡。尸检发现其左侧小脑膨大,双侧小脑扁桃体疝形成(图 7-3(a)),小脑切面见血肿形成,重量约 40 g(图 7-3(b))。

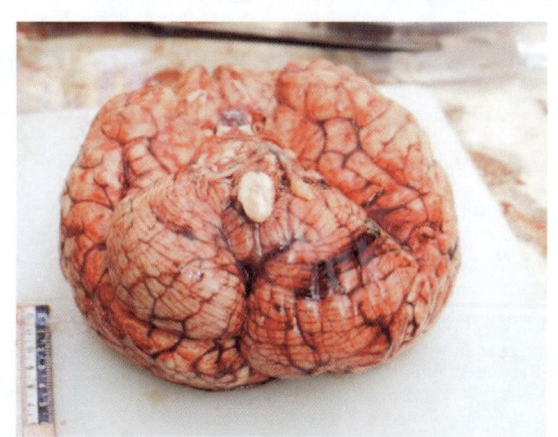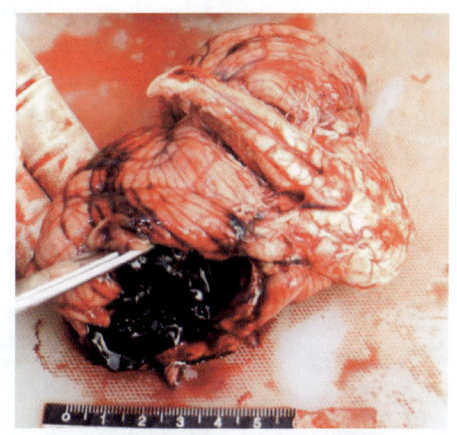

(a) 小脑肿胀,小脑扁桃体疝形成 　　　　　　(b) 左侧小脑切面见血肿形成

图 7-3　小脑出血

(2) 脑桥出血:死者,男,49 岁,某日 4 时被发现在某高速公路隧道监控室内死亡,现场未见异常。尸检发现脑桥左右不对称,左侧明显膨大,切面见多发出血,小脑扁桃体疝形成(图 7-4)。

(3) 基底节区出血:死者,男,31 岁,某日 15 时 40 分许在家中被发现仰卧于床上,面、颈部重度发绀,家人立即予人工呼吸并呼 120 急救,医生到场查无生命体征;死者既往有高血压病史,具体不详。尸检发现大脑左右不对称,右侧半球膨大(图 7-5(a)),切面见右基底节区出血(图 7-5(b))、右侧脑室大量积血(图 7-5(c))、右侧钩回疝及小脑扁桃体疝。

(4) 蛛网膜下腔出血及脑室积血:死者,男,41 岁,某日上午因"头痛"至某镇人民医院就诊,查血压 160/105 mmHg,诊断为高血压,予左旋氨氯地平(每次 2.5 mg,每天 1 次)。返家后 45 分钟突发神志不清、昏迷,立即送至医院,抢救无效死亡。尸检发现全脑弥漫性蛛网膜下腔出血,脑底积血,大脑半球左右对称,切面未见出血及软化灶,双侧脑室积血、第四脑室积血(图 7-6)。经组织病理学检查,最终诊断为高血压病性脑出血。

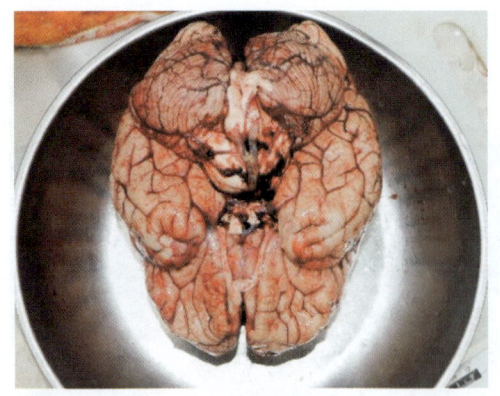
(a) 脑桥膨胀并左右不对称

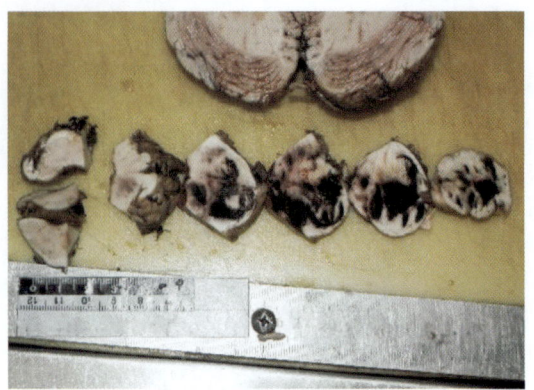
(b) 脑桥切面片状出血

图 7-4 脑桥出血

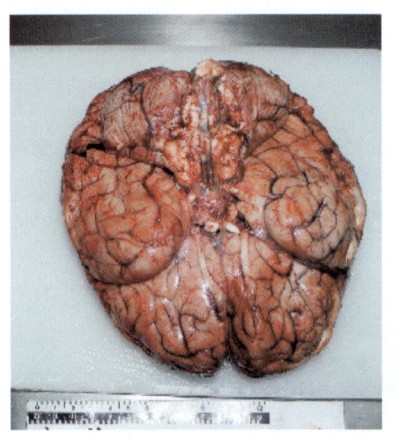
(a) 大脑左右不对称，右侧半球膨大

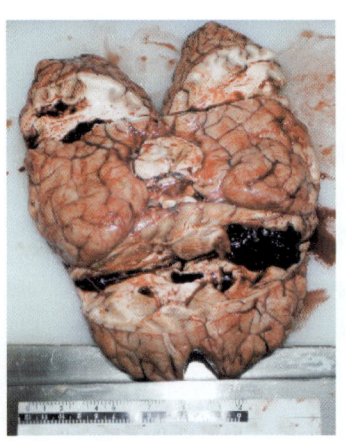
(b) 右基底节区出血并血肿形成

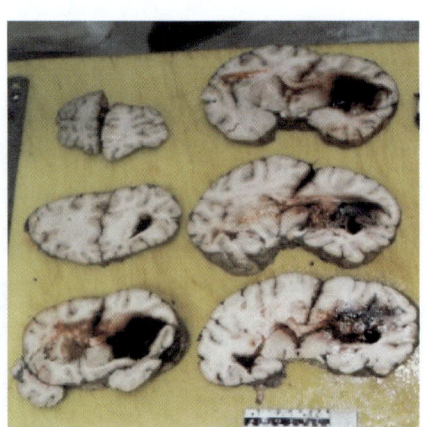
(c) 右侧脑室大量积血

图 7-5 基底节区出血

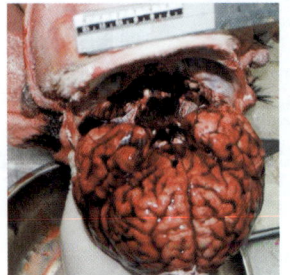
(a) 全脑弥漫性蛛网膜下腔出血

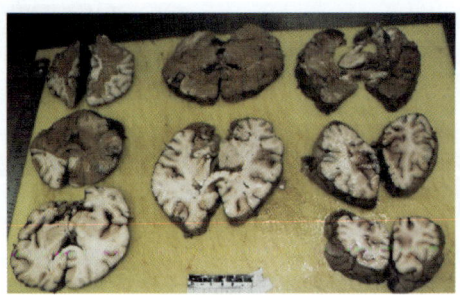
(b) 全脑切面实质未见出血1

(c) 全脑切面实质未见出血2

图 7-6 蛛网膜下腔出血及脑室积血

（二）脑梗死

典型脑梗死 死者，女，42岁，某日16时25分许，死者乘坐的轿车被另一轿车追尾，事发后感到身体不适并到某人民医院就诊，当时出现头晕、头痛并呕吐，CT检查未见明显颅脑损伤，但病情迅速进展，于当晚昏迷，入院第三日死亡。死亡诊断：急性脑梗死。尸检见全脑弥漫性脑水肿，脑沟消失，蛛网膜下腔未见出血；小脑、脑干高度质软（图7-7(a)）；双侧椎动脉及基底动脉粥样硬化，最狭窄处达80%以上，另可见基底动脉血栓栓塞（图7-7(b)）。

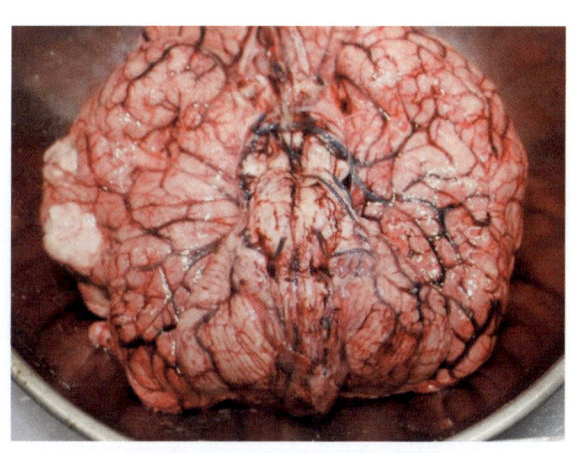
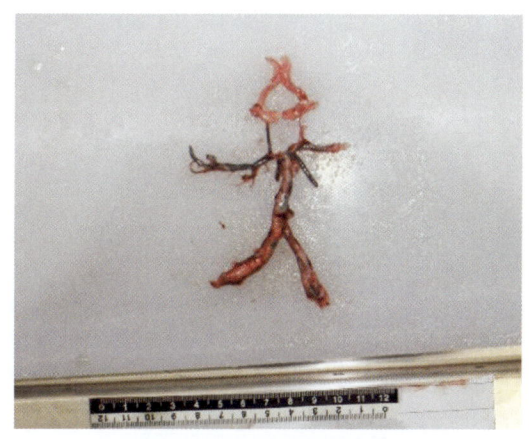

(a) 全脑弥漫性水肿，脑干高度质软 　　　(b) 双侧椎动脉及基底动脉粥样硬化

图 7-7　典型脑梗死

二、组织病理学改变

（一）脑出血

1. 脑血管畸形破裂　死者，男，25 岁，于某日夜间突发头痛，家人急呼 120，医生到场时查见其深昏迷，双侧瞳孔不等大，无呼吸，心搏微弱，血压无法测出，予就地抢救，但抢救无效死亡。尸检见弥漫性蛛网膜下腔出血，镜下见蛛网膜下腔局部血管动静脉畸形，管壁部分区域为动脉管壁结构，另一部分为静脉管壁结构（图 7-8）。

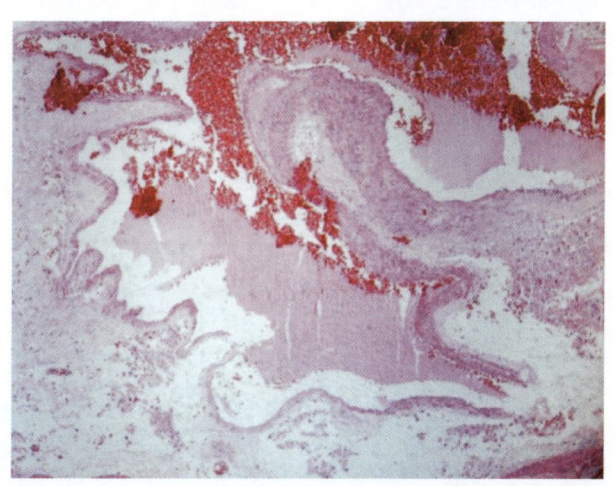

图 7-8　脑蛛网膜下腔动静脉畸形（HE 染色，40×）

2. 高血压病脑血管破裂

（1）小脑出血：死者，男，54 岁，某日上午 9 时许上班期间出现头痛，同事将其送入当地医院就诊，11 时病情加重，意识丧失，经抢救无效后死亡。尸检见小脑内出血，另见其心脏向心性肥大，多器官（脑、脾、肾）小动脉管壁增厚及管壁玻璃样变性，同时检见心脏肥大、心肌细胞肥大及间质纤维组织增生（图 7-9）。未检见血管畸形、血管瘤等表现。

（2）恶性高血压并脑出血：死者，男，32 岁，某日 15 时许，因出现头晕、头痛在某诊所就医时突发昏迷，急救医生赶到现场时证实已死亡。尸检发现其大脑、脑桥处切面多处出血；另检见其脑、心、脾、肾等器官有大量小动脉管壁增厚并纤维素性坏死（图 7-10）。未见血管畸形、动脉瘤等病变。

（二）脑梗死

典型脑梗死　死者，女，54 岁，某日下午自觉头晕并到某医院就诊，入院后出现头痛并呕吐，CT 检

57

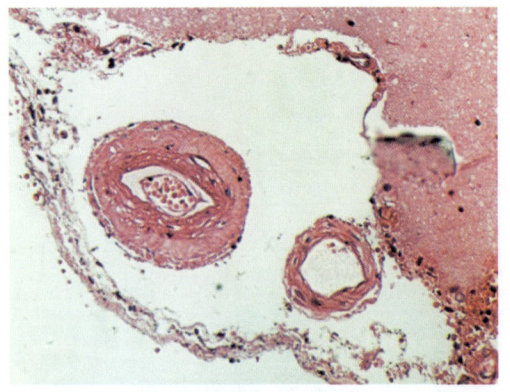

(a) 脑蛛网膜下腔小动脉管壁环形增厚并玻璃样变性
（HE染色，200×）

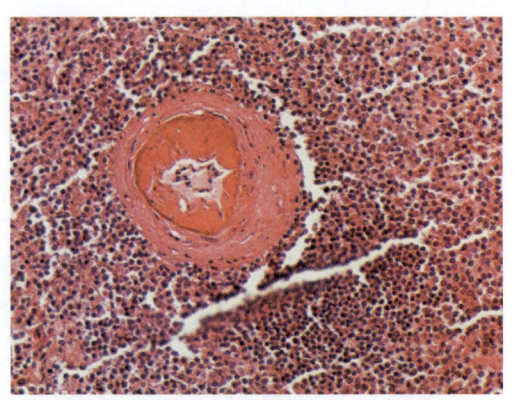

(b) 脾脏中央动脉管壁环形增厚并玻璃样变性
（HE染色，200×）

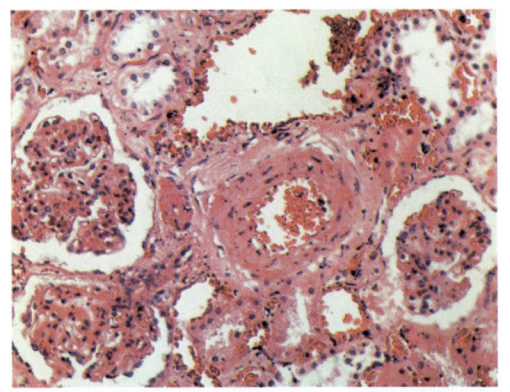

(c) 肾脏皮质小动脉管壁环形增厚（HE染色，200×）

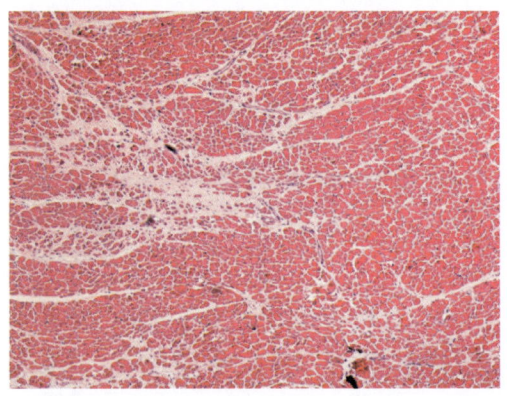

(d) 心肌间质纤维组织增生并包围部分残存的心肌细胞
（HE染色，40×，注意与陈旧性心肌梗死相鉴别）

图 7-9　高血压病脑血管破裂

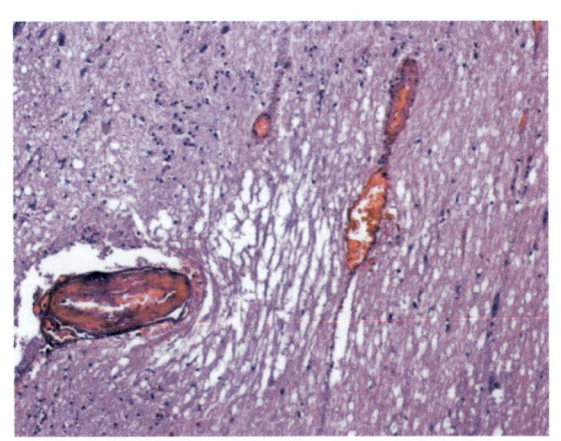

(a) 脑内小动脉管壁增厚并纤维素性坏死，
伴脑组织水肿（HE染色，100×）

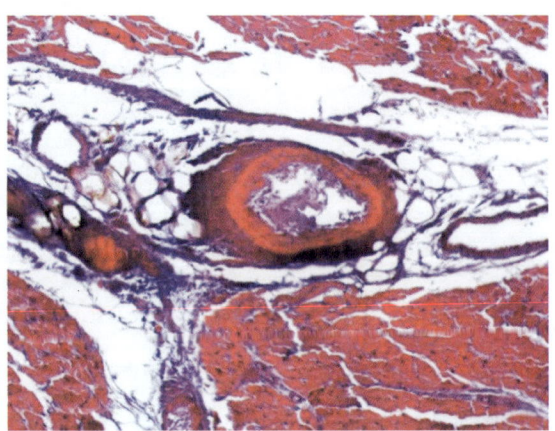

(b) 心肌间质小动脉管壁增厚并纤维素性坏死（HE染色，100×）

图 7-10　恶性高血压并脑出血

查未见明显颅脑损伤，当晚病情迅速进展并昏迷，入院后第三日死亡。死亡诊断：急性脑梗死。镜下见延髓弥漫性水肿、变性，局部大片脑组织正常结构模糊，伴出血，神经元细胞核广泛消失，可见大量已变性的中性粒细胞（图 7-11（a）），大量小动脉管壁增厚；基底动脉管壁增厚，管腔高度狭窄，管腔内见血栓形成（图 7-11（b）），增厚的管壁内可见局部钙化。

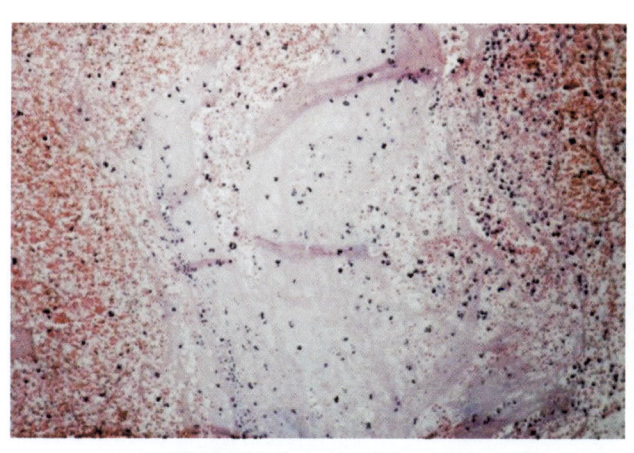

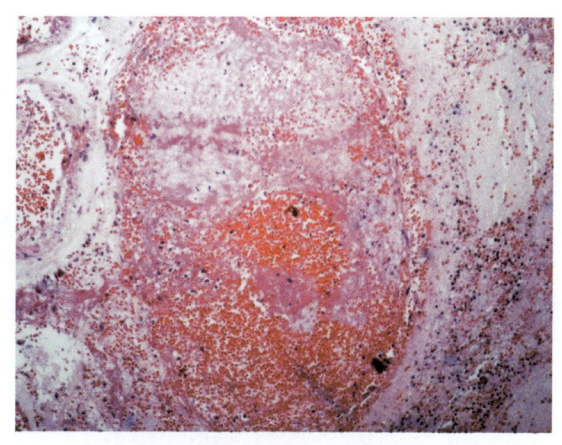

(a) 延髓梗死伴出血（HE染色，100×）　　　　(b) 基底动脉内血栓形成（HE染色，100×）

图 7-11　脑梗死镜下观

第二节　颅 内 肿 瘤

一、大体肉眼观

1. 脑胶质细胞瘤　死者,男,23 岁,某日 1 时 30 分许,与他人宵夜后突然晕倒,立刻呼 120 急救及 110 报警,医生到场对其进行抢救,但抢救无效死亡。尸检见延髓处有一灰褐色质软肿物,肿物偏左侧生长,占位效应明显,将脑干推向右侧(图 7-12(a)),肿物切面呈胶质状,边界尚清,压迫小脑(图 7-12(b));肿物向上生长至桥延沟,向下延伸至枢椎平面并侵犯延髓组织(图 7-12(c))。

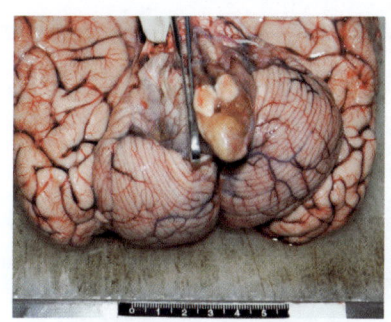

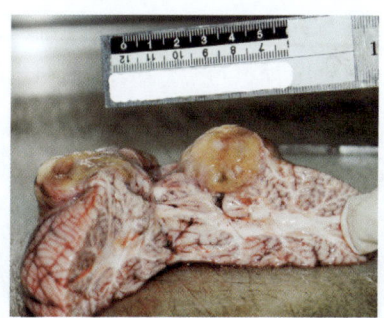

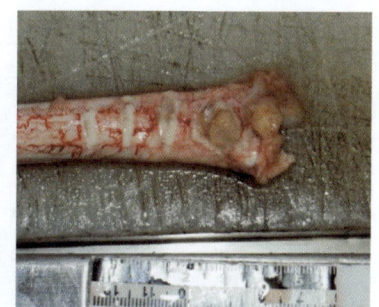

(a) 延髓处见灰褐色质软肿瘤,　　　(b) 切面观见肿物呈胶质状,　　　(c) 肿瘤向下延伸至枢椎平面
　　偏左侧生长, 占位效应明显　　　　　边界尚清, 压迫小脑　　　　　　　并侵犯延髓组织

图 7-12　脑胶质细胞瘤大体肉眼观

2. 垂体瘤　死者,男,67 岁,某日 14 时许驾驶电动车在某路段因自己失控摔倒在地,路人报警后,经抢救人员现场确认已死亡。尸检见巨大垂体瘤,压迫周边脑组织(图 7-13)。经系统尸检,死因符合垂体危象猝死。

二、组织病理学改变

1. 脑胶质细胞瘤　案情同前。尸检后对脑干肿瘤部位进行取材,镜下见肿瘤界限较清,肿瘤细胞密度增加,轻度核异型,可见纤维网状结构,瘤组织内散在原浆型星形细胞,微血管增生(图 7-14)。

2. 垂体瘤　案情同前。尸检后对巨大垂体瘤取材,镜下符合腺瘤的组织学特征,垂体瘤组织内肿

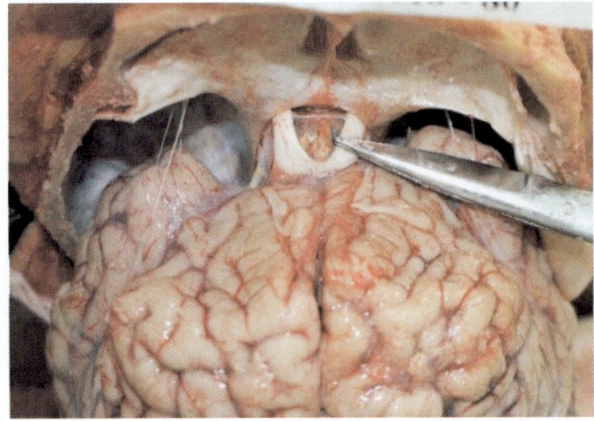

(a)巨大垂体瘤压迫周围脑组织

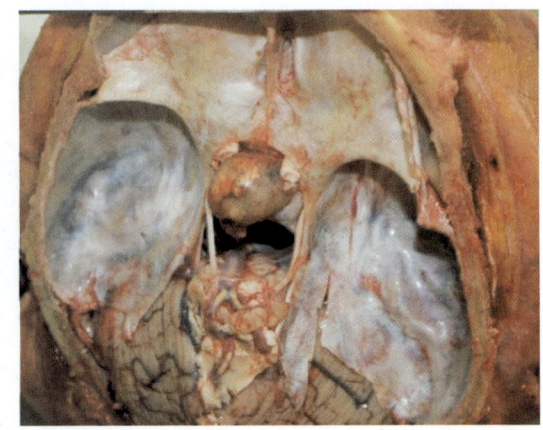

(b)垂体窝增大

图 7-13　垂体瘤大体肉眼观

图 7-14
数字切片

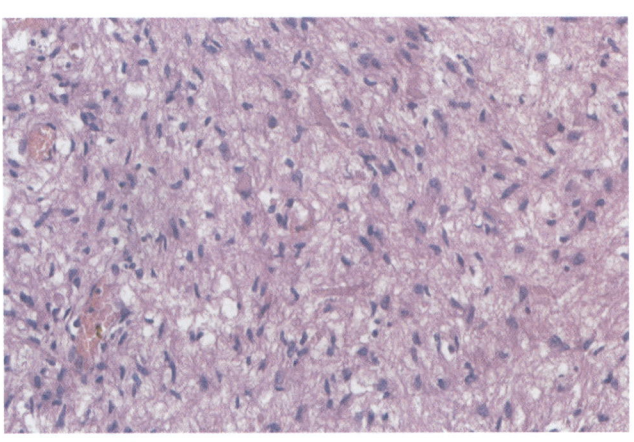

图 7-14　肿瘤组织内胶质细胞增生,轻度核异型,微血管增生(HE 染色,200×)

瘤细胞呈腺瘤样特征,垂体腺瘤结构单一,由相当一致的圆形细胞和窦隙状毛细血管组成,瘤细胞核大小较一致,染色质纤细,核仁不明显,胞质中等量,核分裂象少见(图 7-15)。

图 7-15
数字切片

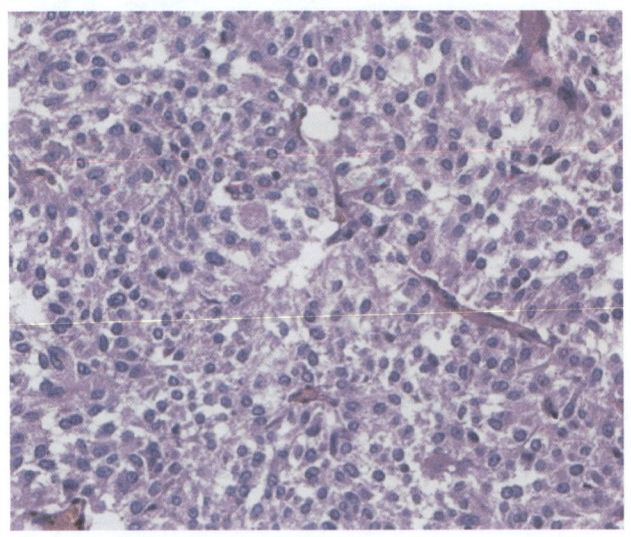

图 7-15　垂体腺瘤结构单一,核分裂象少见(HE 染色,200×)

第三节 感染性疾病

一、大体肉眼观

化脓性脑膜炎 死者,女,42岁,某日因发烧、呕吐至当地医院就诊,诊断为胃肠炎,予治疗后回家。次日凌晨,仍发热,且面部出现点状红疹,再次就诊,入院后发生抽搐,立即抢救,但无效死亡。尸检见其全脑蛛网膜下混浊积液(化脓性),脑底部尤为明显,散在蛛网膜下腔出血(图7-16)。

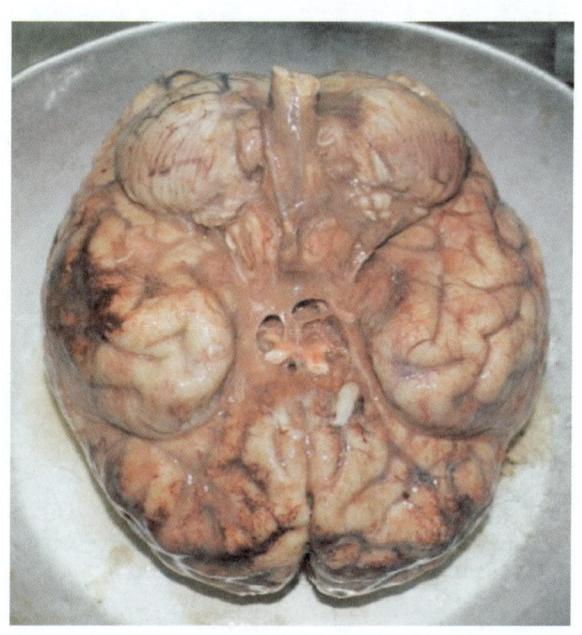

图7-16 全脑蛛网膜下腔积脓,片状出血

二、组织病理学改变

1. 病毒性脑炎 死者,女,3岁7个月,某日晨出现发热,到某诊所就诊,诊断为上感,予治疗(具体用药不详),次日上午仍发热,再次到同一诊所就诊,其间发生抽搐,口吐白沫,急送到某儿童医院,到院后经抢救无效死亡。镜下见脑桥小血管周围炎症细胞围管浸润,以淋巴细胞、单核细胞为主(图7-17(a)),实质多发胶质结节形成(图7-17(b)),可见大量噬神经细胞现象(图7-17(c))。额大脑、中脑、延髓亦有相似病理改变。

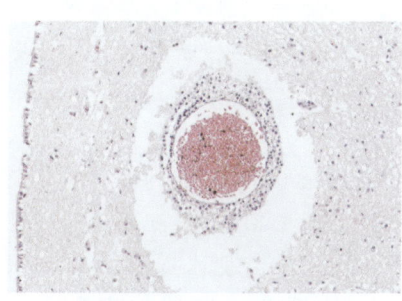

(a)基底结区淋巴、单核细胞围管浸润(HE染色,100×)

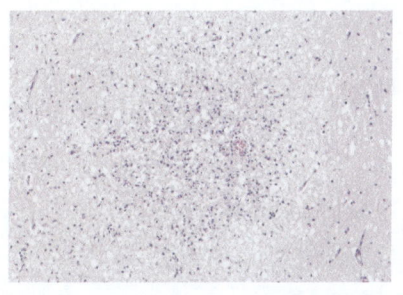

(b)脑桥内胶质结节形成(HE染色,100×)

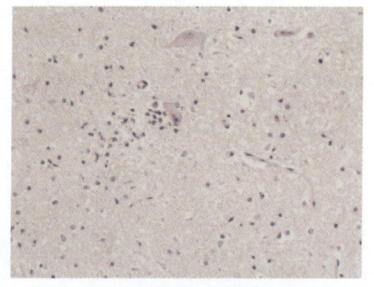

(c)脑组织内噬神经细胞现象(HE染色,200×)

图7-17 病毒性脑炎镜下观

图7-17
数字切片

Note

2. 化脓性脑膜炎 案情同前。对大脑蛛网膜及皮层脑组织取材,镜下见蛛网膜、软脑膜增厚,伴以中性粒细胞为主的炎症细胞浸润(图 7-18(a)),侧脑室内见中性粒细胞及纤维素渗出、聚集(图 7-18(b)),脑皮质浅层胶质细胞反应性增生。

图 7-18
数字切片

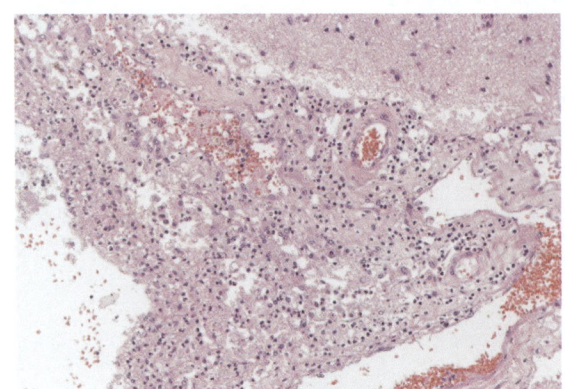 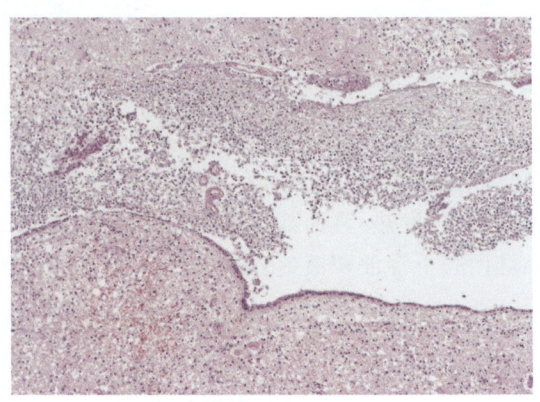

(a) 蛛网膜、软脑膜见以中性粒细胞为主的
炎症细胞浸润(HE染色,100×)

(b) 侧脑室内见中性粒细胞及纤维素渗出、
聚集(HE染色,100×)

图 7-18 化脓性脑膜炎镜下观

案例实践学习

【案例 7-1】

1. 基本案情 某日 21 时许,死者(女,40 岁)与某男子在草地上发生性关系,据当事男子描述,死者为上位,性交过程中出现喘气粗、身体发软,后昏迷,该男子立即呼叫 120,医生到场抢救无效死亡。随后拨打 110 报至当地派出所。

2. 法医学检验

(1) 尸表检查:于死后第 2 天进行系统尸检。尸长 156 cm,发育正常,肤色淡黄,尸表未检见外伤。尸斑呈暗红色,主要位于颈后、肩、腰背及双下肢未受压部位,指压不褪色。头(面)部:顶部发长 14 cm,色黑。头皮未触及异常。双眼睑及球结膜苍白,角膜轻度混浊,瞳孔等大等圆,直径 0.4 cm。鼻外观正常,双侧鼻腔及外耳道干净;口唇黏膜苍白、完整,牙列整齐,舌居中,牙龈苍白。颈(项)部:气管居中,甲状腺未扪及肿大,体表皮肤未见异常。躯干和四肢:胸廓对称,未触及异常;腹部平软,未触及包块。臀部及双大腿见草叶、泥土附着,四肢未见异常,双手指甲发绀,双脚趾甲苍白。外阴部及肛门:大阴唇、肛周草叶附着,未见异常。

(2) 尸体解剖:

①头部:头皮、帽状腱膜及颞肌未见损伤、出血等异常,前、后囟门闭合,颅骨未见骨折。硬脑膜外、硬脑膜下未见异常。颈部:皮下软组织及颈部肌群未见异常,气管居中,甲状腺无肿大。

②胸腹部:胸骨、肋骨无骨折,左、右侧膈肌高度均位于第 4、5 肋间,双肺均有弹性回缩,与胸壁无粘连,左、右侧胸腔均有 20 mL 淡红色清亮液体。心包膜光滑,心包腔内见 5 mL 清亮淡黄色液体。腹壁脂肪厚 3.5 cm,大网膜及肠系膜淋巴结未见异常,腹腔无积液。

③主要脏器检查如下:

a. 脑:全脑重 1560 g,硬脑膜外及硬膜下未见异常,弥漫性蛛网膜下腔出血(基底池及两侧外侧裂积血,余大脑各叶蛛网膜下腔出血,小脑蛛网膜下腔出血);大脑质软,脑沟变浅,脑回增宽;脑底动脉未见明显粥样硬化。颅骨及颅底未见骨折等异常。垂体表面及切面未见异常。小脑扁桃体疝形成。b. 舌、喉头:舌表面及切面未见异常,舌骨、甲状软骨及环状软骨等未见骨折。c. 心脏:重 240 g,心外膜、心内膜光滑,各心瓣膜及冠状动脉窦口未见异常。动脉导管及卵圆孔已闭合,室间隔无缺损。左心室壁厚 1 cm,右心室壁厚 0.4 cm。各心瓣膜的周径如下:三尖瓣 11 cm,肺动脉瓣 7 cm,二尖瓣 8.5 cm,主动脉瓣 6.5 cm。主动脉根部见少量脂质斑块。左冠状动脉前降支及旋支管腔Ⅱ级狭窄,右冠状动脉管腔Ⅲ级狭窄。d. 气管:腔内见大量泡沫液体,黏膜光滑,管腔通畅。e. 肺:左肺重 550 g,大小为 22 cm×16 cm ×5 cm;右肺重 650 g,大小为 23 cm×17 cm×6 cm。双肺饱满,表面光滑,切面见大量细小泡沫。肺门淋巴结未见明显肿大,双肺动脉、静脉及其分支管腔通畅,支气管及其各分支管腔通畅。f. 食管和胃:食管黏膜光滑,未见明显异常;胃充盈,内有菜叶、饭粒等成形内容物。胃黏膜散在出血点,胃体部黏膜见片状出血点,未见糜烂、溃疡等异常。g. 小肠及结肠:未见异常。h. 肝脏与胆道系统:肝脏重 1550 g,大小为 26 cm×14 cm×8 cm,包膜光滑,暗红色,表面及切面未见异常。胆囊半充盈,内有少量黄褐色胆汁,黏膜光滑,未见结石,胆道通畅。i. 胰腺:重 120 g,大小为 17 cm×5 cm×1 cm,质软,周围脂肪组织未见异常,表面及切面未见异常,胰管通畅。j. 脾脏:重 120 g,大小为 11 cm×9 cm×3 cm,包膜微皱缩,切面淤血。k. 肾:左肾重 100 g,大小为 11 cm×5.5 cm×2.5 cm;右肾重 100 g,大小为 10 cm×5.5 cm ×2.6 cm。双肾包膜易剥离,皮、髓质境界清晰,髓质明显淤血,左、右肾皮质厚度均为 0.5 cm,肾盂黏膜光滑、苍白。l. 输尿管及膀胱:双侧输尿管黏膜光滑,管腔通畅,未见扩张。膀胱空虚,黏膜苍白。m. 子宫和卵巢:子宫大小为 9.5 cm×7 cm×4 cm,子宫内膜见胶冻样分泌物附着。左侧附件与乙状结肠粘连,右侧输卵管局部增粗,右侧卵巢可见包膜下出血。

(3)毒化检验:对其心血、胃内容物等检材进行乙醇及常见毒物筛查,结果均为阴性。

(本案例由南方医科大学法医学院提供)

引导问题:

(1)根据案情,在进行尸体检验之前重点考虑哪些比较可能的死因?

(2)尸体检验应重点关注哪些关键部位?

(3)对于脑蛛网膜下腔出血的原因应如何分析?

案例解析
7-1

【案例 7-2】

1. 基本案情:据某高校调查反映,某日晚间,死者王某(女,19 岁)于该校游泳池游泳,下水 10 多分钟后被发现俯卧于水中,无动作,被救起后,施救者立即行胸外按压、人工呼吸等,呼 120 急救,医生到场继续抢救并送至某附属医院,最终抢救无效于当晚死亡。

2. 病历摘要:患者因"溺水后呼吸、心搏骤停"急诊收入院,入院呈昏迷状态,双侧瞳孔散大,对光反射消失,呼吸、心跳停止,大动脉搏动消失,继续予胸外按压、气管插管、呼吸机辅助呼吸、电除颤,先后多次给予肾上腺素和阿托品强心、多巴胺升压、碳酸氢钠纠酸等抢救,自主心跳一直未恢复,宣告临床死亡。

3. 检验过程

(1)尸表检验:于死后第 2 天进行系统尸检。尸长 163 cm,发育正常,营养中等,皮肤淡黄色,全身浅表淋巴结未触及肿大。冷藏尸体,尸斑暗红色,位于项、肩、腰背及上下肢低垂未受压处,指压不褪色。头(面)部:顶部发长 30 cm,色黑及略呈棕黄色;头部皮肤未见异常;双侧眼睑及球结膜可见点状出血,角膜轻度混浊,双侧瞳孔等圆等大,直径约 7 mm;鼻无畸形,双侧鼻腔干净、通畅;双侧外耳及外耳道干净,未见异常。口唇黏膜轻度发绀,未见损伤,口腔黏膜及牙龈未见异常,舌居中,位于齿列后方,牙列整齐。颈(项)部:双侧颈部对称,体表皮肤未检见异常,甲状腺未触及肿大。躯干及四肢:双侧胸部对称,胸廓无畸形,心前区可见抢救性压痕,大小约 12 cm×8 cm,局部表皮剥脱,可见皮下出血,未触及皮下气肿。腹部平坦,未见异常。四肢体表皮肤未见损伤,长骨及关节未见异常,左手背及腕部、右手背、左肘窝、左膝关节内侧及右膝关节内外侧见针孔,左腹股沟见针孔,双手指甲甲床发绀,双手掌心发绀,双脚趾甲甲床苍白。肛门及外阴部:女性生殖器,外阴正常,处女膜已破,外阴及肛门未见异常。

(2)尸体解剖:

①头部:头皮未见损伤,头皮下未见血肿,帽状腱膜下未见出血等异常,双侧颞肌未见损伤或出血,前后囟门闭合,颅骨及颅底未见骨折;硬脑膜外、硬脑膜下未见损伤及出血等异常。

②颈部:皮下软组织及各肌群未见出血,舌骨、甲状软骨未见骨折,颈椎未见骨折。

③胸腹部:胸壁、腹壁皮下及脂肪层内未见出血,双侧锁骨、肋骨未见骨折,胸骨平第 3 肋骨骨折,右侧第 3 肋间可见近胸骨旁的肋间肌出血;左侧膈肌高度平第 5 肋间,右侧膈肌高度平第 4、5 肋间;双肺与胸壁无粘连,弹性回缩存在,双侧胸腔内见少量淡血性积液,左侧约 30 mL,右侧约 20 mL;心包腔内

见少量淡黄色清亮液体,量约 20 mL;腹壁脂肪厚 1.8 cm,腹腔内见少量淡血性积液,量约 50 mL,腹腔内各器官外观、形态及位置未见异常,大网膜黄色透明,肠系膜淋巴结未见明显肿大。

④主要脏器检查如下:

a.脑:全脑重 1420 g,脑沟变浅,脑回变宽,全脑蛛网膜及其下腔未见异常,脑表面血管充盈,脑底血管未见明显异常,脑脊液清亮,小脑及脑干切面未见异常。大脑切面见中脑至小脑脚之间有一边界清晰有包膜的肿物,大小为 1.3 cm×1 cm×0.8 cm,包膜内有均质样灰白色胶冻样物质填充,与蛛网膜粘连,其前、上及左右与中脑紧密比邻并轻度挤压中脑。垂体表面及切面未见异常。b.扁桃体:未见肿大,表面及切面未见异常。c.甲状腺:重 15 g,包膜光滑完整,表面及切面未见异常。d.胸腺:重 30 g,表面淡红色,切面未见异常。e.喉、气管:腔内见大量淡红色液体,喉头、气管黏膜光滑;甲状软骨、环状软骨、杓状软骨未见骨折,左右主支气管内亦见大量血性液体。f.肺:左肺重 840 g,大小为 23 cm×14 cm×5 cm;右肺重 900 g,大小为 26 cm×18 cm×6 cm,双肺表面暗红色、膨隆,包膜紧张,切面有大量淡红色液体溢出,双侧肺门未见异常,肺门动静脉管腔通畅,肺内各级主支气管分支内见大量淡红色液体。g.心脏:重 250 g,心内血量 50 mL,心外膜完整、光滑,未见出血点,心内膜未见异常,室间隔、房间隔未见缺损,卵圆孔及动脉导管均闭合。左右冠状动脉窦口及其各主要分支管壁及管腔未见异常。心肌切面未见异常,左心室壁厚 1 cm,右心室壁厚 0.3 cm;各心瓣膜未见异常,周径分别为三尖瓣 10.5 cm,肺动脉瓣 7 cm,二尖瓣 7 cm,主动脉瓣 5.5 cm。主动脉内膜及管壁未见异常。h.食管、胃及消化道:未见异常。i.肝脏与胆道:肝重 1070 g,大小为 24.5 cm×15 cm×6.5 cm,表面光滑,淡红色,切面淤血,未见异常。胆道通畅,胆囊未见明显充盈,剖开见少量褐色胆汁,未见胆石及赘生物形成,黏膜光滑。j.胰腺:重 140 g,大小为 18 cm×3.5 cm×1 cm,表面周围脂肪组织未见异常,切面未见异常,胰管通畅。k.脾脏:重 140 g,大小为 14.5 cm×8.5 cm×2.5 cm,包膜完整,表面略皱缩,切面淤血,暗红色。l.肾:左肾重 100 g,大小为 10 cm×5.5 cm×4 cm;右肾重 110 g,大小为 10.5 cm×5.5 cm×4.5 cm,包膜易剥离,皮髓质分界清,皮质厚 5 mm,肾盂黏膜光滑充血。m.肾上腺:双侧重 15 g,外观未见明显异常,切面呈金黄色。n.输尿管及膀胱:双侧输尿管通畅,膀胱空虚,黏膜淤血。o.子宫及卵巢:子宫及卵巢外观未见异常,子宫内膜轻度充血。

(3)硅藻检查:取死者的肺、肝及肾组织各 10 g 进行硅藻检查,结果在其肺及肝组织检出棒形、圆形及串珠形硅藻,且数量较多,经与现场水样所含硅藻进行形态学比对,结果一致。

(4)毒化检验:对王某的心血及胃内容物进行常规毒物筛查,包括安眠镇静类、毒品、农药、鼠药等,结果均为阴性。对其心血进行乙醇及正丙醇检验,结果均为阴性。

(5)案情调查:经补充调查,死者生前曾发生过数次晕厥,可自行苏醒。

(本案例由南方医科大学法医学院提供)

引导问题:

(1)根据案情,在尸体检验之前应着重进行哪些方面的案情调查?

(2)尸体检验应重点关注哪些关键部位?大体解剖完成后,应对哪些检材重点进行组织病理学检验?

(3)如何分析本案例的死亡原因?

本章实践操作注意要点

1. 对出血性疾病大体检查中,应力争明确出血点、责任血管及疾病类型,否则应对可疑部位多点、反复取材,结合其他脏器病变等,综合分析出血原因。

2. 出血性疾病合并外伤时,应注意鉴别病变所致自发性出血与脑挫伤出血。

3. 注意脑死亡、脑梗死等所致的继发性炎症反应与颅内感染性疾病的鉴别诊断。

(乔东访)

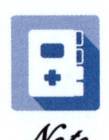

案例解析
7-1

第八章　其他系统疾病猝死

实践学习目标

1. 掌握消化、生殖、内分泌、免疫系统常见疾病所致猝死病变器官的大体特征。
2. 通过观察切片，掌握有关疾病的形态学特点。
3. 通过案例实训，掌握上述疾病所致猝死案例的法医病理学诊断技能，训练针对死亡原因的分析思路。

第一节　消化系统疾病

一、大体肉眼观

（一）急性消化道出血

1. 食管静脉曲张破裂　死者，男，30 岁，某日凌晨行走时大量呕血并倒地，120 急诊医师到达，评估呕血量为 500～800 mL，立即予开放静脉通道、补液等处理后送入院。入院拟诊：(1)上消化道大出血：胃底食管静脉曲张破裂出血？(2)失血性休克。入院后完善血常规、凝血功能及肝功能等检查，床边 B 超示肝硬化、大量腹腔积液。拟行胃镜检查及止血，但患者突然出现意识丧失，呈点头样呼吸，呼吸频率约 10 次/分，心电监护显示心率下降至 20 次/分，大动脉搏动未扪及。经抢救无效死亡。尸检见食管中下段静脉曲张，黏膜出血，局部凝血块附着(图 8-1)，胃内见大量血液及凝血块，量约 400 mL(图 8-2)，黏膜血色素浸染，十二指肠至结肠内容物为暗红色血液。肝脏表面及切面呈弥漫性黄褐色结节样(图 8-3、图 8-4)，提示小结节型肝硬化。

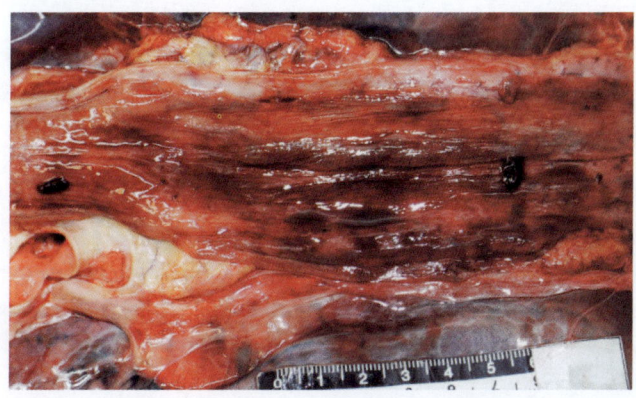

图 8-1　食管中下段黏膜下大量静脉曲张，局部凝血块附着

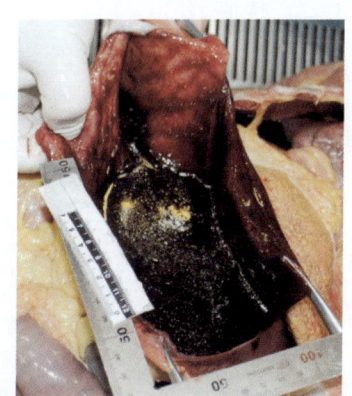

图 8-2　胃内大量血液及凝血块

Note

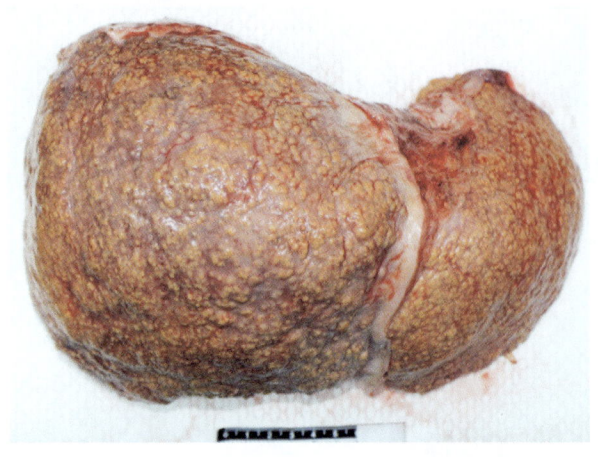

图 8-3　肝脏表面及切面弥漫性小结节形成

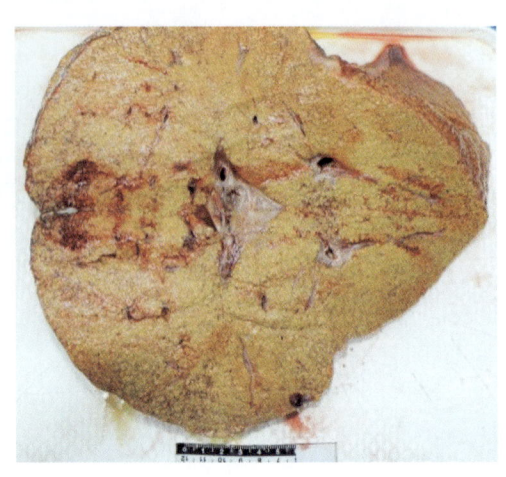

图 8-4　肝脏呈黄褐色(贫血状)

2. 胃黏膜应激性溃疡　死者,男,36 岁,某日 11 时因"全身多处沥青烧伤 1 小时"入院,患者于 1 小时前因在工作时被沥青淋到全身多处致烧伤,当时用冷水冲洗。见全身多处被沥青覆盖,急诊科以全身多处烧伤收入院。入院后予烧伤治疗。当日出现大便便血,暗红色,血红蛋白 52.8 g/L,予输血、补液,继而呕吐鲜血。行胃镜治疗,镜下示十二指肠球部溃疡出血,并行胃远端大部分切除+毕Ⅱ氏胃空肠吻合术。术后诊断为十二指肠球部应激性溃疡大出血,术后当晚再次突发呕血,为鲜红色,量约 1000 mL,经抢救无效死亡。尸检见胃已大部分切除,胃内见暗红色液体及血凝块,皱襞消失,黏膜弥漫性充血(图 8-5)。小肠、结肠与直肠见暗红色液体内容物,量共约 2000 mL。

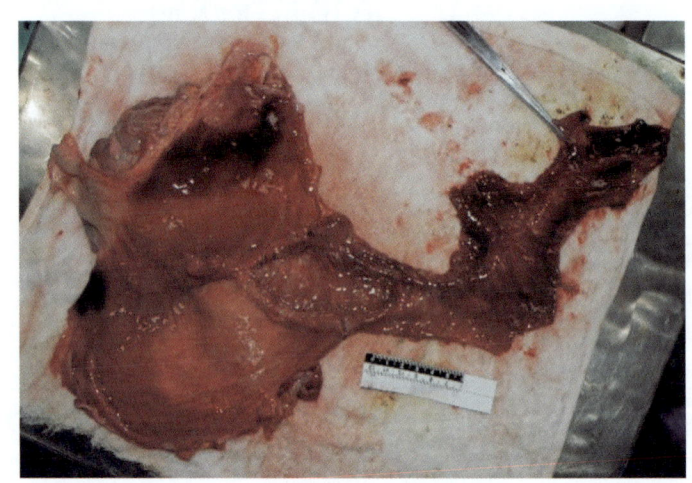

图 8-5　胃黏膜充血、水肿,皱襞消失

（二）胰腺炎

急性胰腺炎　死者,女,29 岁,既往身体健康,偶饮酒,某日晚饭与其朋友喝酒(具体饮酒量不详)后返回住处(独自居住),曾与其朋友说腹痛,但未就医,第二日被发现于住所死亡。尸检见胃内大量褐色半消化食糜,量约 430 g,局部黏膜可见点状出血。胰腺肿大,重 200 g,大小为 24 cm×5.5 cm×2.2 cm,质软,局部脂肪坏死样改变,切面淤血、水肿(图 8-6)。

（三）肠扭转致肠坏死

急性肠扭转致肠坏死　死者,女,5 岁,某日 20 时因腹痛不适,就诊于某医院急诊科,诊断为急性胃肠炎,带药回家。次日凌晨 4 时病情加重,再次就诊,经抢救无效死亡。尸检见小肠扭转致大部分肠段坏死,颜色变黑(图 8-7)。

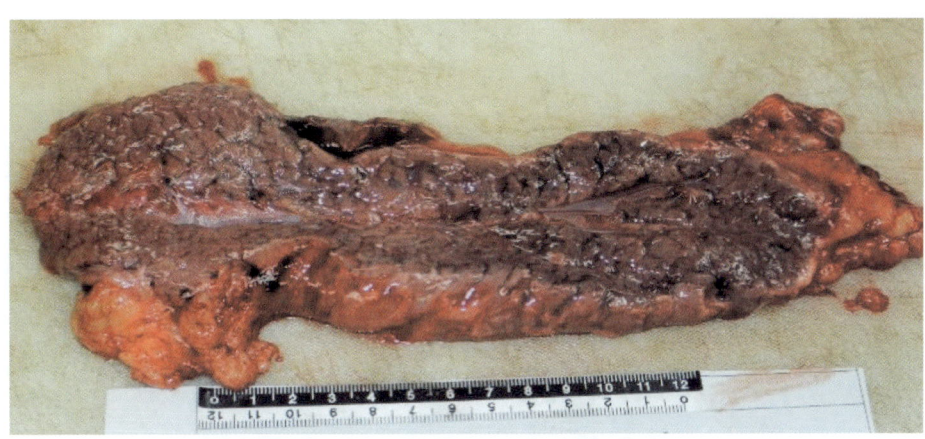

图 8-6 胰腺高度充血、水肿,间质出血

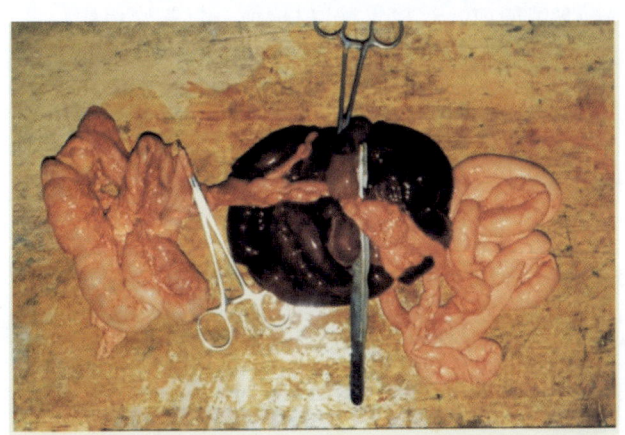

图 8-7 小肠扭转致肠坏死

二、组织病理学改变

(一)急性消化道出血

1. 食管静脉曲张破裂 案情同前。尸检见食管中下段静脉曲张,镜下食管黏膜下多发血管屈曲,管腔高度扩张、淤血(图 8-8、图 8-9)。肝脏广泛性假小叶形成,假小叶内弥漫性重度肝细胞脂肪变性,肝细胞索排列紊乱,间质纤维组织增生及大量以淋巴细胞为主的炎症细胞浸润(图 8-10)。

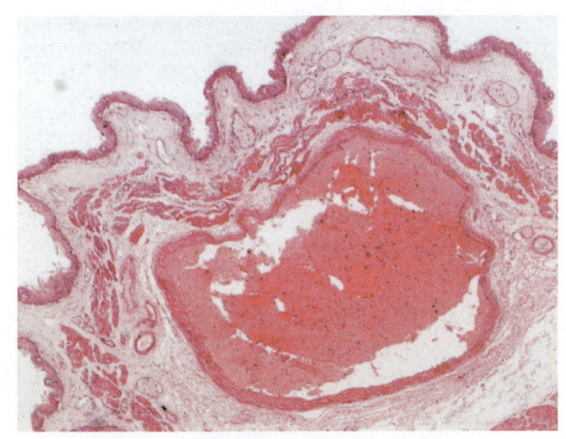

图 8-8 食管黏膜下大量大小不等高度
扩张的血管 1(HE 染色,40×)

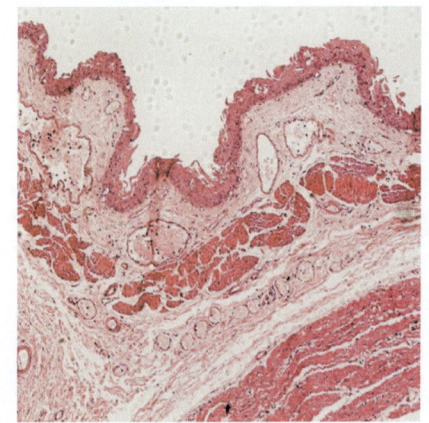

图 8-9 食管黏膜下大量大小不等高度
扩张的血管 2(HE 染色,40×)

图 8-8、
图 8-9
数字切片

Note

图 8-10
数字切片

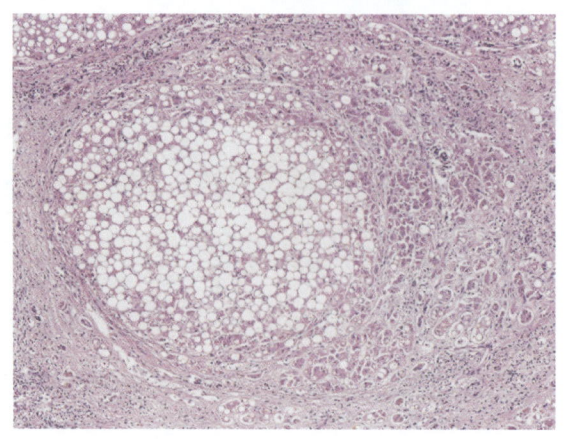

图 8-10　肝脏小结节型肝硬化合并重度脂肪肝(HE 染色,40×)

2. 胃黏膜应激性溃疡　案情同前。尸检胃壁取材,镜下见黏膜组织广泛变性、水肿,绒毛组织结构消失,黏膜内见大量以单核细胞为主的炎症细胞浸润,部分区域黏膜坏死、脱落(图 8-11、图 8-12)。

图 8-11、
图 8-12
数字切片

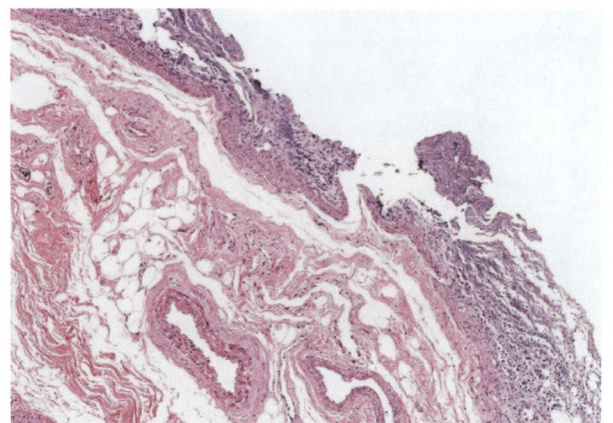

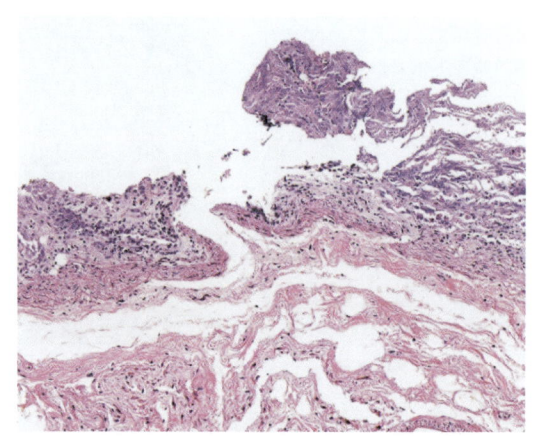

图 8-11　胃黏膜及黏膜下水肿,黏膜
局部坏死、脱落(HE 染色,40×)

图 8-12　胃黏膜局部坏死、脱落,周围伴
炎症细胞浸润(HE 染色,100×)

（二）胰腺炎

急性胰腺炎　案情同前。尸检胰腺取材,镜下见胰腺组织及周围间质脂肪组织坏死伴大量以中性粒细胞为主的炎症细胞浸润,部分胰腺组织坏死,周围见炎症细胞浸润(图 8-13、图 8-14)。

图 8-13、
图 8-14
数字切片

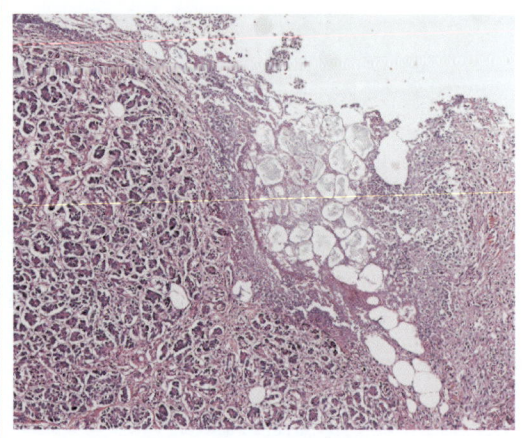

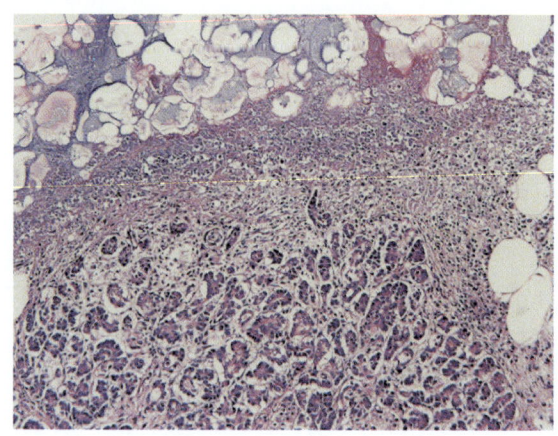

图 8-13　胰腺间质脂肪组织坏死伴炎症
细胞浸润(HE 染色,40×)

图 8-14　胰腺间质脂肪组织坏死,部分胰腺腺泡坏死,
伴大量中性粒细胞浸润(HE 染色,40×)

Note

（三）肠扭转致肠坏死

急性肠扭转致肠坏死 案情同前。对坏死的肠段取材,镜下见肠壁黏膜层及肌层凝固性坏死,伴大量中性粒细胞、单核细胞浸润,局部出血(图 8-15)。

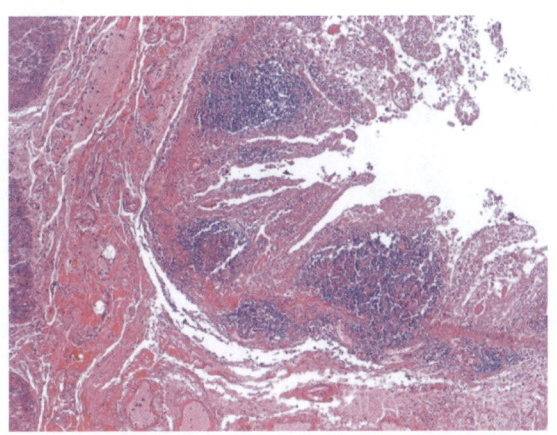

图 8-15 肠壁黏膜层及肌层凝固性坏死,伴大量炎症细胞浸润

第二节 生殖系统疾病

一、大体肉眼观

1. 异位妊娠 死者,女,30 岁,某日起床后自觉腹痛,并出现呕吐,11:00 出现呼吸困难、神志不清、面色苍白,急送医院,到院已死亡。尸检见腹腔内大量血液及血凝块,量约为 2500 mL(图 8-16)。右侧距子宫角 2 cm 处见输卵管峡部膨大,膨大部位大小约 2 cm×3 cm×4 cm,并见一破裂口(图 8-17);子宫、双侧卵巢及左侧输卵管未见异常。

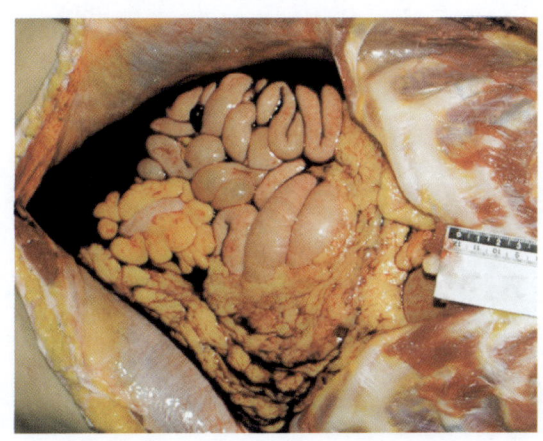

图 8-16 腹腔大量积血及凝血块

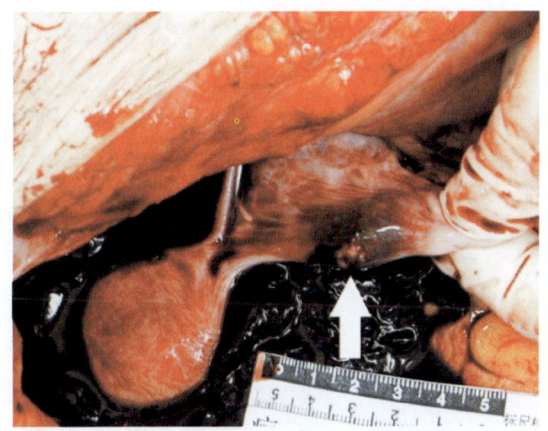

图 8-17 右侧输卵管峡部膨大,并见一破裂口

2. 羊水栓塞 死者,女,32 岁,某日 17:45 于某妇幼保健院顺产一女婴,19:20 产妇突然出现烦躁、面色苍白,阴道出血增多,出现不凝血,总出血量约 1000 mL,经抢救治疗无效于 21:10 死亡。尸检见子宫大小为 27 cm×16 cm×5 cm,子宫口及宫颈管内膜粗糙,广泛裂伤、出血(图 8-18),部分裂口深达肌层(图 8-19)。

Note

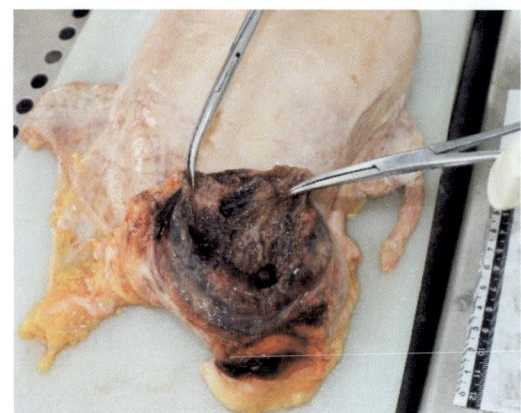

图 8-18　子宫口内膜广泛裂伤、出血

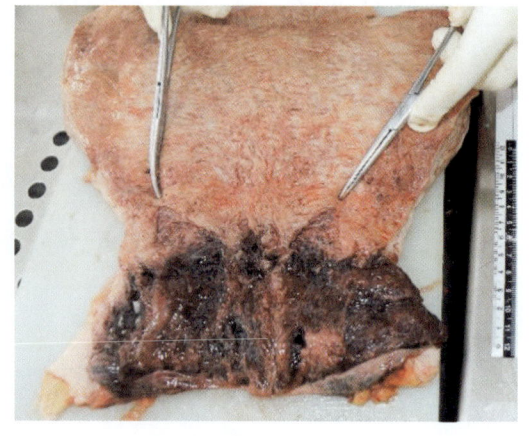

图 8-19　宫颈近子宫体处见两处加大裂伤,深达肌层

二、组织病理学改变

1. 异位妊娠　案情同前。尸检腹腔内见大量血液及血凝块,对右侧输卵管膨大部位取材,镜下可见大量出血,血块内可见胎盘绒毛组织(图 8-20、图 8-21),子宫黏膜可见蜕膜样改变。

图 8-20、
图 8-21
数字切片

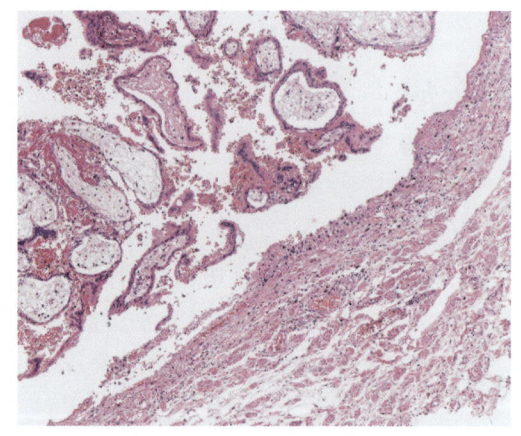

图 8-20　右侧输卵管腔内见绒毛组织
　　　　　(HE 染色,40×)

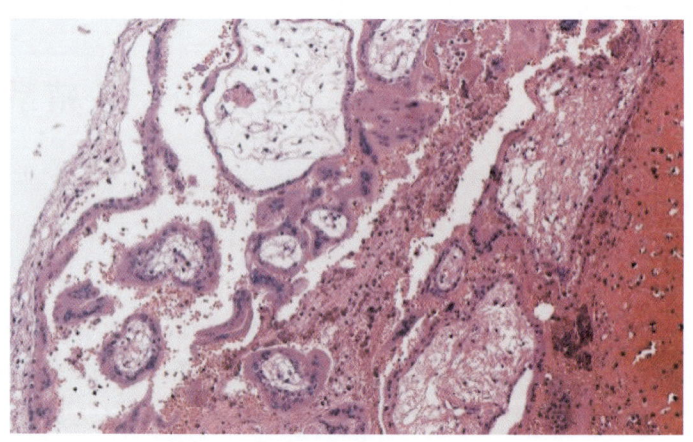

图 8-21　右侧输卵管腔内见绒毛组织
　　　　　及出血(HE 染色,100×)

2. 羊水栓塞　案情同前。对双肺各肺叶进行取材,均可见肺间质小血管及肺泡壁毛细血管内较多毳毛、角化上皮、胎粪等羊水成分,肺水肿显著(图 8-22)。

图 8-22
数字切片

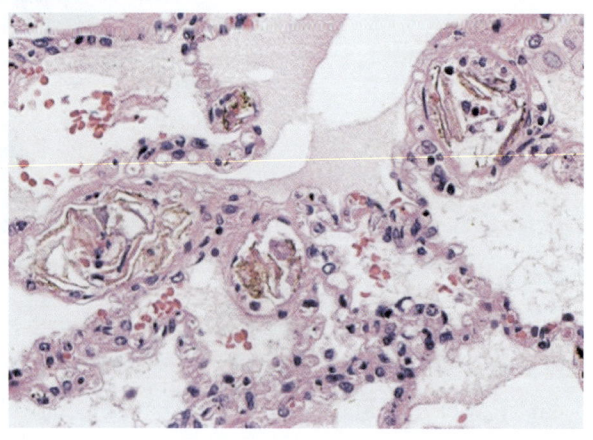

图 8-22　肺间质小血管及肺泡壁毛细血管腔内羊水成分

第三节　内分泌系统疾病

嗜铬细胞瘤　死者，女，47岁，某日14:15因"头晕、呕吐、腹部不适2天，加重半天，伴心悸、呼吸困难半小时"就诊并被收入院，18:48患者诉心慌、气促，P 145次/分，R 24次/分，心电图示窦性心动过速，19:10患者病情进一步加重，监测P 146次/分，BP 120/88 mmHg，入院诊断为呼吸困难。查因：①急性心力衰竭？②心肌炎？20:00患者突发抽搐、叹息样呼吸，心电监护示心率下降，约30次/分，随后出现室颤，立即予以心肺复苏等抢救治疗，经抢救无效于20:24死亡。死亡原因：心脏性猝死。

大体改变：尸检见腹腔右侧肾脏上方肾上腺位置有一5 cm×4.5 cm×3 cm球形肿物（图8-23），重50 g，质地轻软，固定后切面呈现金黄色，灶性出血，肿物旁可见肾上腺结构（图8-24）。左侧肾上腺未见异常。

组织学改变：低倍镜下肿物包膜完整，肿瘤细胞呈明显的巢状、梁状排列，亦可见弥漫性或实性排列，肿瘤细胞间血管丰富（图8-25）。肿瘤支持细胞位于巢状或器官样结构的周边，呈梭形；主细胞占主要成分，呈卵圆形或多边形，胞质嗜双色或嗜碱性，胞界不清，部分胞质可见玻璃样小体，胞核染色质较均匀，可见核内假包涵体，胞核可出现程度不等的多形性，但罕见核分裂象（图8-26）。

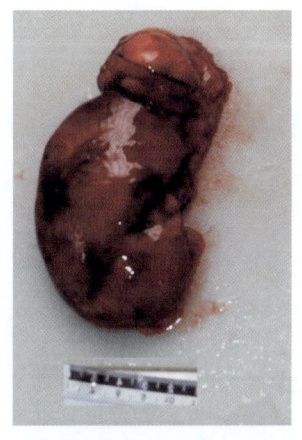

图8-23　右侧肾上腺处球形肿物

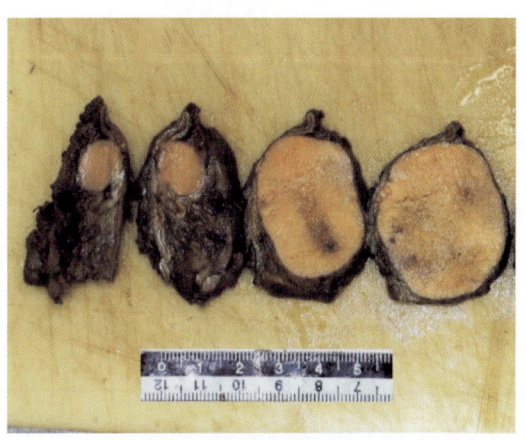

图8-24　肿物固定后切面观

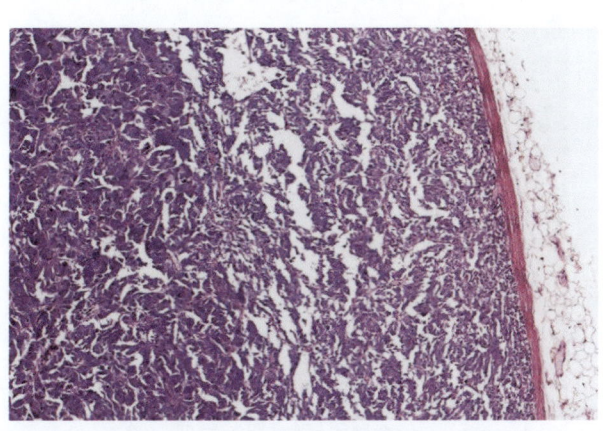

图8-25　肾上腺肿物包膜完整，肿瘤细胞
呈巢状、梁状排列（HE染色，40×）

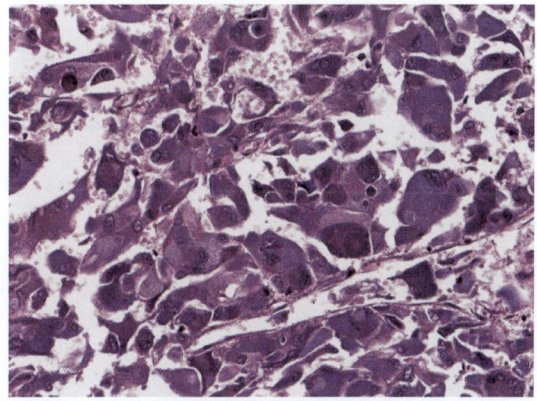

图8-26　瘤细胞胞质嗜双色或嗜碱性，部分胞质
可见玻璃样小体，可见核内假包涵体，
胞核呈多形性（HE染色，200×）

图8-25、
图8-26
数字切片

Note

第四节　免疫系统疾病

Ⅰ型超敏反应(过敏反应)

(1)简要情况:死者,男,31岁,某日10时许,主诉2日前出现咽喉疼痛,至某镇中心卫生院就诊,当时无咳嗽,无发热畏寒,无胸痛,无恶心呕吐。否认有药物、食物过敏史,当日无饮酒史。体格检查:咽充血,双侧扁桃体肿大,双肺呼吸音清,未闻及干湿啰音等。诊断:咽炎。予头孢地嗪钠静滴治疗,静滴后返家。返家后不久患者晕厥、昏迷,急送上述卫生院抢救。查体:口唇及肢端青紫,皮肤湿冷,嘴唇有泡沫样物流出,脉搏未扪及,血压为零,无呼吸,心跳消失,双侧瞳孔散大、固定,对光反射消失。经抢救无效死亡。

(2)大体改变:尸检发现舌根、会咽、喉头及食管开口处软组织广泛水肿(图8-27)。

(3)组织病理学改变:镜下见喉头黏膜下组织疏松,高度水肿(图8-28),黏膜层及黏膜下层见单核、淋巴细胞及嗜酸性粒细胞浸润(图8-29),甲苯胺蓝特殊染色可见肥大细胞脱颗粒现象(图8-30)。

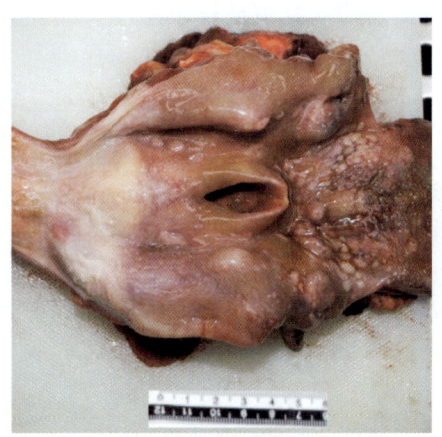

图 8-27　喉头及会厌部水肿大体观

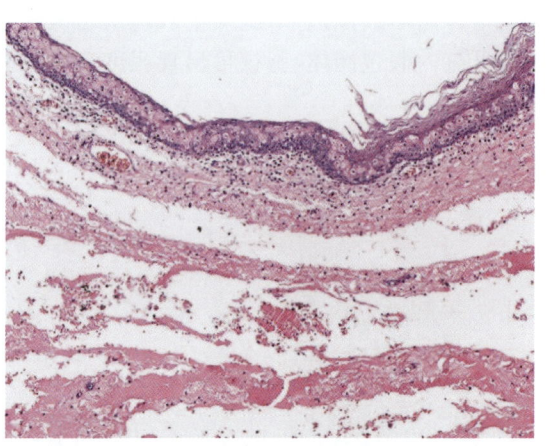

图 8-28　喉头黏膜下水肿(HE 染色,40×)

图 8-29
数字切片

图 8-30
数字切片

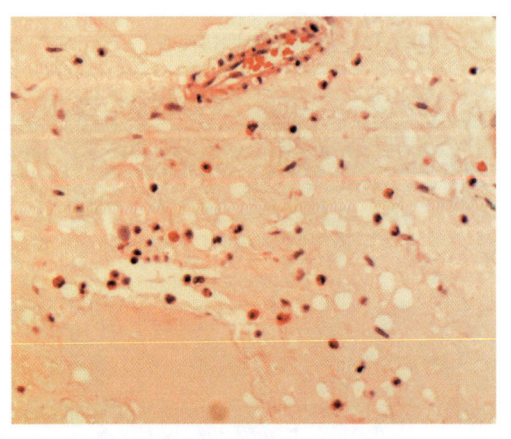

图 8-29　喉头黏膜下可见嗜酸性
粒细胞浸润(HE 染色,200×)

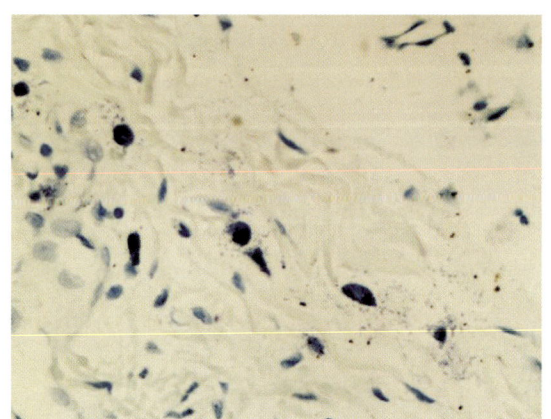

图 8-30　特殊染色示喉头黏膜下肥大
细胞脱颗粒(甲苯胺蓝,400×)

案例实践学习

【案例8-1】

1. 案情摘要　死者,男,53岁。某年7月19日因自觉咽部不适一周到某诊所就诊,予输液(具体药物不详),自觉无好转。7月21日10:30因"咽痛10余日伴气促"至某医院耳鼻喉科门诊就诊。查体:咽充血、黏膜干燥。胸片示心肺未见异常,右膈抬高,建议行B超检查。血常规:WBC 11.10×10⁹/L,中性粒细胞比值0.861。诊断为急性上呼吸道感染。给予"生理盐水250 mL+头孢呋辛钠2.5 g"静滴,口服"清开灵片、盐酸丙卡特罗片、地喹氯铵含片"等对症治疗。12:44进行皮试,13:04给予头孢呋辛钠静滴,13:58患者在上厕所过程中出现昏厥,立即行心肺复苏等抢救措施,15:45急查生化,结果:血钾8.14 mmol/L(参考值3.5～5.5 mmol/L)、血钠112.9 mmol/L(参考值135～148 mmol/L)、血氯75.4 mmol/L(参考值97～107 mmol/L)、血糖43.43 mmol/L(参考值3.89～6.11 mmol/L)、肌酐305 μmol/L(参考值44～133 μmol/L)、尿素氮24.07 mmol/L(参考值3.2～6.0 mmol/L)、尿酸993 μmol/L(参考值268～488 μmol/L)、肌酸激酶3865 U/L(参考值24～170 U/L)、肌酸激酶同工酶69 U/L(参考值0～25 U/L)、谷草转氨酶71 U/L(参考值0～50 U/L),尿糖(+++),尿酮体(+),尿蛋白(++),予碳酸氢钠静脉推注。持续抢救至19:30,最终宣布临床死亡。死亡诊断:高钾血症、糖尿病酮症、肾功能不全。

2. 法医学检查

(1)尸表检查:死后17小时尸检。尸长170 cm,发育正常,肤色淡黄,全身浅表淋巴结未触及肿大。双眼睑及球结膜淤血,角膜轻度混浊,双侧瞳孔等大等圆,直径0.6 cm;双侧鼻腔及口腔内见少量咖啡色物,口唇黏膜发绀,牙列整齐,舌居中。左、右肘关节屈侧及左、右手背均见注射样针孔,双手指甲轻度发绀。

(2)解剖检查:头皮、帽状腱膜及颞肌未见损伤、出血等异常,颅骨及颅底未见骨折,硬脑膜外、硬脑膜下、蛛网膜及其下腔未见渗出、出血等异常。双侧胸腔均见少量清亮淡黄色液体。

(3)主要脏器检查如下:a.脑:全脑重1645 g,大脑质软,脑沟变浅,脑回增宽,表面血管充盈;大脑切面未见软化灶及出血等异常。小脑、脑干表面和切面未见异常。垂体未见异常。b.喉头及气管:黏膜充血,内见墨绿色有形食物残渣(性质与残余胃内容物肉眼观相同)。c.肺:左肺重518 g,右肺重568.5 g,双肺包膜未见异常,切面水肿。d.心脏和主动脉:心脏重365.5 g,心外膜光滑,心内膜、心肌、各心瓣膜及冠状动脉开口未见异常,左心室壁厚1.4 cm,右心室壁厚0.3 cm;各心瓣膜的周径分别为:三尖瓣12.5 cm,肺动脉瓣8.5 cm,二尖瓣10.5 cm,主动脉瓣7.5 cm。主动脉根部及胸、腹主动脉内膜及管壁未见异常。e.食管:黏膜光滑,食管内见少量墨绿色粥糜样物。f.胃:黏膜光滑,胃内见大量墨绿色粥糜样内容物。g.肠道:各段解剖学位置正常,肠黏膜光滑。h.肝脏:重1889 g,包膜光滑,表面及切面呈棕黄色,未见结节及占位性病变。i.胆囊:轻度充盈,黏膜光滑,内含少量棕黄色胆汁,胆道通畅。j.胰腺:重90.5 g,胰管通畅,外观及切面未见异常。k.脾脏:重83.5 g,包膜皱缩,表面及切面呈暗红色,未见异常。l.肾:左肾重151.5 g,右肾重156.5 g,双肾包膜易剥离,皮髓质境界模糊,皮质厚度约为0.6 cm,肾乳头结构清晰,肾盂黏膜光滑,未见异常。m.双侧肾上腺:重24 g,切面呈金黄色,未见异常。n.输尿管及膀胱:未见异常,膀胱内含黄色尿液30 mL。

(4)组织病理学检查:大脑蛛网膜下血管淤血,脑实质内血管周隙增宽,轴索与神经元水肿。小脑及脑干组织结构未见明显异常。基底动脉管腔及内膜未见异常。垂体组织结构未见异常。喉头黏膜下见单核细胞及中性粒细胞浸润,余未见异常。气管及支气管黏膜、黏膜下层、软骨及外膜结构清晰,未见异常。甲状腺腺腔及间质组织未见异常。心脏广泛性间质水肿,局部心肌纤维断裂、肌丝溶解,冠状动脉左旋支内膜下脂质斑块形成合并管腔Ⅱ级狭窄,右冠状动脉内膜下脂质沉积合并管腔Ⅲ级狭窄,余冠状动脉主支未见明显异常。肺间质淤血,可见部分血管内白细胞聚集,小片状肺组织水肿,双肺门支气管内见胃内容物成分,叶、段支气管以下及肺泡腔内未见异物。胃及消化道未见异常。肝小叶结构清晰,部分肝细胞脂肪变,肝细胞索排列紊乱,汇管区结构未见异常。脾脏组织结构未见异常。胰腺轻度自溶,胰岛组织结构不易辨别,仅存少量疑似胰岛的结构,其周边可见淋巴细胞浸润。肾皮质见灶性肾小球纤维化,部分肾小管上皮细胞水肿,肾间质灶性淋巴细胞聚集。肾上腺组织结构未见异常。

案例解析
8-1

(本案例由南方医科大学法医学院提供)

引导问题:

(1)根据案情,对于本例的死因,考虑有哪些可能?

（2）针对以上考虑应开展哪些辅助检查？各自应关注的组织学特征改变有哪些？

（3）如何对其死亡原因进行分析？

【案例8-2】

1. 基本案情　某年7月9日15时许，患儿，男，10个月，因哭闹不安到某市儿童医院就诊，诊断为急性上呼吸道感染，给予复方鱼腥草颗粒及小儿伪麻美芬滴剂治疗后返家。7月10日凌晨2时许，再因哭闹至上述医院急诊科就诊，入院告病危并行抢救治疗，于7月10日08:47宣布死亡。

2. 病历摘要：患儿约11小时前无明显诱因睡醒后出现哭闹不安，伴呕吐，非喷射性，含胃内容物，急诊就诊，诊断为"急性上呼吸道感染"，给予"复方鱼腥草颗粒、小儿伪麻美芬滴剂"口服。患儿回家后仍哭闹，不易安慰。呕吐胃内容物，共5次。本次入院前1小时患儿哭闹缓解，出现呻吟，口唇发绀，四肢凉。急诊以"发绀查因"收住院。入院诊断为休克。查因：脓毒性休克？心源性休克？神经源性休克？起病以来，患儿有低热，体温最高＜38 ℃，无腹泻，无咳嗽，未见明显抽搐。既往与起病前3天曾有流涕、轻咳，现基本缓解。平时无其他特殊疾病史。入院查体：T不升，BP 65/32 mmHg，HR 73次/分，SpO_2测不出。昏迷，全身花斑纹，肢端厥冷，毛细血管再充盈时间＞5秒。面色、口唇发绀，眼窝稍凹陷，双侧瞳孔等大等圆，直径5毫米，对光反射消失，口唇稍干燥。双肺未闻及呼吸音。心音低钝，律齐，未闻及杂音。腹软，肝右肋下3 cm，质软，脾肋下未及，右中腹部可触及条状包块，肠鸣音消失。四肢肌力0级，肌张力低。生理反射、病理反射均未引出。入院后立即给予气囊加压给氧，建立静脉通路补液，心率短暂升至110次/分左右，仍无自主呼吸，立即气管插管，其间反复给予肾上腺素、气道内滴入，持续胸外心脏按压及呼吸机辅助通气，患儿心率0次/分，血气分析提示代谢性酸中毒伴呼吸性酸中毒，低氧血症，高钾血症，高血糖，给予碳酸氢钠输注纠酸、降血钾治疗。08:47患儿心电图仍呈一条直线，无自主呼吸，大动脉无搏动，双侧瞳孔散大、固定，对光反射消失，听诊心音消失，宣布临床死亡。死亡诊断为休克：脓毒性休克？心源性休克？神经源性休克？消化道出血（应激性？）；高钾血症；高氨血症。

3. 法医学检查

（1）尸表检验：死后28小时尸检。一般情况：尸长85 cm，发育正常，营养良好。肤色淡黄。全身浅表淋巴结未触及肿大。尸斑暗红，主要位于颈项、背臀、四肢等身体低下、未受压部位，指压部分褪色。头（面）部：顶部发长3 cm，色黑。左右颞部见针孔。双眼睑及球结膜苍白，角膜高度混浊，瞳孔不可透视；双侧外耳道、鼻腔干净，口唇黏膜发绀、完整，上、下颌正切牙萌出。颈（项）部：左右对称，体表皮肤未见异常，左右颈部各见针孔。躯干和四肢：胸廓对称，腹部略膨隆；左、右腕关节内侧，右腹股沟，以及双下肢近膝关节下方处均见针孔。双手及双足甲床发绀。

（2）尸体解剖：

①头部：头皮、双侧未见异常，颅骨及颅底未见骨折等异常。硬脑膜外及硬脑膜下未见异常。前后囟门已闭。颈部：皮下软组织及颈部肌群未见异常，颈椎未见异常。

②胸、腹部：胸廓对称，胸骨、肋骨无骨折，左侧膈肌高度位于第5、6肋间，右侧膈肌高度位于第4、5肋间，双肺与胸壁无粘连，双侧胸腔内见淡血性积液。心包光滑，内见少量淡红色液体。腹壁脂肪厚0.6 cm，腹腔内见暗红色积液，量约120 mL，大网膜与肠管少量粘连，肠系膜淋巴结肿大（如蚕豆大小）。

③主要脏器检查如下：a. 脑：全脑重1040 g，大脑质软，脑沟变浅，脑回增宽，顶部血管充血，蛛网膜及其下腔未见异常；全脑切面质软，余未见明显异常。垂体表面及切面未见异常。双侧扁桃体未见明显异常。b. 喉头及气管：喉头未见水肿，黏膜光滑，气管未见异常。c. 甲状腺：5 g，包膜光滑完整，表面及切面未见异常。d. 胸腺：重30 g，包膜光滑完整，包膜下小片状出血，切面未见明显异常。e. 心脏：重50 g，发育未见异常，心外膜、心内膜下均可见片状出血，各心瓣膜及冠状动脉开口未见异常。动脉导管、卵圆孔已闭。左心室壁厚0.8 cm，右心室壁厚0.2 cm；各心瓣膜的周径分别为：三尖瓣7.0 cm，肺动脉瓣4.0 cm，二尖瓣5.0 cm，主动脉瓣3.0 cm。f. 肺：左肺重90 g，大小为10.5 cm×10 cm×3 cm，右肺重100 g，大小为11 cm×9.5 cm×3.5 cm。双肺表面光滑，切面淤血，包膜下片状出血。支气管管腔通畅。g. 食管和胃：未见异常。h. 小肠：胀气，下段呈黑红色，与小肠上段色泽反差明显，梳理肠管后见肠系膜

上有一类圆形裂孔(直径约为 1.3 cm,边缘钝滑),小肠下段长约 95 cm 区段疝入该裂孔。结肠及阑尾未见异常。i.肝脏:重 290 g,大小为 15.5 cm×10 cm×4 cm,包膜光滑完整,表面及切面呈红褐色,轻度淤血。胆囊充盈,内含黄绿色胆汁流出,黏膜光滑,胆道通畅。j.胰腺:重 40 g,大小为 10 cm×2.5 cm×1 cm,胰管通畅,表面及切面未见异常。k.脾脏:重 30 g,大小为 7.5 cm×4.5 cm×1.5 cm,包膜完整,表面及切面未见异常。l.肾:左肾重 30 g,大小为 7 cm×4.5 cm×2.5 cm;右肾重 25 g,大小为 8 cm×4.0 cm×1.5 cm。双肾包膜易剥离,切面皮髓质境界清晰,左、右肾皮质厚度均为 0.3 cm,肾盂黏膜光滑、苍白,未见异常。m.肾上腺:双侧肾上腺重 6 g,切面呈金黄色,未见异常。

(本案例由南方医科大学法医学院提供)

引导问题:

(1) 依据大体尸检情况,考虑患儿小肠坏死的原因以及导致死亡的机制是什么?

(2) 本例尸体检验对消化道有哪些关注要点?

(3) 本例组织病理学取材和切片观察时应注意哪些侧重点?

案例解析
8-2

本章实践操作注意要点

1. 消化系统肠道疾病大体检查中,应注意原位探明病变部位及肠管异常,同时注意肠系膜内血管的探查,明确有无导致肠管缺血的病变。

2. 对于内分泌系统疾病导致猝死,应注重生前的临床表现、体征、实验室结果等,明确有无相关"危象"的依据。

(乔东访)

第九章　胎儿、新生儿、婴儿死亡

实践学习目标

1. 通过观察大体图片,掌握胎儿及新生儿发育程度的判断。
2. 通过观察大体图片,掌握死产与活产的鉴别方法。
3. 通过观察大体图片及切片,掌握胎儿、新生儿或婴儿常见死亡原因。
4. 通过大体图片的观察及学习,了解胎儿及新生儿尸体解剖特点。

一、解剖实践注意要点

(一)胎儿及新生儿发育程度判断

1. 胎儿及新生儿测量

(1)体重:一般用电子秤,重量以克为单位。

(2)身长:将新生儿平放在平板上,测量从颅顶至足跟的长度。因体重在胎儿死后变化较大,故推断胎儿月龄时,身长比体重准确。

(3)坐高:置坐姿状态,测量颅顶至坐骨结节的长度。由于胎儿腿的长度不同,因此推断胎儿月龄时,坐高比身长准确。

(4)头围:绕额结节和枕外隆凸水平的头颅的周长。

(5)胸围:平乳头下缘经肩胛角下缘平绕胸一周为胸围。

(6)腹围:绕脐水平的腹部周长。

(7)双顶径:两侧顶骨结节之间的直线距离。

(8)枕额径:从枕外隆凸至鼻根的直线距离。

(9)枕颏径:从颏部尖端至后囟门顶部的直线距离。

(10)枕下前囟径:前囟门中心至枕外隆凸下方的直线距离。

(11)前囟径:前囟门的各边与对边的直线距离。

头部各径线测量如图 9-1 所示。

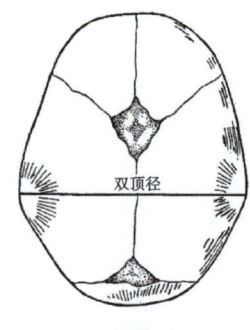
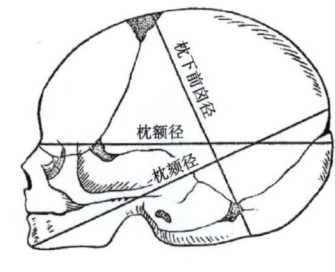

(a) 冠状面　　　　　　　　　(b) 矢状面

图 9-1　头部各径线测量

(12)肩宽:测量两侧肩峰之间的直线距离。

(13)臀宽:双侧髂前上棘之间的直线距离。

2. 胎儿测量与胎儿发育程度推断 胎儿测量与胎龄的关系如表9-1所示。

表 9-1 胎儿测量与胎龄的关系

胎 龄	身高/cm	体重/g	其 他
8 周末	—	—	初具人形,头占胎体一半,可辨眼耳口鼻,四肢具雏形
12 周末	9	20	可辨手足及性别
20 周末	25	300	皮肤暗红,全身有毳毛
28 周末	35	1000	具存活能力
36 周末	45	2500	可存活
40 周末	50	3000	成熟儿,胎儿睾丸下降或阴唇发育良好

根据胎儿身长测算妊娠月份:

$(1\sim5$ 月)身长(cm)$=$月数^2

$(6\sim10$ 月)身长(cm)$=$月数$\times5$

根据胎儿体重测算妊娠月份:

$(1\sim5$ 月)体重(g)$=$月数$^3\times2$

$(6\sim10$ 月)体重(g)$=$月数$^3\times3$

3. 骨化中心的检查 骨化中心(ossification center)又称骨化点或化骨核,骨化中心的出现、发育和消失的过程有一定时间顺序,故法医学上可根据股骨、跟骨、距骨、骰骨及胸骨骨化中心的出现情况推断胎儿月龄及是否成熟,也是法医学用于判断骨龄的常用指标。胎儿在出生前约 11 周有骨化中心 806个,出生时已下降至约 450 个,到成人骨骼时仅有 206 个。跟骨在第 5 个月末、胸骨柄在第 6 个月末、距骨在第 7 个月末、股骨下端在第 9 个月末出现骨化中心。确定新生儿成熟程度常以股骨骨化中心形成作为最可靠的重要标志,正常足月胎儿股骨下端骨骺内可见到海绵状圆形或椭圆形的骨化中心形成,直径约为 0.5 cm(图 9-2);跟骨及距骨骨化中心最大直径为 0.8～1.0 cm。

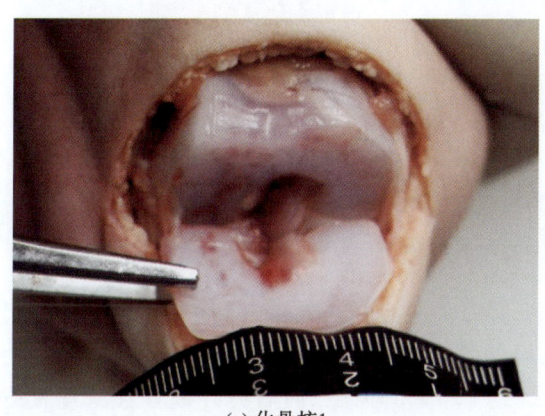
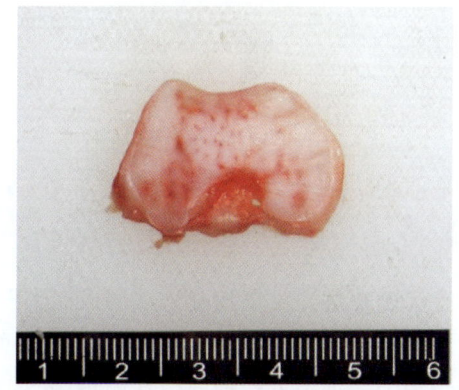

(a) 化骨核1　　　　　　　　　　　　　　(b) 化骨核2

图 9-2 足月胎儿股骨下端骨化中心

4. 成熟儿的标志 根据国内资料,足月成熟儿的标志是身长 50 cm (46～53 cm);体重 3 kg(2.5～3.8 kg);头围,男 34.20 cm,女 33.79 cm;胸围,男 32.41 cm,女 32.25 cm;前囟门 2.0 cm×2.5 cm;头径,枕下前囟径 9.5 cm、枕额径 11.3 cm、枕颏径 13.3 cm、双顶径 9.3 cm。成熟儿体态丰满,皮肤紧张,发长 2～3 cm,后囟闭合,鼻耳软骨发育良好,指、趾甲已超越指、趾尖,男性睾丸已降至阴囊内,女性大阴唇发育良好并掩盖小阴唇。成熟儿的确定指标是多方面的,要全面分析,最后认定。

Note

（二）死产及活产胎儿的检查

1. 肺浮扬试验

（1）未通过气的肺，体积小，贴于胸腔后方，质实如肝，边缘锐、薄，表面平滑，色暗红，切面暗红，含血量少，比重大于1（1.045～1.056），在水中下沉，浮扬试验阴性（图9-3（a））。注意：尸体高度腐败时，肺浮扬试验可出现假阳性结果。

（2）通过气的肺则充满气体而体积增大，边缘圆钝，有弹性及捻发感，切面有红色泡沫状液体溢出，比重小于1，浮于水面，浮扬试验阳性（图9-3（b））。

(a) 未呼吸的肺，浮扬试验阴性

(b) 呼吸过的肺，浮扬试验阳性

图9-3　肺浮扬试验

2. 胃肠浮扬试验　新生儿随着呼吸运动，会将气体吞咽入胃内，随时间推移，气体逐渐进入下游各肠段。活产胎儿生存一段时间后，胃肠浮扬试验也为阳性或部分阳性（图9-4（a）），而死产胎儿或存活时间很短的胎儿，胃肠浮扬试验为阴性（图9-4（b））。注意尸体高度腐败时，胃肠浮扬试验可出现假阳性结果。

(a) 胃肠浮扬试验部分阳性

(b) 胃肠浮扬试验阴性

图9-4　胃肠浮扬试验

（三）头颅剖检

1. 篮状切开法　头皮切开方法同成人，用尖头剪刀的一刃插入人字缝后剪开颅骨，自囟门的外侧角处（距矢状缝旁开0.5 cm）沿水平线向外、向前，经颞骨直达额前近正中（距额缝约0.5 cm）处依次剪开。然后，剪刀转向上方经前囟门外侧角（距矢状缝约0.5 cm）向上、向后剪开额骨及顶骨直达人字缝原始起点，再以同样的方法剪开对侧颅骨。将剪开的骨片分离，暴露两侧大脑，中央仅留一条1.0 cm宽的骨桥，形似提篮状（图9-5（a）），该方法的优点是可以保留完整大脑镰（图9-5（b）），便于检查大脑镰的情况。

2. 蝴蝶状（花瓣状）切开法　在胎儿和婴儿，开颅时头皮解剖方法与成人相同，向前后分离帽状腱膜以露出头盖骨，胎儿、新生儿及低月龄儿童骨缝融合前，可用剪刀沿骨缝（冠状缝、矢状缝、人字缝）剪开，向外打开两侧顶骨骨板，使其可像蝴蝶（花瓣）一样开合（图9-6），称为蝴蝶状（花瓣状）切开法。

3. 胎头血肿　新生儿分娩过程中由于受产道挤压等外力作用，颅骨外软组织与骨膜剥离致血管破裂，血液淤积在骨膜下形成血肿。胎头血肿在刚分娩后不明显，产后数小时到两三天内逐渐增大，数周

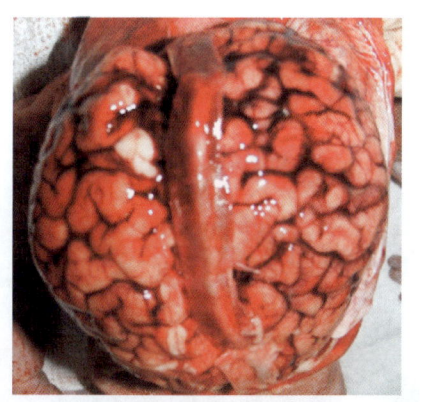
(a) 颅骨提篮状切开法上面观

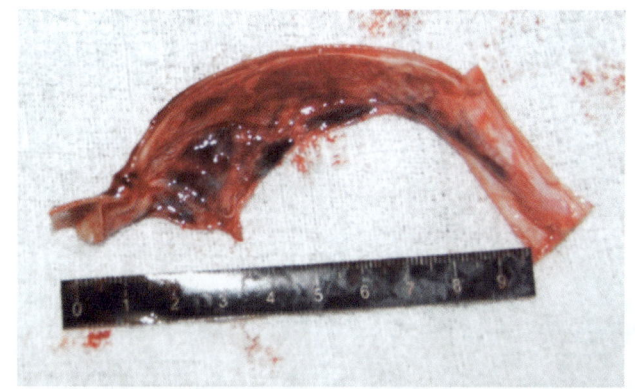
(b) 颅骨提篮状切开法可保留完整大脑镰

图 9-5 提篮状切开法

后消失,血肿中心有波动感,不移动,常以骨缝为界限。新生儿解剖时如发现胎头血肿,注意与产后损伤出血相鉴别。图 9-7 为一男婴,出生 2 小时后死亡,解剖见胎头血肿。

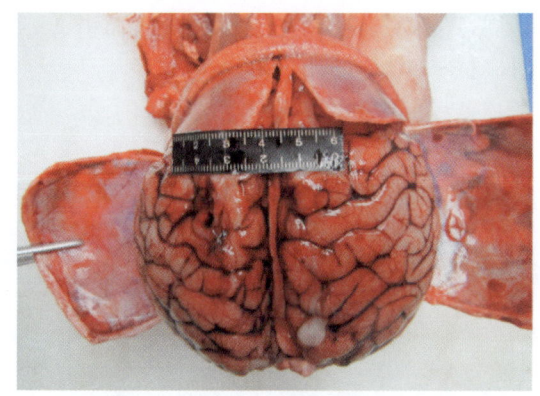

图 9-6 颅骨蝴蝶状(花瓣状)切开法

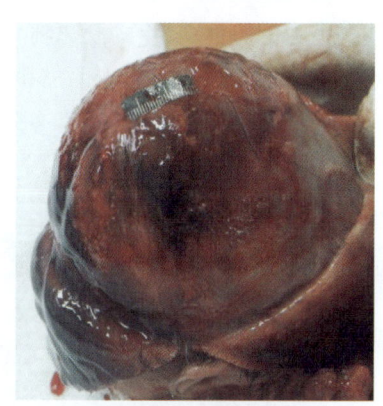

图 9-7 胎头血肿

二、大体肉眼观

1. 脐带扭转 某年 5 月 16 日,陈某因"孕 39^{+1} 周,胎动减少 2 天伴腹胀 3 小时"入院;5 月 17 日 9 时行胎心监测时发现未闻及胎心,行 B 超示单胎、死胎。10 小时后引产一死胎,检查胎儿外观未见明显畸形,脐带明显扭转,呈麻花状(图 9-8)。

2. 先天性心脏病(室缺) 胎儿,男,胎龄 26 周,B 超发现存在先天性心脏病而引产。解剖见室间隔膜部 0.5 cm×0.3 cm 缺损(图 9-9)。

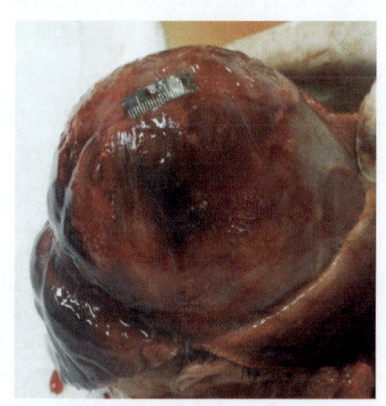

图 9-8 脐带扭转

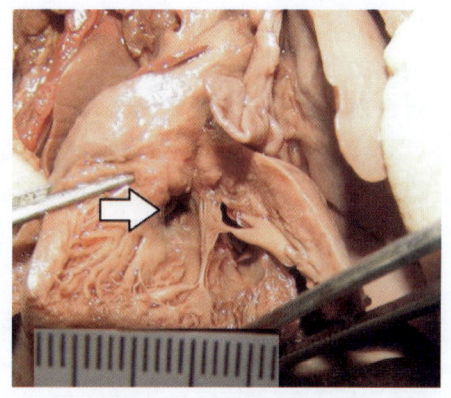

图 9-9 室间隔膜部缺损

(首都医科大学附属北京安贞医院陈东教授、商建峰供图)

Note

3. 先天性心脏病(法洛四联症) 胎儿,女,胎龄 28 周,B 超发现存在先天性心脏病而引产。解剖见主动脉骑跨(图 9-10(a))、肺动脉狭窄、右心室肥厚(图 9-10(b))、室间隔缺损(图 9-10(c)),诊断为法洛四联症。

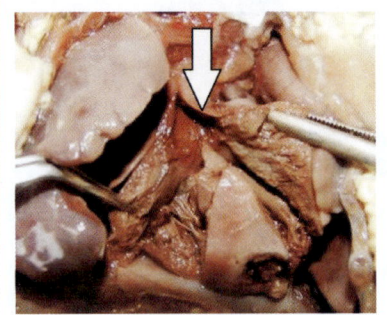
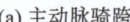
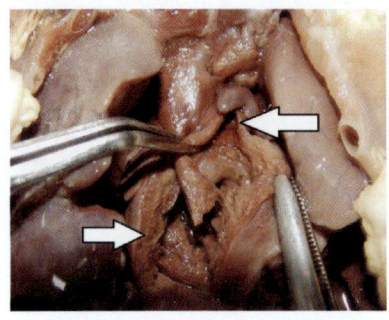
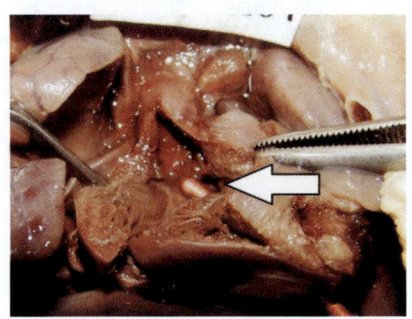

(a) 主动脉骑跨   (b) 肺动脉狭窄、右心室肥厚   (c) 室间隔缺损

图 9-10　法洛四联症大体观
(首都医科大学附属北京安贞医院陈东教授、商建峰供图)

4. 先天性心脏病(主动脉闭锁) 胎儿,男,胎龄 30 周,B 超发现存在先天性心脏病而引产。解剖见升主动脉起始部呈瓣膜状闭锁(图 9-11(a)),主动脉明显狭窄(图 9-11(b))。

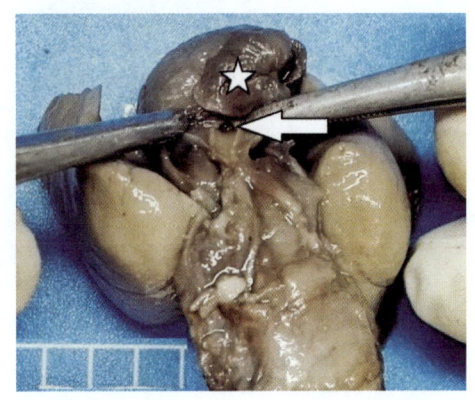
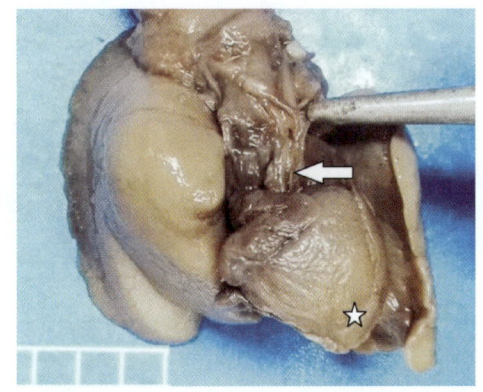

(a)箭头示升主动脉起始部瓣膜状闭锁,☆示右心房   (b)箭头示狭窄的主动脉(已剪开),☆示心尖部

图 9-11　主动脉闭锁大体观
(首都医科大学附属北京安贞医院陈东教授、商建峰供图)

5. 新生儿坏死性小肠结肠炎 婴儿,男,4 天,于某月 27 日 0:55 产钳助产娩出,阿氏评分 7 分-10 分-10 分,予高危儿常规处理。30 日患儿出现精神差,伴呻吟。查体:反应差,肢端凉,皮肤黄染,口唇无发绀,腹胀,肠鸣音正常。患儿病情重,进展快,考虑:感染性疾病,败血症?胃食管反流,肺部疾病,肺炎?予心电监护,30 日 10:58,CRP 升高,WBC 降低。31 日 10:23 患儿肤色苍白加重,自主呼吸弱,伴发绀,血氧饱和度下降,经抢救无效而死亡。死亡原因:败血症,感染性休克,多器官功能衰竭,新生儿轻度窒息,低蛋白血症。尸检见腹部膨隆,腹腔内大量红褐色混浊积液,各器官表面有大量炎性渗出物附着,色晦暗(图 9-12(a));小肠、大肠及阑尾各段解剖学关系正常,小肠肠管表面颜色晦暗,局部肠段发黑,小肠黏膜广泛性充血、出血,肠壁增厚,病变以小肠上段为重(图 9-12(b));升结肠和横结肠交界处可见一不规则形破裂口,破裂口周围管壁变薄,颜色略浅(图 9-12(c)、图 9-12(d)),剪开病变处肠管见小肠局部黏膜广泛出血、坏死,肠壁水肿(图 9-12(e)),结肠破裂口处肠黏膜广泛脓性物附着、黏膜坏死,肠壁水肿(图 9-12(f))。

三、组织病理学切片

1. 羊水吸入性肺炎

(1)基本情况:死者,女,出生后 6 小时死亡。

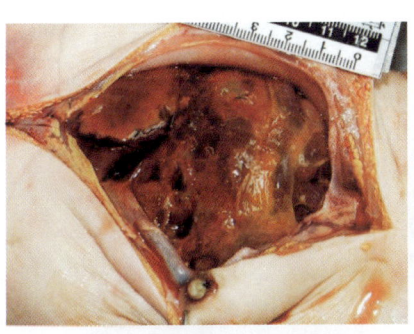
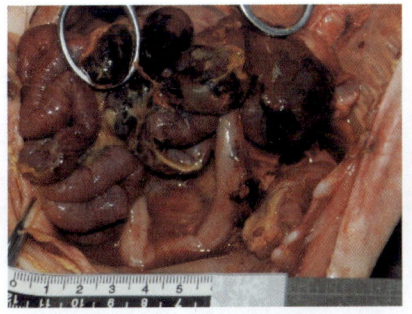
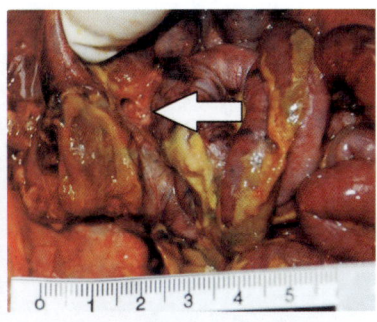

(a) 腹腔内大量脓性渗出物及积液，多器官色泽晦暗，炎性假膜附着 　(b) 小肠上段部分肠管坏死，呈黑褐色 　(c) 结肠见一破裂口及肠内容物溢出

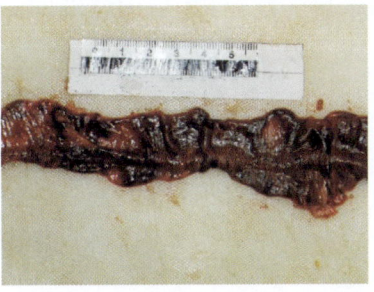

(d) 小肠中上段坏死，全部肠管水肿 　(e) 坏死段小肠黏膜弥漫性出血、坏死 　(f) 结肠破裂处黏膜广泛坏死并大量脓性物附着

图 9-12　新生儿坏死性小肠结肠炎案例解剖照片

（2）阅片要点：镜下辨认肺组织的结构，注意观察肺泡及细小支气管，可见大部分肺泡已扩张，灶性肺水肿，部分肺泡及细、小支气管腔内见毳毛、角化上皮等羊水成分，肺间质炎症细胞增多（图 9-13）。注意区分角化上皮和脱落的肺泡上皮细胞。

（3）法医病理学诊断：羊水吸入性肺炎。

图 9-13
数字切片

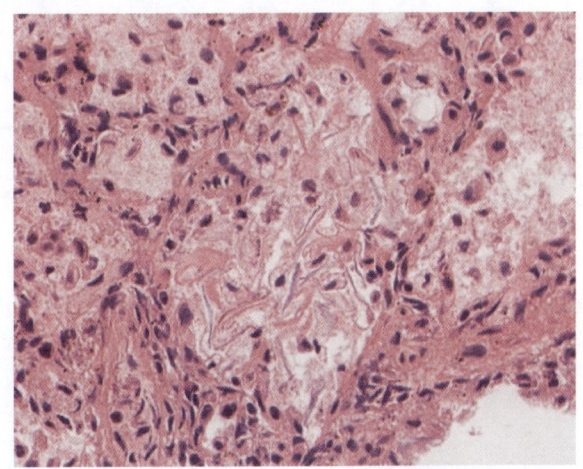

图 9-13　肺泡腔内见毳毛、角化上皮等羊水成分（HE 染色，200×）

2. 新生儿肺透明膜病

（1）基本情况：死者，男，1 天。为孕 39 周剖宫产娩出，阿氏评分 8 分-9 分-8 分，体重 2400 g。出生哭声响亮，产后新生儿出现面色青紫、口唇发绀、呼吸困难、呻吟，对症治疗未见好转，并逐渐加重，出现反应迟钝，口吐白沫，口唇、甲床发绀等，次日死亡。左肺、右肺上叶浮扬试验阴性，右肺中叶和下叶浮扬试验阳性。

（2）阅片要点：镜下见片状肺不张，肺泡萎陷（图 9-14（a）），灶性肺水肿，部分肺泡腔内可见均质、无结构红染的透明膜（图 9-14（b））。如何与羊水吸入性肺炎鉴别？

（3）法医病理学诊断：肺透明膜病。

Note

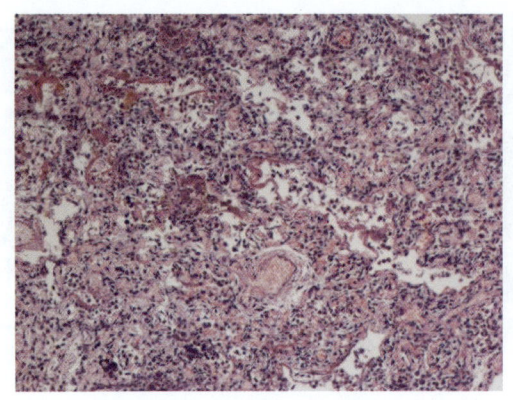
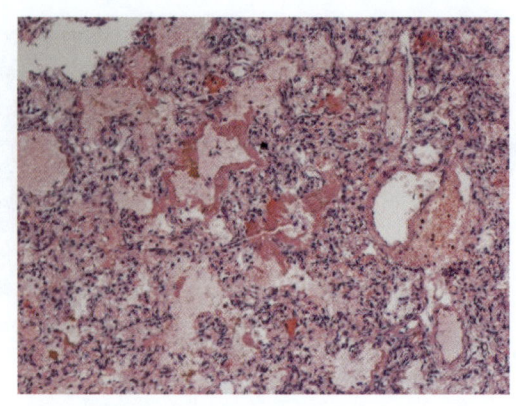

(a) 片状肺不张，肺泡萎陷（HE染色，100×）　　　(b) 肺泡腔内透明膜形成（HE染色，100×）

图 9-14　新生儿肺透明膜病

3. 巨细胞性肺炎

（1）基本情况：死者，男，出生时即呼吸困难，多次入院，三个月后死亡。

（2）阅片要点：镜下辨认肺组织的结构，部分肺泡扩张不良，肺泡间隔稍增宽，间质单核、淋巴细胞增多，注意观察肺泡腔，肺泡腔内见数量不等的巨噬细胞、单核细胞和淋巴细胞，甚至多核巨细胞（图 9-15）。

（3）法医病理学诊断：巨细胞性肺炎。

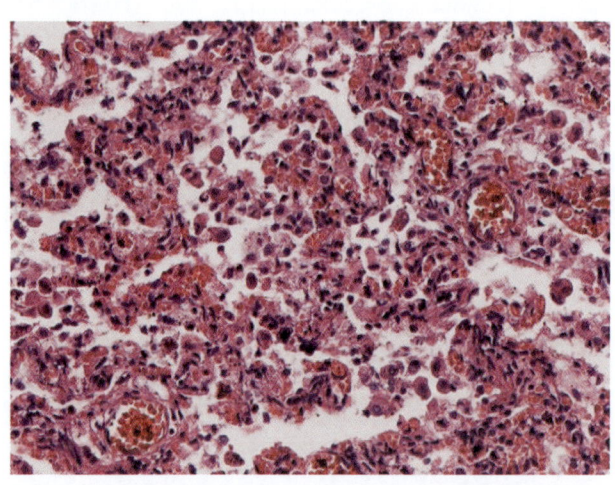

图 9-15　巨细胞性肺炎（HE 染色，200×）

4. 新生儿坏死性小肠结肠炎　案情同前。小肠镜下见小肠浆膜面广泛性炎性渗出物形成（图 9-16（a））；肠壁全层内见大量中性粒细胞、单核细胞浸润，局部出血；黏膜上皮广泛变性、坏死及脱落；结肠破

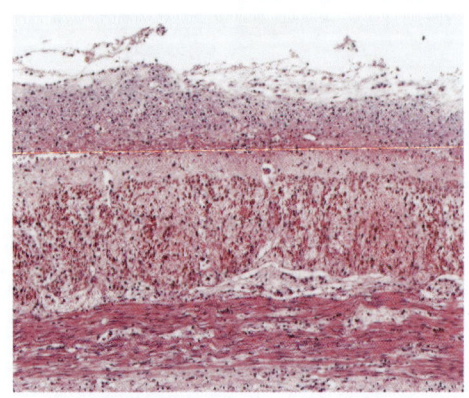
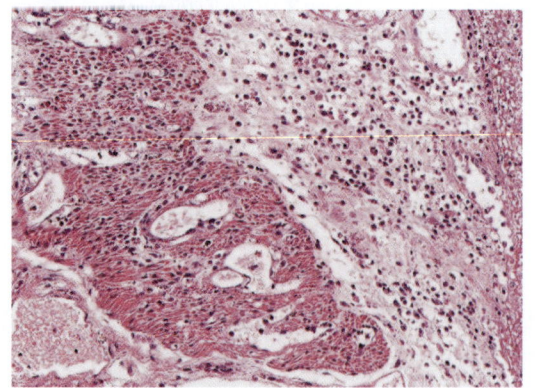

(a) 小肠浆膜面炎性假膜，肠壁水肿并大量　　　(b) 结肠破裂口周围肠壁组织坏死及大量中性粒细胞、
　　中性粒细胞浸润（HE染色，40×）　　　　　　　单核细胞浸润（HE染色，100×）

图 9-16　新生儿坏死性小肠结肠炎

图 9-15
数字切片

图 9-16
数字切片

裂口周围肠壁组织坏死及大量中性粒细胞、单核细胞浸润(图 9-16(b)),浆膜面广泛炎性假膜形成。大网膜、膈肌、肝、脾等脏器表面炎性假膜形成。

5. 急性脑膜炎

(1) 基本情况:死者,女,1 岁 9 个月,无明显诱因高热入院治疗,4 天后死亡。

(2) 阅片要点:镜下辨认蛛网膜下腔,蛛网膜下腔增宽、水肿,纤维渗出物增多,并见灶片状单核、淋巴细胞浸润(图 9-17)。

(3) 法医病理学诊断:急性脑膜炎。

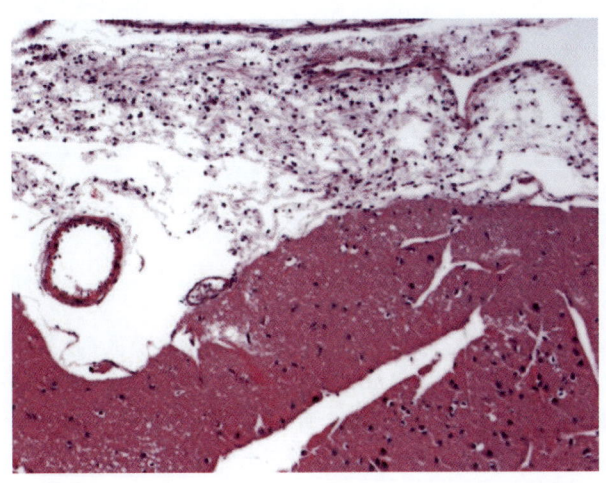

图 9-17　蛛网膜下腔增宽,纤维渗出,灶片状炎症细胞浸润(HE 染色,40×)

案例实践学习

【案例 9-1】

1. 案情摘要　某年 1 月 5 日晚,高某(女,26 岁)自述产下一活女婴,后无意中"闷死",埋入地下。其产前检查正常,无脐带绕颈,胎位正常。

2. 法医学检查

(1) 尸表检查:新生女婴尸体,重 2780 g,身长 49.0 cm,坐高 35.0 cm,发长 3.0 cm。头围 31.0 cm,胸围 30.0 cm,腹围 26.0 cm。双顶径 10.0 cm,枕额径 12.0 cm,枕颏径 15.0 cm,枕下前囟径 12.0 cm,前囟门直径 2.0 cm,肩宽 15.5 cm,双侧髂前上棘间距宽 9.0 cm。

脐带未剪,长 63.0 cm,顺时针缠绕颈部两周。胎脂分布于颈部、腋下、双侧腹股沟、双侧臀部、外阴部皮肤皱褶处。尸斑呈淡红色,位于面部、前胸区、腰背部,指压不褪色,尸僵缓解。角膜中度混浊,双侧睑、球结膜充血,口唇、双手指甲青紫。鼻、耳软骨发育良好,鼻腔及双外耳道未见异常。

(2) 解剖检查:头皮未见损伤,颅顶及颅底未见骨折。颈部未见损伤,切开未见皮下及肌肉出血,舌骨及喉头软骨未见骨折痕。

胸腔各脏器位置正常,双侧胸腔未见积液、积血。肺浮扬试验:常规解剖颈部及胸腔后,将舌、颈、心、肺一起投入水中,浮扬试验(＋);双肺浮扬试验(＋);左肺及右肺分别进行浮扬试验,结果均为(＋)。胃肠浮扬试验:将胃及全部肠管投入水肿,浮扬试验(＋);胃胀气,胃浮扬试验(＋)。

(3) 组织病理学检查:

脑重 390 g,未见畸形,镜下蛛网膜下腔血管淤血。脑水肿显著,小血管淤血。

胸腺大体及镜下未见异常。

心包腔内见少量淡红色液体。心重 20 g,卵圆孔未闭,左、右心室壁厚度分别为 0.4 cm、0.2 cm,冠状动脉开口正常,各瓣膜未见畸形。镜下左心房、左心室房室交界区心外膜处可见小片状出血,心肌细胞水肿。心脏传导系统检查未见异常。

双肺脏层胸膜多发性点、片状出血,双肺体积增大、边缘圆钝,切面有泡沫液体溢出,其中右肺有大小不一的肺大泡。镜下肺泡及细小支气管全部扩张、充盈,肺泡壁薄,灶性肺气肿;胸膜下可见灶性或小

片状出血;肺泡壁毛细血管及间质血管轻度淤血。

肝重 80 g,大小为 13.0 cm×5.0 cm×3.0 cm,呈紫红色,右叶后外侧膈面见 2.5 cm×2.0 cm×0.4 cm 的肝包膜下小血肿。镜下肝细胞水肿显著,可见髓外造血灶。

脾大体未见异常。镜下脾窦淤血,可见髓外造血灶。

双肾重 10 g,皮质厚 0.1 cm,大体未见异常。镜下肾近曲小管上皮细胞水肿,间质血管淤血。

肾上腺大体未见异常,镜下肾上腺淤血。胰腺大体及镜下未见异常。胃、肠胀气,镜下均未见异常。

（本案例由华中科技大学同济医学院法医学系提供）

引导问题:

(1) 胎儿是死产还是活产,判断的依据是什么?

(2) 请根据材料列出法医病理学诊断。

(3) 如何分析其死因?

【案例 9-2】

1. 案情摘要　某年 8 月 18 日,王某在某医院顺娩一男婴,出生时阿氏评分为 5 分,后该男婴经抢救无效死亡。

2. 病历摘要　产妇王某,女,22 岁,某年 8 月 16 日因"孕 40^{+1} 周,自觉下腹痛半天"入院。查体:T 36.8 ℃,P 78 次/分,R 17 次/分,BP 128/86 mmHg。产科检查:宫高 39 cm,腹围 103 cm,胎方位 LOA 位,胎心 132 次/分,头先露,胎膜未破,宫口可容指间,宫缩 20 秒/4～5 分钟。B 超示:晚孕,单活胎,头位,左肾积水。入院诊断为:孕 2 产 0,孕 40^{+1} 周,头位,先兆临产。18 日 15:50,经阴道娩出一男婴。羊水量约 300 mL,3 度粪染,新生儿无哭声,即时阿氏评分 5 分,身长 55 cm,体重 3700 g,体表无畸形。经抢救无效,新生儿于当日 18:05 分死亡。

3. 法医学检查

(1) 尸表检查:男性新生儿解冻尸体。尸长 52.5 cm,体重 3550 g,坐高 35 cm,头围 33 cm,胸围 34 cm,腹围 35 cm,双顶径 10.5 cm,囟门未闭,前囟门直径 2 cm。发长 3 cm,体表见少量灰白色胎脂附着。尸斑呈紫红色,位于腰背未受压部位,指压不褪色。双眼睑结膜呈淤血状,以左侧为重。口、鼻腔及外耳道干净,口唇发绀并呈皮革样改变。双手指甲发绀。脐带末端有纱布包裹,揭开纱布,见脐带长约 2 cm。

(2) 解剖及组织病理学检查:

a. 头皮呈水肿状。切开头皮,颅骨无骨折,右颞顶部见大小 3.5 cm×3.0 cm 的头皮下出血,左枕部头皮见大小 6.5 cm×6.0 cm 的帽状腱膜下出血。大脑镰硬脑膜下见小片状出血,左顶枕部见大小 3.0 cm×3.0 cm 的蛛网膜下腔出血,脑重 430 g,脑组织呈水肿状,脑回增宽,脑沟变浅。镜下大脑镰小灶性出血,左顶枕部蛛网膜下腔少量出血,脑各部重度水肿,部分神经元肿胀。

b. 颈部、胸部肌肉无出血,舌骨、胸骨及肋骨未见骨折。膈肌左侧位于第 5 肋间、右侧位于第 5 肋水平。甲状腺大小及外形正常,胸腺重 30 g,镜下间质血管淤血。

c. 心肺浮扬试验及肺浮扬试验呈阳性,胃肠浮扬试验呈阳性。气管内见少量羊水成分,左肺重 27.5 g,右肺重 36 g,双肺质硬,切面未见异常。镜下肺泡大部分扩张,部分肺泡腔内充满水肿液,部分肺泡腔及细、小支气管腔内见大量胎粪、角化上皮等羊水成分,并见以中性粒细胞为主的炎症细胞浸润。

d. 心脏外形及大小未见异常,冠状动脉未见异常,剪开各心房、心室未见先天畸形及瓣膜异常,卵圆孔及动脉导管未闭,镜下心肌细胞未见异常变化,间质内小血管扩张、淤血。

e. 肝重 135 g,胆囊位置及大小正常,肉眼观均未见异常,镜下肝窦扩张、淤血,部分肝细胞胞质内可见轻度淤胆。

f. 脾重 16 g,肉眼未见异常,镜下脾窦扩张、淤血。

g. 肾表面及切面未见异常,肾包膜易剥离,双肾重 20 g,镜下肾近曲小管上皮细胞弥漫性自溶。

h. 胃体部黏膜见 4.0 cm×2.0 cm 片状出血,大小肠未见异常。镜下胃黏膜小片状出血,余未见异常。

i. 胰腺大体未见异常,镜下胰腺腺泡弥漫性自溶。

j. 双侧睾丸已降入阴囊,大体未见异常,镜下间质淤血。

(本案例由华中科技大学同济医学院法医学系提供)

案例解析
9-2

引导问题:

(1) 对于尸检所见头部出血的原因如何分析?

(2) 根据尸检所见及组织病理学检查结果,列出法医病理学诊断。

(3) 根据材料,如何分析死者的死亡原因?

【案例9-3】

1. 案情摘要　死者,男,2月龄。出生后,其父多次采用殴打、浇热水等方式对其进行虐待。某日其母没有奶水,婴儿哭闹,其父朝婴儿头面部打了几巴掌致婴儿死亡,后其父将其尸体扔在一水库旁山坡上。经毒物化验,死者胃内容物中未检出常见毒(药)物成分。

2. 法医学检查

(1) 尸表检查:口鼻颈部未见损伤。右顶枕部 4.5 cm×4.0 cm 皮下出血,枕部 2.0 cm×2.0 cm 皮下出血。

(2) 解剖检查:双肺表面点状出血,右顶枕部硬膜下出血、蛛网膜下腔出血。左额、左顶叶蛛网膜下腔出血。颅底硬膜下出血,双中颅窝见凝血块。

(3) 组织病理学检查:

a. 脑重 510 g,脑底动脉环未见异常,脑底见 10.0 cm×7.0 cm 片状蛛网膜下腔出血。镜下左右颞叶、顶叶、视交叉及脊髓见大片状、程度不一的蛛网膜下腔出血,并可见较多的泡沫细胞及含铁血黄素颗粒沉积,部分出血的蛛网膜可见多层成纤维细胞增生或纤维化;顶叶可见新鲜的挫裂伤形成;脊髓后角偶见小挫伤;大脑皮质及脊髓表层较多反应性、嗜酸性肿胀的星形胶质细胞增生;脑桥小脑臂小片状出血;各部位脑可见部分神经元变性、坏死,胞质深染,核固缩。脑、脊髓水肿显著。

b. 心重 22 g,左心室壁厚 0.6 cm,右心室壁厚 0.2 cm,卵圆孔未闭,可见 0.2 cm 的裂隙,冠状动脉检查未见异常。镜下心肌间质轻度水肿,心传导系统检查未见异常。

c. 左、右肺分别重 40 g、52 g,双肺大体未见异常。镜下片状肺水肿,灶性肺泡壁增厚及肺不张,部分肺泡巨噬细胞增多,灶性肺淤血。

d. 肝重 108 g,大小为 11.0 cm×4.5 cm×5.5 cm。镜下肝细胞水肿,肝窦受压、变窄。

e. 脾重 10 g,大小为 5.0 cm×3.0 cm×2.0 cm,质软。镜下脾窦淤血。

f. 双肾重 28 g,被膜易剥离,皮、髓质分界清,皮质厚 0.2 cm。镜下部分肾近曲小管上皮细胞肿胀。

g. 双肾上腺大体及镜下均未见异常。

h. 胰腺大体观未见异常,镜下胰弥漫性自溶。

(本案例由华中科技大学同济医学院法医学系提供)

案例解析
9-3

引导问题:

(1) 根据尸检所见及组织病理学检查结果,列出法医病理学诊断。

(2) 如何分析死者的死亡原因和死亡机制?

(3) 大脑镜下观"可见较多的泡沫细胞及含铁血黄素颗粒沉积,部分出血的蛛网膜可见多层成纤维细胞增生或纤维化",想一想以上病理形态学改变说明了什么问题?

本章实践操作注意要点

1. 胎儿及新生儿测量对于发育非常重要,尸检时应注意全面、准确进行检查。

2. 肺浮扬试验、胃肠浮扬试验应按照规范进行操作,并拍照或录像保存证据。尸体高度腐败时,浮扬试验可能出现假阳性结果,判断时应谨慎。

3. 胎儿及新生儿尸体检验时,尽可能同时检验胎盘及脐带组织。

(周亦武　刘茜)

Note

第十章　法医病理学技术

实践学习目标

1. 法医病理学技术是组织病理学检验的重要组成部分,对将来从事法医病理学鉴定工作和相关科研工作有着重要指导意义。

2. 熟练掌握检材处理、切片制作的方法和染色技术,能根据实践需要选择应用各类特殊染色。

一、尸体解剖检材提取、固定及组织块取材

1. 尸体解剖检材提取的准备工作

(1) 取材时需要主要鉴定者本人操作或临场指导,并由助手拍照及做好取材记录。

(2) 取材前应做好防护措施:穿好手术服、戴上口罩、手套、鞋套以及头套,以免在取材过程中发生意外或污染证物。

(3) 备好取材工具:刀(手术刀、大刀等)、剪(直剪、弯剪、圆头剪、眼科剪等)、开颅锯、镊子、针管、采血管等。

2. 尸体解剖检材提取的注意事项

(1) 取材种类:根据案例和检验目的,需要提取检材的种类不同。病理检查检材一般包括脑、心、肝、脾、肺、肾、胃、肠及肾上腺等脏器;生化检查或微生物学检查一般提取心血、尿液、腹腔积液或眼球玻璃体液等。

(2) 取材部位:取材部位根据实际所需选择,一般所取组织包括各器官的全部结构或全层。

(3) 取材方法:实质器官应沿纵轴或横轴剖开若干切面观察,切片不宜太厚,便于取材固定。空腔器官应沿游离缘剖开观察。切取各组织时器械要锋利,切勿挤压或损伤组织以免造成人为变形。除生化检材(血液、尿液等)外,切下的组织块应尽快放入固定液中,避免组织发生干燥。

3. 检材的固定

(1) 固定的作用和目的:①防止组织溶解及腐败。②使细胞内的蛋白质、脂肪、糖、酶等成分沉淀,从而保持细胞原有结构。③细胞内成分因沉淀及凝固而产生不同的折射效应,形成光学差异,使得在生活情况下难以观察的结构变得清晰,并使得细胞各部分更易着色。④固定剂能使组织硬化,利于固定后的处理。

(2) 固定液的配制:①常规固定液为 10% 福尔马林溶液,配制方法为取市售 37%~40% 甲醛溶液,与水按 1:9 比例混合。②病理检验快速制片时常用乙醇福尔马林液作为固定剂,简称 A.F,配制方法为取福尔马林溶液与 95% 乙醇按照 1:9 的比例混合。

(3) 固定剂用量及固定容器:固定剂一般为组织块体积的 10~15 倍,所以固定容器必须有足够的容量,以免检材受压,建议使用大型号塑料桶(高度大于 40 cm,直径大于 35 cm),并带有严密的封盖。

(4) 固定前器官标本处理:①内脏实质器官以最大切面切开后再固定。②心脏固定前按血流方向剪开,暴露出心腔。③大脑固定前需在正中切开胼胝体,以利于固定液渗入,防止自溶,最佳方法是悬吊

86

固定。

（5）固定时间：一般检材在常规固定液(10％福尔马林溶液)中固定 3～7 天后可取材进行病理学检验；另外，在病理检验快速制片时常用乙醇福尔马林液(A.F)，用这一混合液固定组织 2～3 小时，取出后可直接投入 95％乙醇，不需水洗，可以缩短脱水时间。

4. 固定后组织块取材

（1）一般检材在固定 3～7 天后可进行组织病理学检验的检材采取。

（2）取材刀刃要求锋利，切取时刀口垂直切取，勿挤压或来回切割组织，严禁用钳或镊等工具直接钳夹取材，以免人为地造成组织或细胞变形。

（3）组织块周围不需要的附着组织，如脂肪组织，可切去以方便制片。组织块的包埋面须平整，或在非包埋部位做标记指示。

（4）取材组织块一般长 1.0～3.0 cm，宽 1.0～2.0 cm，厚度为 0.3～0.5 cm。组织块过大，在短时间内不易完全固定，影响制片效果。

二、组织切片制作

1. 脱水包埋

（1）水洗：因固定液存留组织内有碍染色或损坏组织，必须冲洗。一般是置于水龙头下用流水冲洗，时间数小时至 24 小时，根据组织块大小而定。

（2）脱水：用脱水剂完全除去组织内的水分，为进行透明时透明剂的浸入创造条件。一般从 75％乙醇开始，依次在 85％、95％、100％Ⅰ、100％Ⅱ、100％Ⅲ各级乙醇中放置 45 分钟至 2 小时。脱水必须在有盖瓶中进行，以防止乙醇挥发。

（3）透明：将石蜡诱导剂渗入组织内的过程称为透明，常用透明剂有二甲苯、氯仿、甲苯、环保透明剂等。一般分三份环保透明剂，透明剂Ⅰ 45 分钟左右，透明剂Ⅱ 45 分钟左右，透明剂Ⅲ 1.5 小时，具体根据组织块大小而定。透明时应避免透明剂挥发和吸收空气中的水分，保持其成分比例和无水状态。

（4）浸蜡：组织经透明后移入熔化的石蜡内，石蜡逐渐浸入组织而取代透明剂的过程称为浸蜡。在 60 ℃恒温箱中，将透明后的组织块依次放入Ⅰ号蜡杯 2～3 小时、Ⅱ号蜡杯 2～4 小时。

（5）包埋：使浸透蜡的组织块包裹在石蜡中。将熔化后的蜡倒入包埋框内，将浸好的组织块依次放入框内，待蜡冷却凝固后，组织块和石蜡凝结，取出成型的蜡块。石蜡凝固后进一步加强了组织的硬度，便于进行切片。

2. 切片制作 切片制作工具主要包括切片机、刀片、水浴锅、展片盘、烤片箱等。切片机刀刃要锋利，不能出现切痕，石蜡切片的厚度一般为 3～4 μm。切片过程如下。

（1）将蜡块固定于切片机机头上，然后调整蜡块组织切面与切片刀口平行，再调整组织切面恰好与刀口接触，固定好蜡块及切片刀。

（2）根据需要调节切片厚度调节器，先进行粗修，将蜡块表面的一层石蜡刮掉使组织全部裸露出来。再匀速摇动切片机手轮进行切片，速度适中。

（3）切下的切片带一端用镊子拉起，另一端用毛笔轻轻将切片带从刀口上挑起，应尽可能将切片带拉直展开，铺在恒温水箱水面上(水温约 42 ℃)，用毛笔将切片带轻轻拉展，使每一张切片展开无褶皱。如仍有小褶皱，则用镊子轻轻拨展。

（4）切片在恒温水箱内充分展平摊开后，将载玻片插入水中并轻靠切片(若容易脱片，在载玻片上涂上黏合剂)，待接触切片后将载玻片直立拉起，切片即被"捞起"，用毛笔拨正切片位置，使其位于玻片中央。

（5）用铅笔在玻片一端写上标本编号，送入 60 ℃烤箱烤干(一般 2～4 小时)，以备后续染色。

3. 特殊切片 包括冰冻切片等。冰冻切片一般用于快速诊断、脂肪染色和酶组织化学染色等特殊要求，用石蜡切片方法不能代替。冰冻切片方法简单、所需时间短，但设备较昂贵。组织经冲洗后直接置于冰冻切片机内冰冻变硬，即可切片，切片厚度 10～20 μm。

87

三、组织染色技术

染色是将染料配成溶液,将组织浸入染色剂内,使组织或细胞的部分结构呈现特定的颜色,产生不同的折射率,在光学显微镜下能够依据颜色种类及深浅来分辨,以便于观察。

1. HE染色 苏木精-伊红染色法是最常用的染色方法。苏木精染液为碱性,主要使细胞核内染色质与胞质内核酸着紫蓝色;伊红染液为酸性,主要使细胞质和细胞外基质着红色。具体步骤如下。

(1)石蜡切片脱蜡至水:依次将切片放入二甲苯Ⅰ20分钟→二甲苯Ⅱ20分钟→无水乙醇Ⅰ5分钟→无水乙醇Ⅱ5分钟→75%乙醇5分钟,自来水洗。

(2)苏木素染色、分化及返蓝:切片放入苏木素染液染3~5分钟,自来水洗;分化液(1%盐酸乙醇)分化,除去细胞核中结合过多的染液及细胞质中多余染液,自来水洗;返蓝液返蓝,流水冲洗。

(3)伊红染色:切片依次放入85%、95%的梯度乙醇各脱水5分钟,放入伊红染液中染色5分钟。

(4)脱水封片:将切片依次放入无水乙醇Ⅰ5分钟→无水乙醇Ⅱ5分钟→无水乙醇Ⅲ5分钟→二甲苯Ⅰ5分钟→二甲苯Ⅱ5分钟透明,中性树胶封片。

(5)结果判读:细胞核呈蓝色,细胞质呈红色(图10-1)。

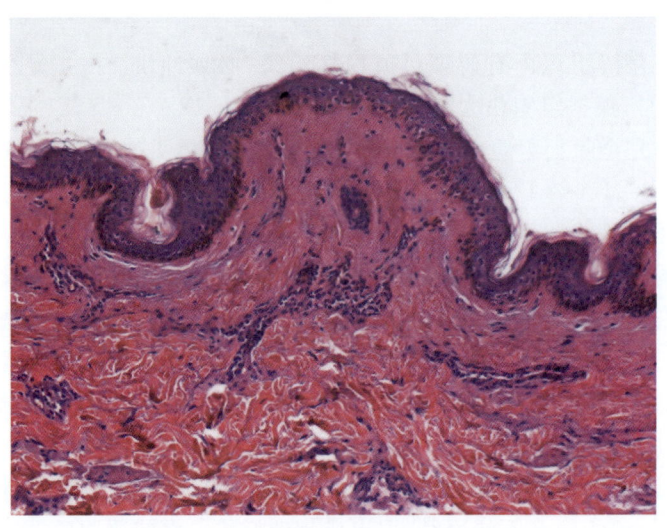

图 10-1 颈部皮肤(HE 染色,100×)

2. Masson 染色 Masson染色一般用来显示组织中纤维以及炎性因子。使用两种或三种阴离子染料混合,使得胶原纤维呈蓝色,肌纤维呈红色。具体步骤如下。

(1)石蜡切片脱蜡至水:依次将切片放入二甲苯Ⅰ20分钟→二甲苯Ⅱ20分钟→无水乙醇Ⅰ5分钟→无水乙醇Ⅱ5分钟→75%乙醇5分钟,水洗。

(2)重铬酸钾染色:切片入重铬酸钾浸泡过夜,水稍洗。

(3)铁苏木素染色:铁苏木素A液与B液等比混合成铁苏木素染液,切片放入铁苏木素3分钟,自来水洗,盐酸乙醇分化,自来水冲洗。

(4)丽春红染色:丽春红酸性品红液染5~10分钟,自来水快速漂洗。

(5)磷钼酸处理:磷钼酸水溶液处理1~3分钟。

(6)苯胺蓝染色:磷钼酸之后不用水洗,直接用苯胺蓝染液染3~6分钟。

(7)分化:1%冰醋酸分化,两缸无水乙醇脱水。

(8)透明封片:切片放入无水乙醇5分钟→正丁醇5分钟→二甲苯5分钟透明,将切片从二甲苯拿出来稍晾干,中性树胶封片。

(9)结果判读:胶原纤维、黏液、软骨呈蓝色;肌纤维、纤维素和红细胞呈红色(图10-2)。

3. PAS 染色 PAS染色主要用以检测组织中的糖类。过碘酸把糖类相邻两个碳上的羟基氧化成醛基,再用Schiff试剂与之反应呈现紫红色。具体步骤如下。

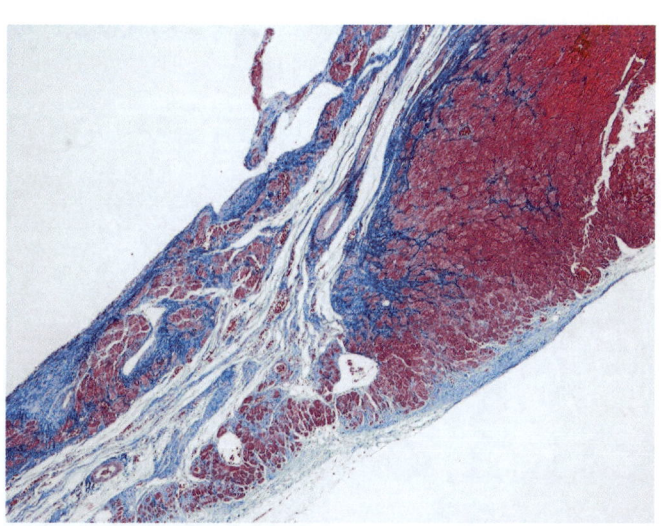

图 10-2 陈旧性心肌梗死(Masson 染色,40×)

(1)石蜡切片脱蜡至水:依次将切片放入二甲苯Ⅰ20分钟→二甲苯Ⅱ20分钟→无水乙醇Ⅰ5分钟→无水乙醇Ⅱ5分钟→75%乙醇5分钟,自来水洗。

(2)高碘酸染色:切片放入高碘酸染液中染色15分钟,自来水洗,蒸馏水洗两遍。

(3)Schiff 染色:切片放入 Schiff 试剂30分钟,避光,流水冲洗5分钟。

(4)苏木素染色:切片放入苏木素染液染3~5分钟,自来水洗,分化液(1%盐酸乙醇)分化,自来水洗,返蓝液返蓝,流水冲洗。

(5)脱水封片:切片依次放入无水乙醇Ⅰ5分钟→无水乙醇Ⅱ5分钟→无水乙醇Ⅲ5分钟→二甲苯Ⅰ5分钟→二甲苯Ⅱ5分钟透明,中性树胶封片。

(6)结果判读:糖原、杯状细胞、真菌、植物淀粉粒和细胞壁呈紫红色,细胞核呈浅蓝色(图10-3)。

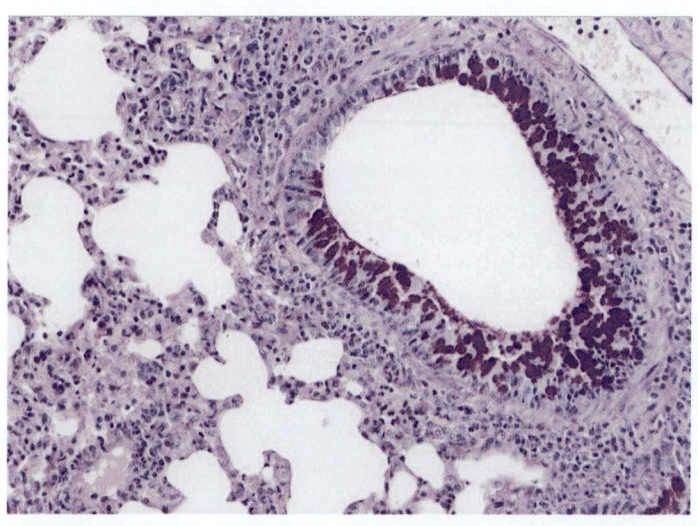

图 10-3 肺小支气管上皮杯状细胞增生(PAS 染色,200×)

4. 甲苯胺蓝染色 甲苯胺蓝常用于脑组织尼氏体、软骨细胞和肥大细胞的染色。其原理为甲苯胺蓝呈碱性,阳离子具有染色作用,与组织细胞中的酸性物质结合而染色。具体步骤如下。

(1)石蜡切片脱蜡至水:依次将切片放入二甲苯Ⅰ20分钟→二甲苯Ⅱ20分钟→无水乙醇Ⅰ5分钟→无水乙醇Ⅱ5分钟→75%乙醇5分钟,自来水洗。

(2)甲苯胺蓝染色:组织切片放入甲苯胺蓝染液5分钟→水洗→1%的冰醋酸稍分化→自来水洗终止反应,显微镜下控制分化程度,自来水洗后,将切片置于烤箱烤干。

(3)透明封片:切片入干净的二甲苯透明5分钟,中性树胶封片。

Note

（4）结果判读：脑组织尼氏体呈深蓝色，背景淡蓝色；骨组织软骨呈紫蓝色，背景浅蓝色；肠组织肥大细胞呈紫红色，细胞核呈浅蓝色，背景浅蓝色（图 10-4）。

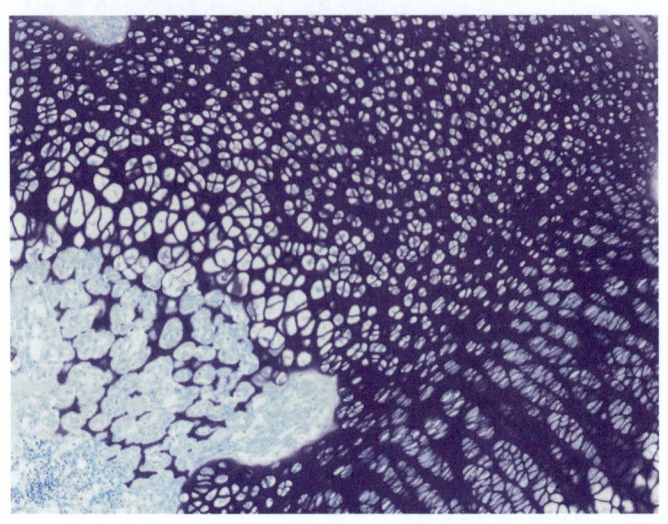

图 10-4　膝关节软骨组织（甲苯胺蓝染色，100×）

5. 普鲁士蓝染色　普鲁士蓝染色用于显示局部组织内的各种出血性病变。其原理为普鲁士反应，即三价铁离子从蛋白质中被稀盐酸分离出来，与亚铁氰化钾生成蓝色的配位化合物。具体步骤如下。

（1）石蜡切片脱蜡至水：依次将切片放入二甲苯Ⅰ 20 分钟→二甲苯Ⅱ 20 分钟→无水乙醇Ⅰ 5 分钟→无水乙醇Ⅱ 5 分钟→75％乙醇 5 分钟，自来水洗，蒸馏水洗 3 遍。

（2）普鲁士蓝染色：将亚铁氰化钾溶液和盐酸溶液等比例混合成普鲁士蓝染液，切片入染液中染色 1 小时，蒸馏水洗 2 遍。

（3）核固红染色：核固红染液染色 1～5 分钟，流水冲洗。

（4）脱水封片：切片依次放入无水乙醇Ⅰ 5 分钟→无水乙醇Ⅱ 5 分钟→无水乙醇Ⅲ 5 分钟→二甲苯Ⅰ 5 分钟→二甲苯Ⅱ 5 分钟透明，中性树胶封片。

（5）结果判读：铁离子呈蓝色，细胞核呈红色（图 10-5）。

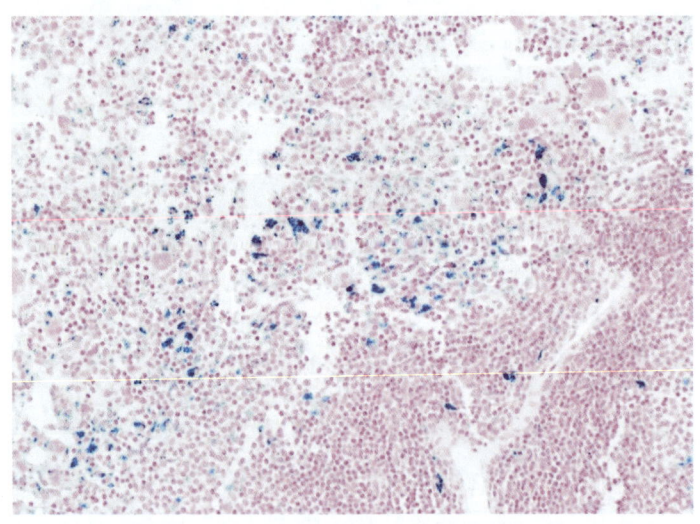

图 10-5　脾陈旧性出血，示含铁血黄素沉积（普鲁士蓝染色，200×）

6. 绪方染色　即苦味酸靛胭脂红染色法，由绪方孝彦于 1937 年创立，主要用于皮肤压痕的鉴定。具体步骤如下。

（1）石蜡切片脱蜡至水：依次将切片放入二甲苯Ⅰ 20 分钟→二甲苯Ⅱ 20 分钟→无水乙醇Ⅰ 5 分钟→无水乙醇Ⅱ 5 分钟→75％乙醇 5 分钟，自来水洗。

（2）2％磷钨酸溶液浸没 2 分钟→蒸馏水洗。

（3）0.5％苦味酸靛胭脂红溶液浸没 8 分钟→1％醋酸洗。

（4）碱性复红乙醇饱和溶液浸没 4～5 秒。

（5）脱水封片：切片依次放入无水乙醇Ⅰ 5 分钟→无水乙醇Ⅱ 5 分钟→无水乙醇Ⅲ 5 分钟→二甲苯Ⅰ 5 分钟→二甲苯Ⅱ 5 分钟透明，中性树胶封片。

（6）结果判读：绪方染色用于鉴定生前与死后的压迫的组织化学。如图 10-6 所示，生前压迫的索沟表皮、附属腺、皮下肌肉层染为亮黄色（阳性），死后形成的索沟部组织为红色（阴性）。

7. 脂肪染色（油红 O 染色法） 油红 O 染色法是显示组织内脂肪的常用方法。油红 O 为脂溶性染料，在脂肪中能高度溶解，特异性地使组织内甘油三酯等中性脂肪着色。具体步骤如下。

（1）福尔马林溶液固定后的恒冷箱切片附贴于载玻片上或游离切片，厚 5～10 μm。

（2）60％异丙醇稍洗切片（水洗）。

（3）在密闭容器内油红 O 液染 5～15 分钟（为防止切片上因蒸发发生沉淀，必须在密闭容器内染色）。

（4）60％异丙醇洗去多余染液（60％乙醇内分化）。

（5）自来水洗。

（6）苏木素染细胞核 2 分钟。

（7）自来水洗，如果需要，可分化。

（8）水洗 5～10 分钟至细胞核蓝化。

（9）擦去多余水分，甘油明胶封固。

（10）结果判读：脂类物质显示橘红色，细胞核显示蓝色（图 10-7）。

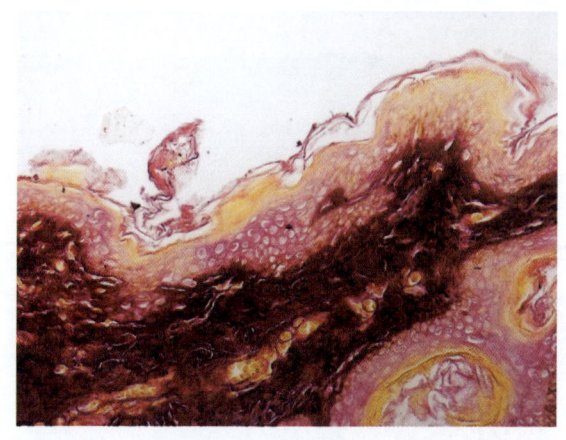

图 10-6 生前索沟，示颈部皮肤表皮及皮下组织绪方染色阳性（绪方染色，200×）

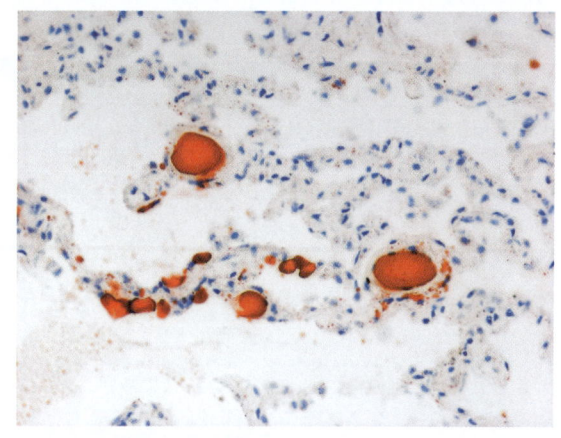

图 10-7 肺栓塞，示肺动脉内脂滴（油红 O 染色，200×）

本章实践操作注意要点

1. 组织脱水用的各级乙醇，应保证相应浓度，以便组织脱水彻底。浸蜡的温度也不宜过高，对于时间也应加以控制。

2. 组织块固定不牢时，切片上常形成横皱纹，切片刀要求锋利且无缺口。骨组织切片时，用重型刀较好。

3. 苏木素染色后，不宜在水中和乙醇中停留过长时间，应在镜下观察切片分化程度，分化过度时，应水洗后重新在苏木素中染色，再水洗分化充分变蓝。

（邓伟年）

第十一章 腐蚀性毒物中毒

实践学习目标

1. 通过观察大体图片,掌握常见腐蚀性毒物中毒的肉眼观特征性表现。
2. 通过观察切片,掌握常见腐蚀性毒物中毒的镜下形态学特点。
3. 通过案例实训,掌握常见腐蚀性毒物中毒案件的分析思路,训练鉴定意见书中法医病理学诊断及死因分析的书写。

一、大体肉眼观

1. 流注状腐蚀痕 伤者,男,40岁,被人泼洒浓硫酸至面部、胸部,造成胸腹部流注状腐蚀痕(图11-1)。

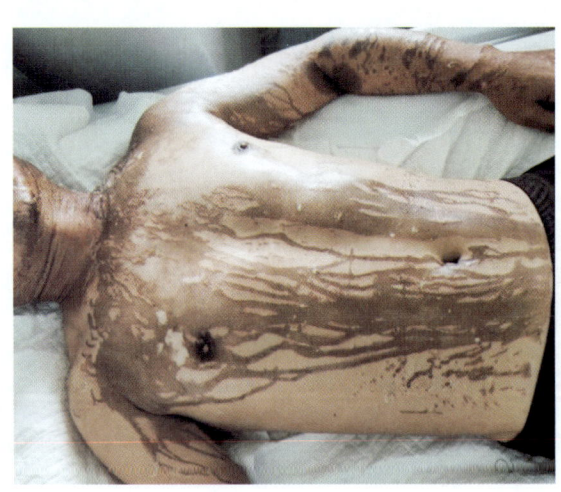

图 11-1 胸腹部流注状腐蚀痕

2. 口周腐蚀痕 死者,女,32岁,口服浓硫酸约100 mL,2小时死亡。嘴唇黏膜及口周皮肤见斑片状腐蚀痕(图11-2)。注意与口周擦挫伤相鉴别。

3. 口腔黏膜腐蚀痕 死者,女,32岁,口服浓硫酸约100 mL,2小时死亡。口腔黏膜腐蚀、剥脱,口周可见斑片状腐蚀痕迹(图11-3)。注意与腐败引起的黏膜脱落相鉴别。

4. 硫酸引起皮肤重度(化学)烧伤 死者,女,32岁,口服浓硫酸约100 mL,2小时死亡。上身大面积皮肤化学烧伤,呈黑色(炭化作用),胸腹部、腰背部可见流注状腐蚀痕迹(图11-4),上肢大面积化学烧伤(图11-5)。注意与其他腐蚀性酸类引起的皮肤损害相比较。

5. 浓硫酸中毒者的胃 死者,女,32岁,口服浓硫酸约100 mL,2小时死亡。胃表面观见片状出血区,剪开见胃黏膜广泛性坏死、出血,因硫酸炭化作用呈黑色(图11-6、图11-7)。注意与其他腐蚀性毒物中毒者的胃黏膜表现相比较。

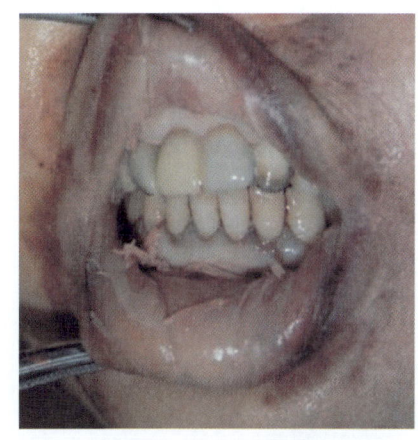

图 11-2　口服浓硫酸口周腐蚀痕

图 11-3　口服浓硫酸后口腔黏膜腐蚀痕

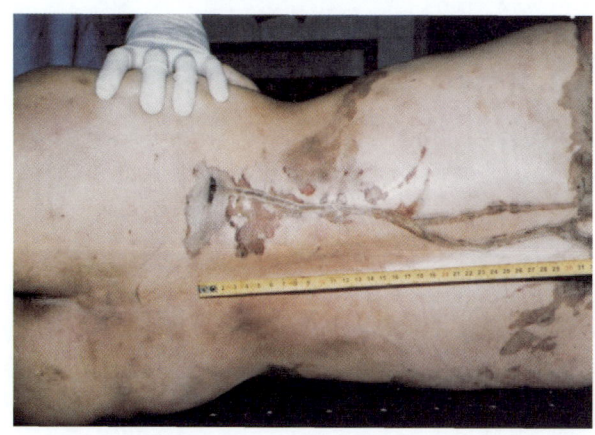

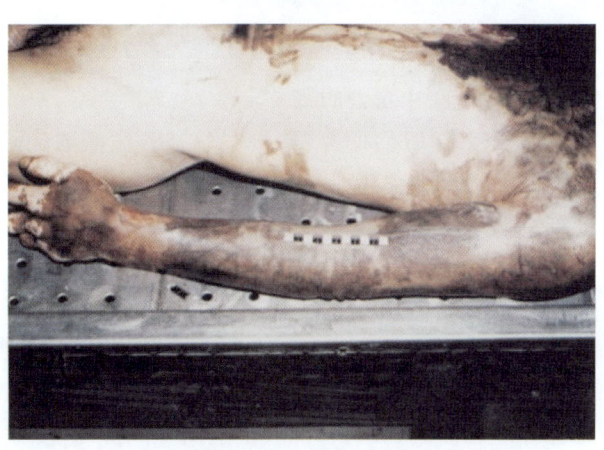

图 11-4　腰背部硫酸烧伤

图 11-5　上肢硫酸烧伤

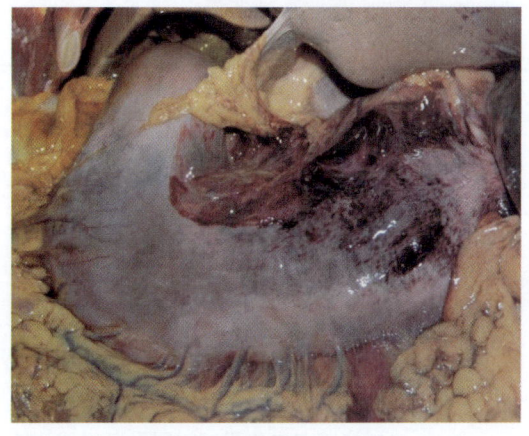

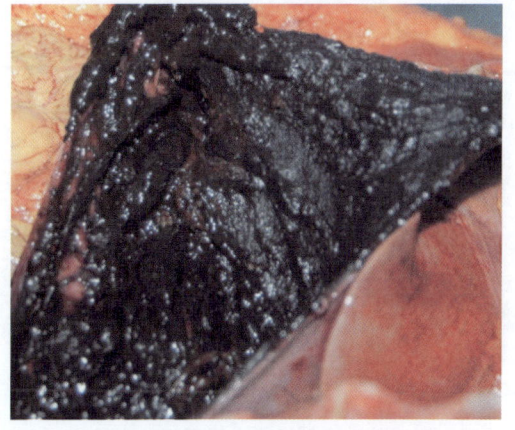

图 11-6　口服浓硫酸后的胃

图 11-7　口服浓硫酸后的胃黏膜面

6. 硝酸中毒者的胃　死者,男,78 岁,口服硝酸自杀,几分钟后倒地,3 小时后死亡。尸检见胃黏膜皱缩,腐蚀糜烂,呈黄色,伴点片状出血(图 11-8 中紫黑色区)。注意与硫酸中毒者的胃比较鉴别。

二、组织病理学切片

1. 浓盐酸中毒者的胃

(1)基本情况:死者,女,43 岁,口服浓盐酸约 100 mL,48 小时死亡。

(2)阅片要点:镜下辨认胃壁组织的结构(有自溶影响),注意观察胃黏膜层。浅表约 1/2 见细胞结构模糊但组织形态保存,未见明显细胞核,与其下方约 1/2 黏膜层组织分界较明显,黏膜层下 1/2 见大

Note

量炎症细胞浸润(图 11-9)。

（3）法医病理学诊断：胃壁凝固性坏死。

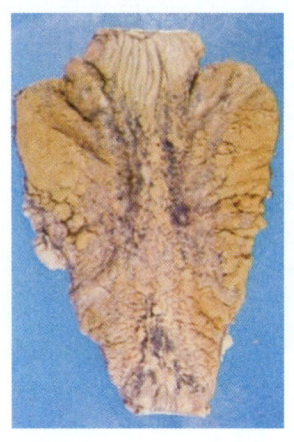

图 11-8 硝酸中毒者的胃

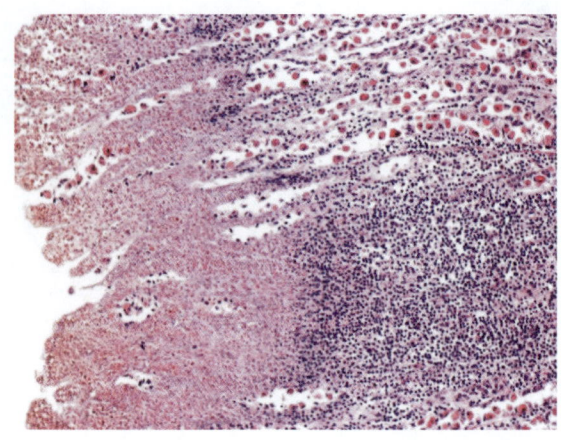

图 11-9 浓盐酸中毒者的(胃镜下观,HE 染色,100×)

2. 浓硫酸中毒者的肾

（1）基本情况：死者，男，33 岁，被人泼洒浓硫酸致面部、胸部、腿部广泛性烧伤，7 天后死亡。

（2）阅片要点：镜下辨认肾组织结构，注意观察肾小管灶性凝固性坏死伴周围炎症细胞浸润，间质纤维结缔组织增多(图 11-10)。

（3）法医病理学诊断：肾小管坏死。

3. 来苏尔中毒者的小肠

（1）基本情况：死者，女，25 岁，口服来苏尔约 200 mL，6 小时后死亡。

（2）阅片要点：镜下辨认小肠壁组织的结构，注意观察小肠黏膜层上 2/3～3/4 嗜酸性增强，组织形态保存但细胞结构消失，黏膜下层组织间隙增宽、水肿(图 11-11)。

（3）法医病理学诊断：小肠凝固性坏死。

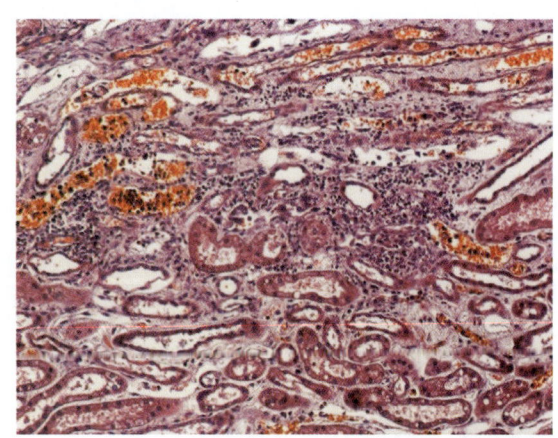

图 11-10 浓硫酸中毒引起肾小管坏死(HE 染色,100×)

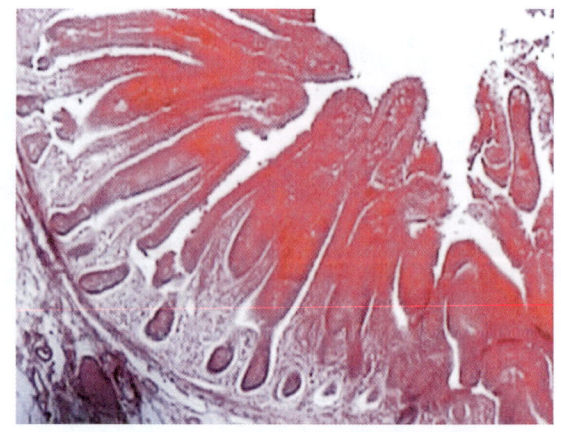

图 11-11 来苏尔中毒引起小肠黏膜凝固性坏死
(由华中科技大学同济医学院法医学系
黄光照教授提供,HE 染色,40×)

4. 液氨中毒者的肺

（1）基本情况：死者，男，31 岁，因液氨泄露中毒，6 天后死亡。

（2）阅片要点：镜下辨认肺组织结构，注意观察肺泡腔内大量中性粒细胞聚集，并伴有灶性出血，部分肺泡壁坏死，呈均质、强嗜酸性改变(图 11-12)。

（3）法医病理学诊断：坏死性支气管肺炎。

5. 盐酸中毒者的气管

（1）基本情况：死者，男，40 岁，因工业事故致盐酸泄露，吸入大量盐酸酸雾，皮肤被盐酸烧伤，5 小时后死亡。

（2）阅片要点：镜下辨认气管结构（注意软骨成分），气管黏膜层脱落、缺失，黏膜下层小血管扩张、充血，血管周围出血（图11-13）。

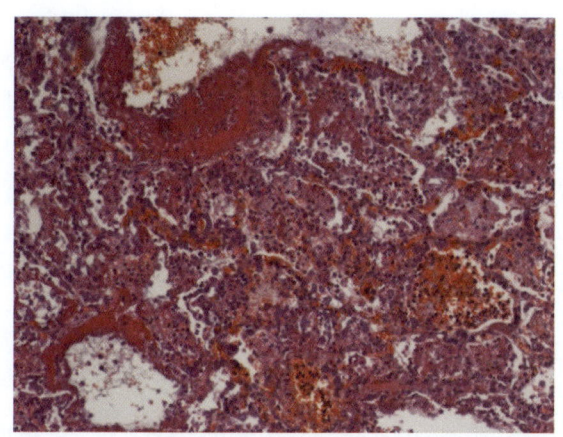

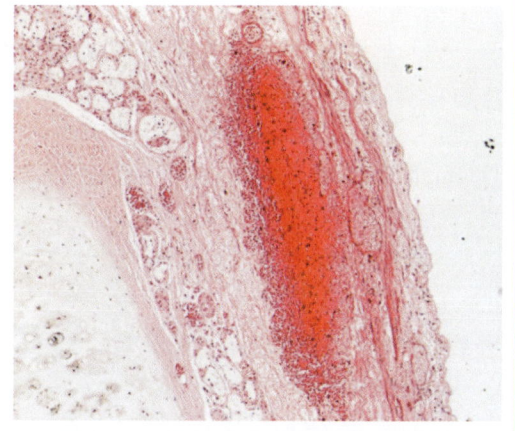

图 11-12　液氨中毒引起坏死性支气管肺炎（HE 染色，100×）　　　图 11-13　气管充血、出血（HE 染色，40×）

 案例实践学习

【案例 11-1】

1. 案情摘要　死者陈某，女，49 岁，因阴道流血，先后在两家大医院就诊，均诊断为"子宫肌瘤"，建议出血停止后手术治疗。陈某因悲观情绪日重，曾有自杀的念头，某日上午 11 时半，其丈夫有事外出，半小时后其女儿放学回家，见陈某仰卧在床上，口鼻腔流出污黄色液体，右手握有一搪瓷口杯，内有少量黄色液体，急送附近医院，经检查已经死亡。

2. 法医学检查

（1）尸表检查：死后 17 小时尸检，见顶枕部头发呈团状脱落，有滑腻感。口鼻周围及面颊部皮肤呈污黄褐色，口唇黏膜肿胀，呈污黄褐色。口周、额部及颈部两侧见流注状暗紫红色瘢痕；眉毛部分溶解、脱落，呈稀疏状。两手掌皮肤有黄色瘢痕。双眼睑、球结膜腐蚀脱落，角膜高度混浊，两眼角巩缘处破裂穿孔，玻璃体及晶状体脱出。舌及齿龈亦为黑色，部分齿龈黏膜腐蚀溶解而露出牙根。用 pH 试纸测腐蚀区，pH 值为 14。

（2）解剖检查及组织病理学检查：左侧胸腔有 500 mL 混浊血性液体，其上浮有脂滴及食物残渣；右侧胸腔有 100 mL 同样性质的液体。心脏肉眼观无明显异常，镜下示心肌间质淤血、水肿。左肺下叶肺膜呈污黑色，切面淤血。左侧胸后壁软组织坏死，呈污红褐色，部分肋骨裸露，肋间神经游离。纵隔内软组织溶解坏死。会厌、喉及气管软组织部分溶解，软骨裸露，食管几乎溶解消失，仅有 5 cm 残端可见。左侧腮肌有 2 处穿孔，大小分别为 9 cm×5 cm 和 5 cm×2 cm。

胃底部见巨大缺损，贲门消失；胃内容物流入胸腔。残存的胃壁菲薄，呈污黑褐色，有滑腻感。胃内容物呈黑色流质，可见食物残渣。镜检见胃壁各层坏死。部分残存的黏膜和浆膜上有褐色颗粒。小肠黏膜呈污红色，部分脱落，镜检见广泛坏死。肝脏及脾脏表面部分呈污黑色，镜下见灶性出血。胰腺周围出血；大网膜坏死呈污黄绿色。肾淤血；子宫未见肿瘤及其他异常。

（本案例由华中科技大学同济医学院法医学系提供）

引导问题：

（1）根据案情，考虑哪些死因？
（2）案情调查及现场勘查时应注意收集哪些资料和证据？
（3）尸体检查中有哪些具有特征性的征象？这些征象提示哪类、哪种毒物中毒？
（4）毒物分析时应取什么检材？
（5）如何分析本案的死亡方式？

案例解析 11-1

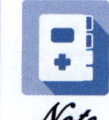

Note

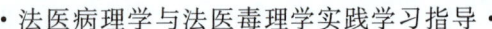

【案例 11-2】

1. 案情摘要　死者,张某,男,40 岁。某年 4 月 29 日凌晨 4 时,张某与其女友发生争执,被女友泼硫酸致头面部及上身躯干烧伤,急送当地医院进行抢救治疗,因抢救无效于 4 月 30 日 10 时死亡。

2. 法医学检查

(1) 尸表检查:4 月 30 日当地公安分局法医对张某的尸体进行了法医学尸体检查。体表检查见颜面部、左颞部呈Ⅲ度烧伤,黑色皮革样变;颈部正中见纵行 6 cm 气管切开手术创口,颈部及项部见Ⅲ度烧伤,呈黑色皮革样变;双肩部、胸部及颈背部见Ⅲ度烧伤,呈黑色皮革样变;腹部正中有大小 19 cm×11 cm Ⅲ度烧伤,呈黑色皮革样变;腰部见大小 19 cm×11 cm Ⅲ度烧伤流注状,表面见黄褐色焦痂形成;双上肢全部Ⅲ度烧伤,呈黑色皮革样变;双足背点片状Ⅲ度烧伤,呈灰白色改变;全身烧伤面积占体表总面积的 40%。余未见明显异常。

(2) 解剖检查:头皮下无血肿,颅骨未见骨折,左颞顶部见 12 cm×9 cm×4 cm 硬膜下血肿,脑水肿明显,颅底未见骨折。余未见异常。

(3) 组织病理学检查:

a. 脑重 1530 g,双侧小脑扁桃体及海马沟回见明显脑疝形成,左枕叶见大小 6 cm×3.5 cm 蛛网膜下腔出血,脑各切面及脑室系统未见异常,镜下见脑重度淤血、水肿,左枕叶蛛网膜下腔出血。

b. 心重 390 g,左心室壁厚 1.6 cm,右心室壁厚 0.4 cm。右心室见鸡脂样凝血块,右心室心尖部大量脂肪组织浸润。主动脉根部见散在黄色粥样斑块,冠状动脉左主干开口处见Ⅲ级粥样硬化斑块,左前降支距分叉处 0.4 cm 见Ⅱ级粥样硬化斑块,左旋支距分叉处 0.5 cm 见Ⅲ级粥样硬化斑块,右主干距开口处 1 cm 见Ⅱ级粥样硬化斑块。镜下左、右心室及乳头肌灶性心肌纤维肥大,乳头肌灶性纤维结缔组织增生。

c. 右肺重 520 g,肉眼观右肺中、下肺叶之间有粘连。镜下见肺淤血,部分肺泡塌陷、间隔离断,部分细小支气管周围灶性炎症细胞浸润。

d. 肝组织块重 200 g,肉眼观表面及切面未见明显异常。镜下见汇管区纤维组织增生,增生的纤维结缔组织中见血吸虫虫卵沉着和以淋巴细胞为主的炎症细胞浸润,肝细胞灶状水变性及脂肪变性。

e. 脾重 100 g,大小为 10.5 cm×6.0 cm×3.5 cm,肉眼观表面未见明显异常,切面淤血。镜下见脾淤血,脾细小动脉硬化。

f. 右肾重 160 g,肉眼观表面及切面未见明显异常。镜下见肾间质淤血,肾小管腔内见较多红细胞及蛋白管型。

g. 胰腺组织块重 80 g,肉眼观及镜下未见明显异常。

(本案例由华中科技大学同济医学院法医学系提供)

引导问题:

(1) 根据尸检所见及组织病理学检查结果,列出法医病理学诊断。

(2) 根据材料,如何分析死者的死亡原因?

(3) 该案例给你哪些启示?

案例解析
11-2

【案例 11-3】

1. 案情摘要　死者,蔡某,女,22 岁。某年 9 月 19 日 20 时许,蔡某在某小区西墙外被携带硫酸的李某拦截。李某将硫酸朝蔡某身上泼洒。蔡某头面部及上身大面积严重灼伤。其后李某用面包车将蔡某送往当地医院抢救,经抢救无效,蔡某于当年 9 月 28 日(伤后第九天)11 时死亡。

2. 病历资料　入院日期:9 月 19 日 20:50。死亡日期:9 月 28 日 11:45。入院时情况:患者以"硫酸烧伤全身多处伴疼痛、呼吸困难 1 小时"为代主诉入院。患者 1 小时前被他人用硫酸烧伤,致伤头面颈部、前后躯干、双侧上下肢等处,使双目失明,双耳干性坏死,自诉咽下硫酸(剂量不详),烧伤后神志模糊,伴有呼吸困难,声音嘶哑,心慌,胸闷,呕吐大量咖啡色物;院外具体治疗不详,为进一步治疗,急来我院就诊,门诊医师以"①全身多处烧伤(硫酸),40%,Ⅲ度;②休克(重度);③消化道烧伤;④吸入性损伤"

Note

收入科,入科时全身有大量硫酸刺激性气味,入科后神志模糊,精神差,大小便未排。入院查体:T 36.0℃,P 84 次/分,R 20 次/分,BP 110/98 mmHg,体重 55 kg。发育正常,营养中等,神志模糊,精神差,被推入科,口渴明显,头发、鼻毛及眉毛均已经烧毁,指端凉,周围循环差。全身皮肤黏膜无黄染、皮疹和坏死斑(除烧伤创面外),全身浅表淋巴结无肿大,头颅五官发育正常,眼球活动度消失,结膜苍白,两侧瞳孔固定,对光反射消失。耳廓干性坏死,外耳道通畅,无异常分泌物,乳突压痛。鼻部干性坏死,口腔有刺激性气味,口唇干燥。口腔黏膜苍白,声音嘶哑。专科检查:创面分布于头面颈部、四肢,创面肿胀明显,面部严重畸形,头面颈部烧伤严重,基底部焦黄,双目失明,双耳及鼻部已干性坏死,口唇干燥,声音嘶哑,创面污染,面积 40%,Ⅲ度。入院诊断:全身多处烧伤(硫酸),40%,Ⅲ度;休克(重度);消化道烧伤;吸入性损伤。治疗经过:入院后积极补液,抗休克,给予维持水电解质平衡、保护内脏等药物治疗,急诊下行气管切开术。术后给予积极补液抗休克,吸氧,抗感染,保护肝肾功能,营养心肌,维持电解质平衡及营养支持治疗。在治疗期间出现柏油样便考虑为消化道出血,随后出现急性肾衰竭。于 9 月 28 日 10 时 48 分出现心搏、呼吸骤停,经抢救于 9 月 28 日 11 时 45 分患者呼吸、心跳仍未恢复,宣布临床死亡。

医院血常规检查 WBC:9 月 19 日、21 日、22 日、24 日、25 日、26 日和 27 日分别为 24.3×10⁹/L、31.7×10⁹/L、20.0×10⁹/L、14.8×10⁹/L、19.4×10⁹/L、24.9×10⁹/L、37.2×10⁹/L。肝功能:9 月 21 日、22 日、25 日、26 日和 27 日 ALB 分别为 34.5 g/L、30.7 g/L、34.1 g/L、30.7 g/L、30.2 g/L。血糖:9 月 22 日和 26 日分别为 7.7 mmol/L 和 9.1 mmol/L。肾功能:9 月 24 日、25 日、26 日和 27 日 BUN 分别为 30.8 mmol/L、58.8 mmol/L、61.2 mmol/L、63.1 mmol/L。

3. 法医学检查

(1)尸表检查:9 月 28 日 16 时,当地公安局法医对蔡某的尸体进行了法医学尸体检验。尸长 158 cm,发育正常,营养一般,尸斑不明显,尸僵未形成,双耳廓烧灼、变形,整个颜面部、颈前、两乳以上胸部及双肩褐色皮革样变,检查中见皮肤部分炭化、脱落、真皮裸露。颈前有一 1.5 cm 创口(气管切口),可见泡沫状血性液渗出。项部、整个背部(双侧腋前线)、臀部以上皮革样变。左上肢大部分烧灼伤,皮革样变。右上臂前内侧 19 cm×13 cm 皮革样化(有黄色药物附着)。右前臂及手背见 26 cm×12 cm 皮革样化。臀部以下双下肢可见多处片状(不规则)皮革样化,大者 8 cm×8 cm,小者为 3.5 cm×3.0 cm。右小腿中下段前可见 1.0 cm×0.5 cm 和 1.2 cm×1.0 cm 的皮下出血。左足背部可见 14.0 cm×8.5 cm 烧灼伤。双手掌皮肤皱缩、脱落(部分)。

(2)解剖检查:咽喉黏膜后壁黏膜下出血。心脏外观正常,心包腔可见积液,量约 35 mL。胃内可见 50 mL 红色液体。余脏器未见明显异常。

(3)组织病理学检查:

a.脑重 1300 g,表面及切面未见损伤和出血。镜检见各部脑组织淤血、水肿,有的血管内可见较多的中性粒细胞聚集。

b.左、右肺分别重 900 g、980 g,表面观见少量出血斑点,切面观见肺淤血、出血,部分肺组织见实变病灶、质硬,有的部位边缘见轻度肺气肿。镜检见肺重度淤血,有的血管腔内可见较多中性粒细胞聚集,肺轻度水肿,灶片状出血;有的部位可见细小支气管及周围肺泡壁、肺泡腔内炎症细胞浸润,以中性粒细胞为主,部分肺泡腔内见少量纤维素渗出,有的肺泡内见透明膜形成;部分肺泡间隔断裂,肺泡腔融合、扩张;肺膜下及支气管旁可见少量炭末沉着,间质纤维结缔组织轻度增多。

c.心重 240 g,左、右心室壁分别厚 1.1 cm 和 0.3 cm;各心腔大小未见异常。各心瓣膜未见异常;冠状动脉检查:冠状动脉呈均势型,开口未见异常,各主要分支均未见明显狭窄病变。镜检见心肌纤维灶性断裂,心肌间质小血管扩张、淤血,间质纤维结缔组织轻度增多,左乳头肌心肌间质见较多的中性粒细胞浸润。

d.肝组织块重 1000 g,表面未见明显异常,切面淤血。镜检见肝窦扩张、淤血,肝细胞索断裂,肝细胞萎缩,有的肝细胞坏死,伴较多中性粒细胞浸润,病变以小叶中央带和中间带显著,有的相邻 2～3 个肝小叶的病变相连成片,部分肝细胞内可见少量圆形小空泡。

e. 脾重 160 g，大小为 10 cm×7 cm×5 cm，表面未见异常，切面淤血。镜检见脾淤血，中央动脉管壁轻度增厚、玻璃样变性。

f. 双肾重 400 g，肾包膜易剥离，切面皮质厚 0.4 cm；镜检见间质小血管淤血，小血管腔内见较多的中性粒细胞，近曲小管上皮细胞轻度自溶，有的肾小管上皮坏死，伴少量中性粒细胞浸润。

g. 胰表面及切面未见异常，镜检见胰轻度自溶。

h. 喉头及周围软组织轻度出血，镜检见喉头间质血管轻度淤血，灶性出血，有大量中性粒细胞浸润。

i. 甲状腺表面及切面见被膜下轻度出血。镜下甲状腺滤泡内胶质丰富，被膜下可见大量中性粒细胞浸润和散在出血灶。

（本案例由华中科技大学同济医学院法医学系提供）

案例解析
11-3

引导问题：

（1）根据尸检所见及组织病理学检查结果，列出法医病理学诊断。

（2）如何分析死者的死亡原因和死亡机制？

（3）比较此案例与案例 11-2 的异同点。

本章实践操作注意要点

1. 怀疑为腐蚀性毒物中毒者，尸检时应注意个人防护，可借助试纸初步判断毒物酸碱性，毒化检材采用合适的容器盛装。

2. 死后"自家消化"有时可造成胃穿孔，易与腐蚀性毒物中毒混淆，可通过全面的毒化检验、胃蛋白酶含量检测、穿孔处生化反应等仔细分辨。

（刘茜）

第十二章　金属毒物中毒

实践学习目标

1. 通过观察大体图片,掌握常见金属毒物中毒的肉眼观特征性表现。

2. 通过观察切片,掌握常见金属毒物中毒的镜下形态学特点。

3. 通过案例实训,掌握常见金属毒物中毒案件的分析思路,训练鉴定意见书中法医病理学诊断及死因分析的书写。

一、大体肉眼观

氯化汞中毒死亡者的胃、小肠　死者,男,41岁,口服矿泉水瓶中液体后,无明显诱因出现呼吸困难,喘憋明显,伴有大汗,时有胸闷,恶心、呕吐,呕吐物为水样物,2小时后死亡。尸检见胃黏膜层弥漫灰色改变;胃大弯近胃底处黏膜散在黑褐色腐蚀灶;胃壁切面弥漫灰褐色改变,胃壁增厚(图 12-1)。十二指肠及空肠上段管腔内见灰褐色内容物(图 12-2)。注意与其他金属毒物中毒者的胃黏膜表现相比较。

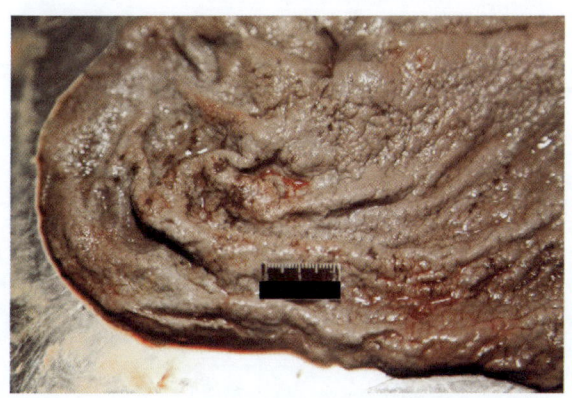

图 12-1　氯化汞中毒死亡者的胃大体观

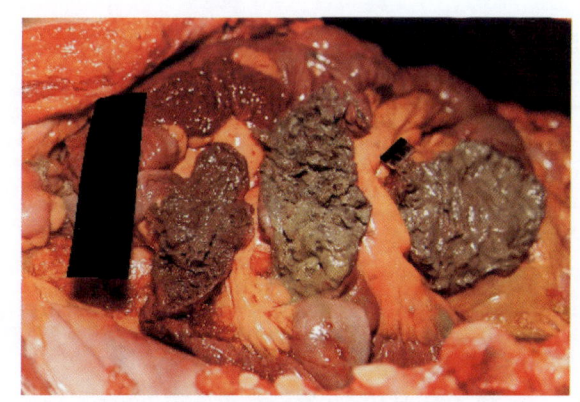

图 12-2　氯化汞中毒死亡者的小肠大体观

二、组织病理学切片

1. 氯化汞中毒死亡者的胃、小肠

(1)基本情况:死者,男,41岁,口服矿泉水瓶中液体后,无明显诱因出现呼吸困难,喘憋明显,伴有大汗,时有胸闷,恶心、呕吐,呕吐物为水样物,2小时后死亡。

(2)阅片要点:镜下辨认胃、小肠壁组织的结构,注意观察胃黏膜层坏死、出血,黏膜下层广泛水肿,血管扩张、淤血显著,并灶状、片状出血(图 12-3)。小肠黏膜层坏死、出血,黏膜下层广泛水肿,血管扩张、淤血显著,并灶状、片状出血,平滑肌疏松水肿(图 12-4)。

(3)法医病理学诊断:胃、小肠坏死、出血。

Note

图 12-4
数字切片

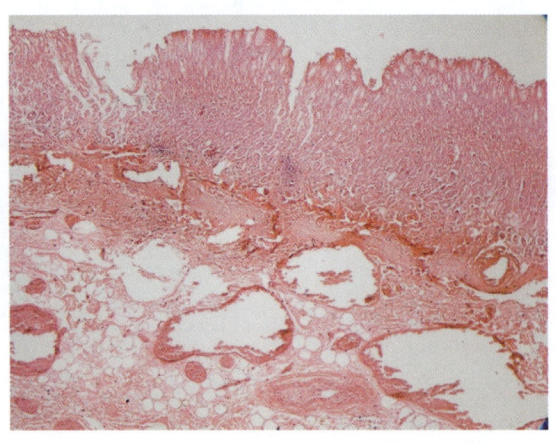

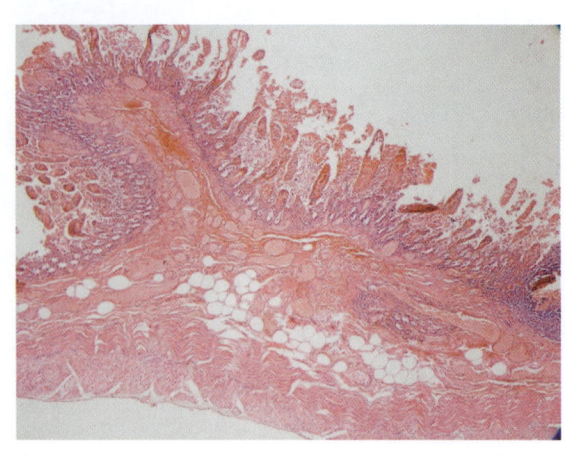

图 12-3　氯化汞中毒死亡者的胃(HE 染色,40×)　　　图 12-4　氯化汞中毒死亡者的小肠(HE 染色,40×)

2. 汞蒸气中毒死亡者的肺

(1) 基本情况:死者,男,56 岁,受雇为他人切割多年前用于碾碎(金)矿石的铁制碾盘(为收集黄金,在碾碎矿石时,会注入水银)。在电焊操作过程中,曾多次感觉身体不适,有恶心、咳嗽、气喘等症状,9天后死亡。

(2) 阅片要点:镜下辨认肺组织的结构,注意观察肺间质弥漫纤维组织增生,组织致密,肺泡间隔增宽,炎症细胞浸润,以中性粒细胞、淋巴细胞和巨噬细胞为主。肺泡上皮细胞大部分缺失,正常组织结构消失,伴有纤维母细胞增生。肺内小血管扩张、淤血(图 12-5)。

(3) 法医病理学诊断:间质性肺炎、肺组织纤维化。

图 12-5
数字切片

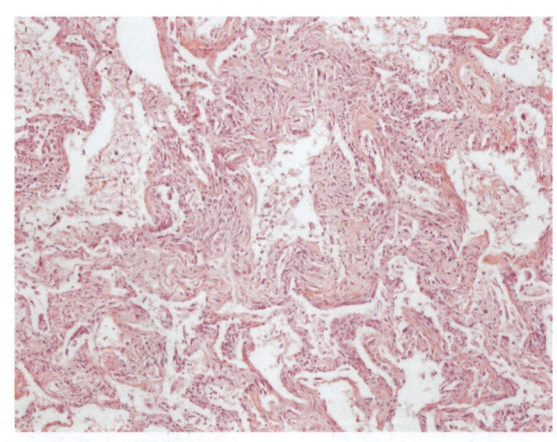

图 12-5　汞蒸气中毒死亡者的肺(HE 染色,100×)

3. 硫酸铜中毒死亡者的肝

(1) 基本情况:死者,女,25 岁,口服硫酸铜溶液 500 mL,4 天后死亡。

(2) 阅片要点:镜下辨认肝组织的结构,注意观察肝小叶结构尚清楚,肝细胞肿大,肝索不规整,肝血窦受挤压变窄。有的肝细胞核和细胞膜消失,均质染色,或浅染,伴有中性粒细胞浸润,以小叶中心为主(图 12-6)。

(3) 法医病理学诊断:灶状、片状肝坏死。

4. 硫酸铜中毒死亡者的肾

(1) 基本情况:死者,女,25 岁,口服硫酸铜溶液 500 mL,4 天后死亡。

(2) 阅片要点:镜下辨认肾组织的结构,注意观察肾小球毛细血管扩张,但含红细胞极少。肾近曲小管上皮大部分自溶,肾小管内可见较多颗粒管型,以远曲小管为主。间质疏松水肿(图 12-7)。

(3) 法医病理学诊断:肾小管腔内颗粒管型形成。

Note

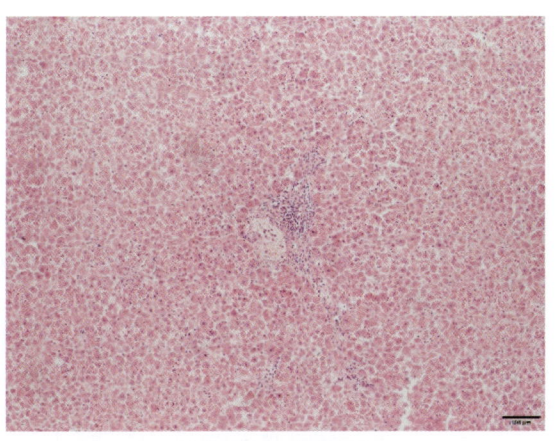
(a) HE染色（100×）

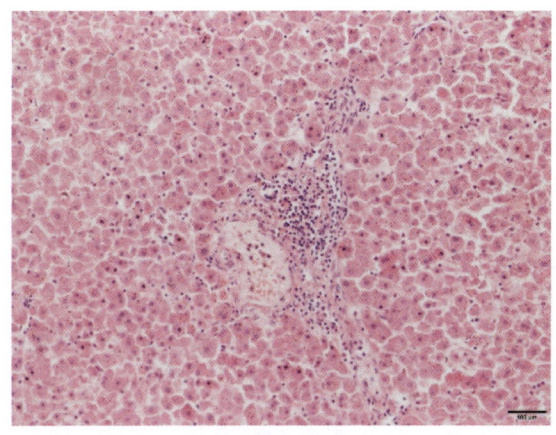
(b) HE染色（200×）

图 12-6　硫酸铜中毒死亡者的肝

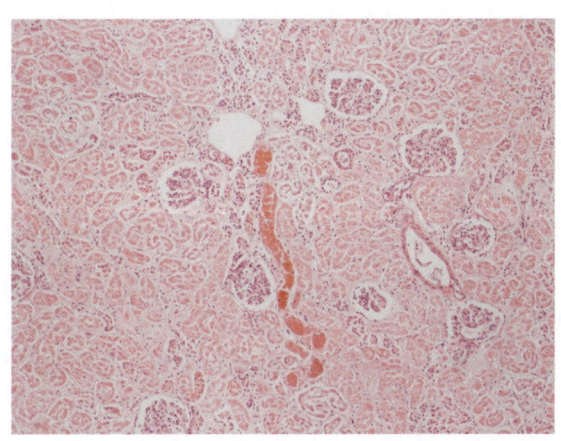

图 12-7　硫酸铜中毒死亡者的肾（HE 染色,100×）

案例实践学习

【案例 12-1】

1. 案情摘要　死者,男,41 岁,某日晚 21 时许,同朋友到某镇办事,其在中途下车小便,回到车上食用面包、饮用矿泉水后自感晕车,朋友将其送到某县医院治疗。到医院后病情严重,有呕吐、憋喘明显等症状。经抢救效果欠佳,于次日凌晨死亡。

2. 病历摘要　入院时间:某日 22 时 40 分。主诉:呼吸困难伴咳血 30 分钟。入院简况:①中年男性,既往有脂肪肝 2 年。②该患者朋友述 30 分钟前患者无明显诱因出现呼吸困难,喘憋明显,同时伴大汗,时有胸闷,恶心、呕吐一次,呕吐物为水样物。为治疗急来我院,于急诊患者再次出现恶心,随后咳出泡沫样血性物,呈鲜红色,量不多,在急诊抽血查心肌酶及肌钙蛋白后收入 ICU 病房。入科以来患者神清,时有烦躁,问话能答,周身湿冷,散在花斑纹,朋友述说患者一天来未进食,30 分钟前曾进食一块面包,喝过几口水,病后一般状态差。③查体:体温测不出,P 73 次/分,R 21/分,BP 194/129 mmHg,SO₂ 98%。神志清,言语成句,时有躁动,查体欠合作,口唇周围可见血性分泌物。腹部肌紧张,压痛(±),肝脾未及,双下肢无浮肿,肌力四级,肌张力正常,周身湿冷,散在花斑纹,四肢末梢发绀明显,双侧Babinski 征(一)。④辅助检查:窦性心律,心肌酶及肌钙蛋白待回报。入院诊断:a. 呼吸困难原因待查,b.肺栓塞的可能性大,c. 主动脉夹层? d. 急性心肌梗死? e. DIC? f. 多器官功能障碍综合征。抢救经过:患者于心电监护及吸氧中烦躁加重,呼吸困难加重,血氧下降,SO₂ 80% 左右,呼吸频率减慢,状态差,周身散在花斑纹明显,但能言语,随之出现意识不清,唤之不应,刺激反应差,立即向家属交代病情,建议给予气管插管及呼吸机辅助通气,插管后患者自主呼吸无,血压测不出,血氧不升,心电监护示室颤

Note

室速,给予去甲肾上腺素及大剂量多巴胺维持血压,于 23:30 患者心率下降,38 次/分,经注射抢救药物及胸外按压等抢救约 40 分钟后观察患者意识仍无,自主呼吸无,血压不升,血压 44/22 mmHg,瞳孔散大固定,对光反射无,大动脉搏动触不到,患者心电图示直线,再次向家属交代病情,患者抢救无意义,宣布患者临床死亡。

3. 法医学检查

(1) 尸表检查:死后 12 天尸检,口腔内可见少量淡紫红色黏液,口周有流注痕。左下腹部呈青紫色变,大小为 2.5 cm×2 cm,中间可见一处注射针痕,切开见脂肪层灶状出血,直径 0.1 cm,对应处腹膜未见异常。

(2) 解剖检查:双侧胸腔可见少量暗红色液体。食管黏膜灰褐色。右下腹部肠管与腹壁粘连。腹腔内可见少量紫红色液体。胃内含有 100 mL 灰褐色冰晶样胃内容物,其内是一片状不规则形白色物体,质地较脆。胃壁质地变硬,黏膜层弥漫灰色改变。胃大弯近胃底处黏膜散在黑褐色腐蚀灶,范围 6 cm×4 cm。胃壁切面弥漫灰褐色改变,胃壁增厚。剖开十二指肠、空肠及回肠,十二指肠及空肠上段管腔内见灰褐色内容物,性状与胃内容物相似,未见有形成分。空肠下段及回肠管壁内见淡红色肠内容物。空肠下段肠壁呈紫红色改变。

(3) 组织病理学检查:

a. 脑:重 1492 g。脑质软。全脑弥漫血红蛋白浸润。蛛网膜下腔血管扩张、淤血,脑回结构清晰。脑底血管结构完整,管壁未见异常。大脑、小脑及脑干各切面未见异常。镜下见大脑蛛网膜下腔血管扩张、淤血。皮质区神经细胞、胶质细胞、小血管周围间隙增宽,神经细胞尼氏体消失,白质区疏松,小静脉扩张、淤血。小脑蛛网膜下腔血管扩张、淤血,皮质各层结构尚清,颗粒细胞排列致密,蒲氏细胞尼氏体消失,小脑白质及脑干疏松,小血管扩张、淤血。

b. 心:重 543 g。心肌轻度脂肪浸润,血红蛋白浸染。镜下见心外膜下小血管扩张、淤血。冠状动脉内膜轻度增厚,管腔通畅。心肌纤维横纹不清,呈波浪状排列。心肌间质小静脉扩张、淤血,小动脉管壁略增厚。

c. 肺:左肺重 613 g,右肺重 752 g,肉眼观表面及切面未见异常。镜下见肺内支气管黏膜上皮脱落,与黏液混存,充塞管腔,部分支气管周围散在淋巴细胞浸润。部分腔内充满均质粉染水肿液。肺间质小静脉扩张、淤血。

d. 肝:重 1340 g,肉眼观表面及切面未见异常。镜下见肝小叶结构尚清,部分肝细胞胞质内含有大小不等的空泡,以小叶中心为明显,部分肝细胞胞质呈颗粒状。肝血窦扩张、淤血。汇管区可见大量淋巴细胞浸润,小静脉扩张、淤血,小动脉管壁增厚。

e. 脾:重 203 g,肉眼观表面及切面未见异常。镜下见脾小梁、小结结构尚清。白髓散在,中央动脉及小梁动脉管壁增厚,透明变性。红髓脾窦扩张、淤血。

f. 胰腺:重 94 g,肉眼观表面及切面未见异常。镜下见腺叶可见,腺泡细胞自溶,结构不清。间质血管扩张、淤血。

g. 肾:左肾重 138 g,右肾重 134 g,肉眼观表面及切面未见异常。镜下见肾小球呈分叶状。肾小管上皮自溶,结构不清。间质小静脉扩张、淤血,小动脉管壁增厚、硬化。

h. 肾上腺:皮质各带结构尚清,腺细胞自溶,束状带富含脂质,髓质血窦扩张、淤血。

i. 胃、肠:胃黏膜层坏死、出血,黏膜下层广泛水肿,血管扩张、淤血显著,并灶状、片状出血,平滑肌疏松水肿,呈波浪状排列,肌间小血管扩张、淤血。小肠黏膜层坏死、出血,黏膜下层广泛水肿,血管扩张、淤血显著,并灶状、片状出血,平滑肌疏松水肿。结肠黏膜层自溶,结构不清,黏膜下层可见少量淋巴细胞浸润,肌层呈波浪状排列。

j. 甲状腺:滤泡内含有胶样物,间质血管扩张、淤血。

k. 皮肤(腹部):表皮及真皮结构完整,皮下脂肪层内片状出血,血管扩张、淤血。

(4) 毒物、药物分析检验:对送检的心血、尿和胃内容物进行毒物药物分析检验,结果如下。

a. 胃内容物中检出氯化汞,浓度 982 μg/g。心血和尿中未检出氯化汞。

b. 心血、尿和胃内容物中未检出其他常见毒物。

（本案例由中国医科大学法医学院提供）

引导问题：

（1）根据尸检所见及组织病理学检查结果，列出法医病理学诊断。

（2）根据材料，如何分析死者的死亡原因？

（3）该案例给你哪些启示？

本章实践操作注意要点

1. 怀疑口服金属毒物中毒者，尸检时应注意观察胃内容物的性状、颜色及胃黏膜情况。

2. 有时利用金属毒物小剂量多次投毒或胃肠外途径投毒，案件隐匿性强，须引起法医工作者的重视。

（于浩 张国华）

第十三章 脑脊髓功能障碍性毒物中毒

实践学习目标

1. 通过观察大体图片，掌握常见脑脊髓功能障碍性毒物中毒的肉眼观特征性表现。
2. 通过观察切片，掌握常见脑脊髓功能障碍性毒物中毒的镜下形态学特点。
3. 通过案例实训，掌握常见脑脊髓功能障碍性毒物中毒案件的分析思路，训练鉴定意见书中法医病理学诊断及死因分析的书写。

一、大体肉眼观

1. 急性乙醇中毒死者胃黏膜点状出血 死者，男，50 岁，与其他 7 人共喝了近 1 斤泸州老窖（52 度），4 小时后死亡，尸检见胃黏膜散在点状出血（图 13-1）。

2. 口服地西泮中毒死者肺浆膜下点状出血 死者，女，33 岁，被发现死在室内床上。经现场勘查，床上有 6 张遗书，电脑里也有类似的文字记载；餐桌上有两个"地西泮"药瓶，一瓶已空，另一瓶内残留 8 片。尸检见肺被膜下多发散在点状出血（图 13-2）。

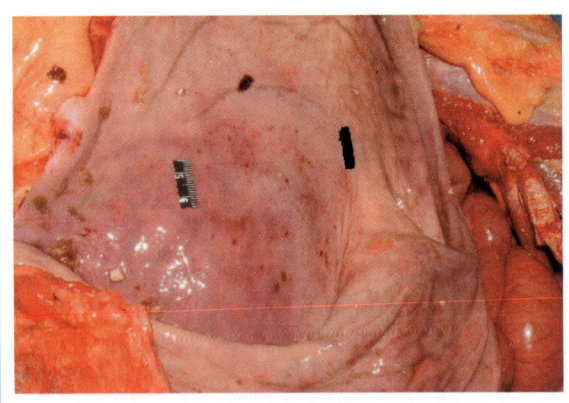

图 13-1 急性乙醇中毒死者胃黏膜点状出血

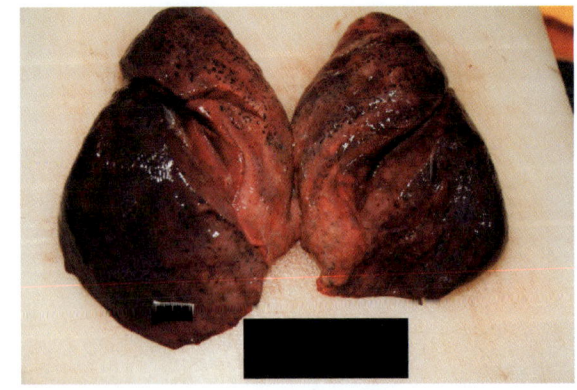

图 13-2 口服地西泮中毒死者肺浆膜下点状出血

3. 口服去痛片中毒死者胃内残留药片 死者，女，23 岁，口服大量去痛片后死亡。尸检见胃底黏膜片状紫黑色改变（图 13-3（a）），黏膜表面附有棕褐色及白色细颗粒粉末状物（图 13-3（b））。

二、组织病理学切片

1. 甲醇中毒死亡者的脑

（1）基本情况：死者，男，33 岁，某日与朋友聚会喝了两杯白酒，次日感觉难受，3 日后死亡。

（2）阅片要点：镜下辨认脑组织的结构，注意观察豆状核实质内弥漫性出血，出血部位神经细胞坏死，细胞轮廓不清，周边部血管管壁变性、坏死，散在小血管周围出血（图 13-4）。

（3）法医病理学诊断：大脑豆状核出血、坏死。

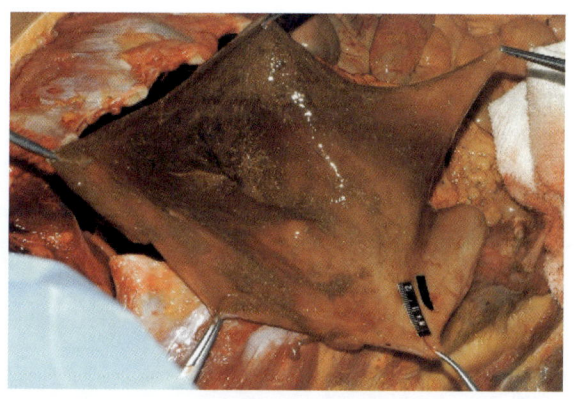

(a) 胃黏膜紫黑色改变　　　　　　　　　　　　　(b) 胃内残留药片

图 13-3　口服去痛片中毒死者胃大体观

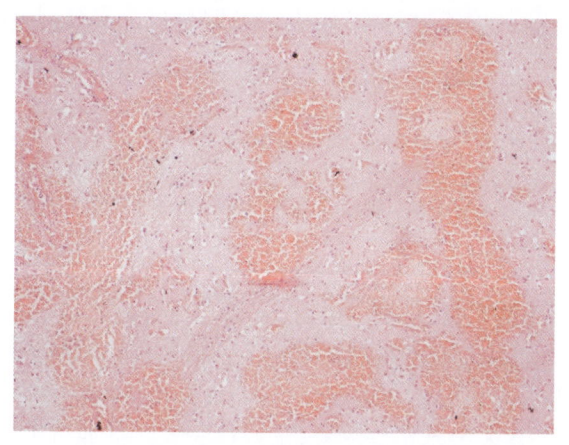

图 13-4　甲醇中毒死亡者的脑（HE 染色，100×）

图 13-4
数字切片

2. 奋乃静中毒死亡者的肝

（1）基本情况：死者，女，60 岁，以"胡言乱语 10 年，加重伴行为冲动半年"入精神病院。入院后即开展精神科药物治疗及辅助治疗，给予奋乃静等药物口服，3 个月后死亡。

（2）阅片要点：镜下辨认肝组织结构，注意观察肝血窦扩张、淤血，肝索排列整齐。散在肝细胞灶状崩解、坏死，淋巴细胞浸润，主要分布在肝小叶中央静脉周围，部分肝细胞内可见大小不等的空泡形成，部分胞核被挤至边缘。汇管区散在淋巴细胞浸润（图 13-5）。

（3）法医病理学诊断：肝细胞灶状坏死。

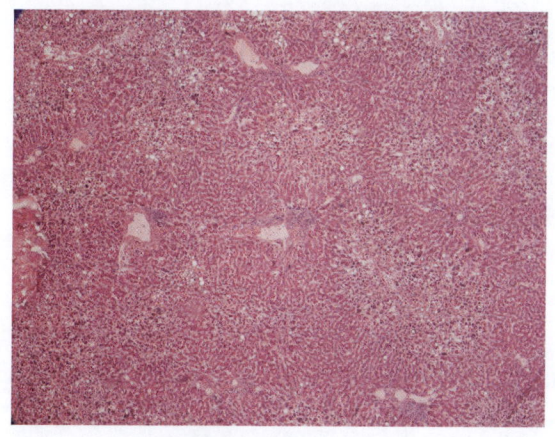

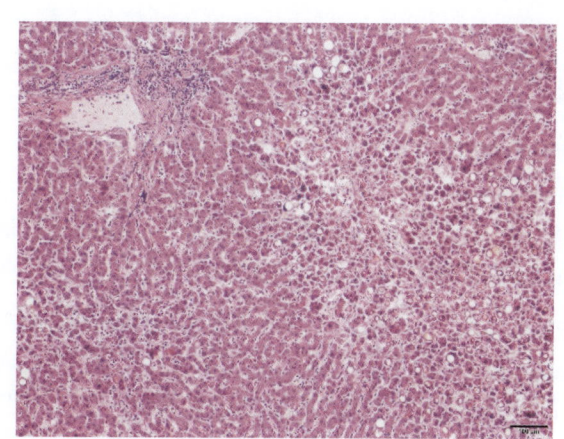

(a) 肝切片（HE染色，40×）　　　　　　　　　　(b) 肝切片（HE染色，100×）

图 13-5　奋乃静中毒死亡者的肝

案例实践学习

【案例 13-1】

1. 案情摘要　死者,男,56 岁,某日 16 时 30 分许,在家里因"头晕、恶心",找来医生看病。医生给予患者静脉滴注银杏达莫注射液 4 支。滴注到一半时,患者恶心、呕吐,腿抽筋。约 18 时,静脉滴注结束。患者出现周身不适、腿抽筋等,立即呼叫 120,并送医院。22 时许,经抢救无效,患者死亡。对照药品:银杏达莫注射液 6 支。三个酒样:①号散白酒、②号散白酒、③号啤酒。

2. 病历摘要　入院日期:某日 20 时 17 分。主诉:头晕、恶心、呕吐 1 天,呼吸困难、胸背部疼痛 40 分钟。现病史:该患于晨起时无诱因出现头晕、恶心、呕吐 2 天(呕吐物为胃内容物),非喷射性,无视物旋转,无肢体活动障碍。于 16 时 50 分请"乡村医生"出诊。诊断"脑供血不足",给予"银杏达莫注射液"。静脉滴注结束 10 余分钟后,患者自觉周身不适,呼吸困难,胸背部、后腰部疼痛,急呼 120,转至我院。既往史:酗酒史。查体:P 25 次/分,R 25 次/分,BP 139/90 mmHg。神志恍惚,烦躁不安,呼吸急促,口唇部及周身皮肤青紫,颜面潮红,光反射迟钝,心音低钝,双肺呼吸音粗。辅助检查:头部、胸部 CT 示慢性脑梗死、肺炎、脂肪肝。处理:立即给予吸氧、监测生命体征,地塞米松 10 mg 静注。患者突发抽搐、呼吸不规则,立即给予心肺复苏、胸外心脏按压等抢救治疗。抢救约 100 分钟后,于 22 时 25 分患者临床死亡。

3. 法医学检查

(1) 尸表检查:躯干四肢散在小灶状皮肤表皮剥脱和皮下出血。

(2) 解剖检查:双肺切面质地实,含液量丰富,以双肺下叶为重。

(3) 组织病理学检查:

a. 脑:重 1440 g。镜下见脑组织散在冰晶裂隙形成,蛛网膜下腔及脑内血管扩张、淤血,部分小动脉管壁轻度增厚。神经细胞尼氏体消失或膜下积聚,脑组织散在小软化灶形成。白质纤维髓鞘脱失。胶质细胞轻度增生,神经细胞、胶质细胞和小血管周围腔隙增大。小脑皮质蒲氏细胞肿胀,胞质尼氏体消失或膜下积聚,颗粒细胞浓染;脑干神经细胞肿胀。

b. 心:重 439 g。镜下见局部被膜下灶状出血。心外膜下和心肌间质小静脉扩张、淤血,冠状动脉内膜轻度增厚。心肌纤维嗜伊红染色增强,部分横纹不清,部分心肌纤维波浪变。心肌间质疏松,纤维组织轻度增生,小动脉管壁轻度增厚。

c. 肺:左肺重 852 g,大小为 28 cm×18.5 cm×3.5 cm;右肺重 1131 g,大小为 30 cm×20 cm×4.6 cm。镜下见浆膜结构未见异常。肺内小血管和肺泡壁毛细血管扩张、淤血。肺内支气管黏膜上皮脱落。肺泡腔扩张,含有大量均质粉染水肿液。

d. 肝:重 1965 g。镜下见肝内小血管和肝血窦扩张、淤血,肝小叶结构清,肝细胞肿胀,含有较多空泡;汇管区疏松,小动脉管壁轻度增厚,呈肝细胞脂肪变性改变。

e. 脾:重 324 g。镜下见脾内小血管和红髓血窦扩张、淤血,白髓小结构清,小梁动脉和中央动脉管壁轻度增厚。

f. 肾:左肾重 206 g,右肾重 194 g。镜下见肾内小血管和肾小球毛细血管扩张、淤血,小动脉管壁轻度增厚。散在肾小球纤维化,肾小管上皮细胞自溶。

g. 胰腺:重 168 g。镜下见腺叶轮廓尚清,腺细胞自溶。

h. 肾上腺:镜下见皮质各层结构清晰,腺细胞肿胀。血窦扩张、淤血。

i. 胃、肠:镜下见黏膜上皮大部分自溶。

j. 甲状腺:镜下见滤泡内富含胶样物,间质血管扩张、淤血。

k. 喉头、气管:镜下见黏膜下散在少量炎症细胞浸润,以淋巴细胞为主,未见嗜酸性粒细胞浸润。

(4) 毒物、药物分析检验:提取死者心血进行银杏达莫注射液中双嘧达莫的含量测定和常规毒物药物筛查,结果如下。

①心血中检出双嘧达莫(银杏达莫注射液中有效成分),含量为 0.1 μg/mL。

②心血中未检出常见毒物。

(5) 乙醇、甲醇检验：提取死者心血、尿和胃内容物进行酒精(乙醇)、甲醇检验,对送检的①号散白酒、②号散白酒、③号啤酒酒样和银杏达莫注射液进行乙醇(酒精)、甲醇检验,结果如下。

a. 心血、尿液、胃内容物中均未检出乙醇。①号散白酒中乙醇含量为 43.1 g/100 mL；②号散白酒中乙醇含量为 41.8 g/100 mL；③号啤酒中乙醇含量为 4.6 g/100 mL。银杏达莫注射液中未检出乙醇。

b. 心血中甲醇含量为 125.9 mg/100 mL,尿液中甲醇含量为 151 mg/100 mL,胃内容物中甲醇含量为 133 mg/100 g。①号散白酒、②号散白酒、③号啤酒、银杏达莫注射液中均未检出甲醇。

(本案例由中国医科大学法医学院提供)

引导问题：

(1) 根据尸检所见及组织病理学检查结果,列出法医病理学诊断。

(2) 根据材料,如何分析死者的死亡原因？

(3) 该案例给你哪些启示？

案例解析
13-1

【案例 13-2】

1. 案情摘要　死者,女,36 岁。患有银屑病(牛皮癣)13 年,在一女子家中曾经治疗过三次。第三次治疗时间为 10 月 2 日。治疗方法为将高度白酒倒于棉花上敷于患处,后用保鲜膜将裹住棉花的皮肤包住。患者于 10 月 2 日晚间至 10 月 3 日上午昏迷。10 月 3 日 13 时许,经急救人员确认,患者已死亡。

2. 法医学检查

(1) 尸表检查：周身皮肤呈弥漫紫红色变,伴有鳞屑形成,呈糠皮外观,以下胸部、侧胸部、腹部、项部、背部、腰部、双上臂、双下肢为重。骶尾部皮肤在 13 cm×5 cm 范围内散在灶状、片状表皮剥脱,呈紫红色变。左臀外侧在 10 cm×6 cm 范围内散在皮肤表皮剥脱、溃烂,紫红色。右臀外侧片状皮肤破溃、缺失,呈紫红色、暗褐色,大小为 6 cm×5 cm。

(2) 解剖检查：枕会厌襞水肿。双侧胸腔可见暗紫红色液体,左侧 100 mL,右侧 100 mL。心脏膈面左心室后壁散在心外膜下点状出血。双肺前部较苍白,背侧及双肺下叶血液坠积明显。双肺切面暗紫红色,质地较实,含液量多。胃黏膜皱襞展平,多发散在点状出血。

(3) 组织病理学检查：

a. 脑：重 1183 g。镜下见脑组织散在冰晶裂隙形成。蛛网膜和脑内血管扩张、淤血,神经细胞肿胀,尼氏体消失,细胞核淡染,脑组织疏松,以脑血管周围脑组织为重,呈筛网状。神经细胞、小胶质细胞和小血管周围间隙显著增大。白质区散在髓鞘脱失。小脑皮质蒲氏细胞肿胀,颗粒细胞部分溶解。脑干神经细胞肿胀,胞质尼氏体消失。

b. 心：重 248 g。镜下见心外膜下和心肌间质血管扩张、淤血,冠状动脉管腔通畅,管壁未见异常。心肌纤维嗜伊红染色增强,部分心肌纤维横纹不清,部分波浪变。心肌间质疏松。

c. 肺：左肺重 448 g,大小为 22 cm×15 cm×4 cm；右肺重 636 g,大小为 24.5 cm×18.5 cm×5.5 cm。镜下见肺内小血管和肺泡壁毛细血管扩张、淤血,肺内支气管黏膜上皮脱落,肺泡腔扩张,充满粉染水肿液,混有较多中性粒细胞和巨噬细胞,有的肺组织灶状漏出性出血,呈肺泡炎、灶状出血、重度肺淤血、水肿改变。

d. 肝：重 1126 g。镜下见肝组织散在冰晶裂隙形成。肝内小血管和肝血窦扩张、淤血,肝小叶结构尚清,肝索排列不整齐,肝细胞肿胀,含有较多空泡。汇管区组织疏松。

e. 脾：重 100 g。镜下见脾内小血管和血窦扩张、淤血,红、白髓界限尚清,小梁动脉和中央动脉未见异常。

f. 肾：左肾重 111 g,右肾重 116 g。镜下见肾内小血管及肾小球毛细血管扩张、淤血,肾小管上皮细胞自溶,间质疏松。

g. 胰腺：重 100 g。镜下见腺小叶轮廓清晰,腺上皮细胞自溶。

h. 胃、肠：镜下见黏膜自溶,间质疏松。

i.肾上腺:镜下见皮质各层结构清晰,腺细胞肿胀。

j.甲状腺:镜下见滤泡扩张,胶体含量丰富,腺细胞肿胀。小血管扩张、淤血。

k.皮肤(左侧腹壁):镜下见皮肤表皮层增厚,角质层较厚,疏松、分层,略呈橘红染色。真皮浅层小血管明显增多、扩张、淤血,伴小血管周围中性粒细胞、巨噬细胞及淋巴细胞浸润,胶原肿胀、红染。深层真皮较疏松。皮下散在淋巴细胞浸润。

(4)乙醇检验:提取心血、尿和白酒样品进行乙醇(酒精)检验,结果如下。

心血中乙醇含量为 765.1 mg/100 mL;尿液中乙醇含量为 724.5 mg/100 mL;白酒样品中乙醇浓度为 58.5 g/100 mL。

(5)毒物检验:提取心血、尿和白酒样品进行毒物筛查,结果:心血、尿和白酒样品中未检出常见毒物。

(本案例由中国医科大学法医学院提供)

引导问题:

(1)根据尸检所见及组织病理学检查结果,列出法医病理学诊断。

(2)根据材料,如何分析死者的死亡原因?

(3)该案例给你哪些启示?

案例解析
13-2

【案例 13-3】

1.案情摘要 死者,男,67 岁。某年 8 月 27 日 21 时 44 分,死者因交通事故致"闭合性颅脑损伤、左侧多发肋骨骨折、肺挫伤、胸椎棘突骨折、多发腰椎横突骨折等"住院,经保守治疗于 9 月 29 日出院。10 月 1 日 19 时许,死者在其家里吃了一副接骨药物后,发生抽搐,送到医院后,抢救无效,死亡。经查,接骨药物是从非法行医者手中购买的。药物成分包括马钱子、自然铜、苦参、玉猪草、鹿茸等。

2.法医学检查

(1)尸表检查:未见异常。

(2)解剖检查:左侧胸廓左肺上叶脏壁层胸膜广泛性纤维性粘连。左侧胸廓壁层胸膜增厚。左侧第 2 肋于锁中线处骨折,断端未见出血。右侧第 3、4 肋于锁中线处骨折,断端未见出血。双侧胸腔可见冰晶、半透明液体,左侧 150 mL,右侧 100 mL。脑基底动脉可见节段性动脉粥样硬化斑块形成。左冠状动脉前降支动脉粥样硬化斑块形成,管壁增厚,局部管腔Ⅲ级狭窄,右冠状动脉及其分支管腔通畅,管壁未见异常。双肺暗紫红色,质地略实。左肺叶间纤维性粘连,左肺上叶纤维附着。双肺切面含液量中等。左肺上叶实质内近上缘 1 cm 处有一灰褐色钙化实变灶,周围界限清,大小为 1 cm×0.7 cm。

(3)组织病理学检查:

a.脑:重 1298 g。镜下见蛛网膜较疏松,蛛网膜下腔及脑内血管扩张、红细胞溶解,部分小动脉管壁略增厚。脑组织弥漫散在冰晶裂隙形成。神经细胞尼氏体消失或膜下积聚,胶质细胞增生,神经细胞、胶质细胞和小血管周围腔隙增大。脑组织散在小软化灶形成。小脑蒲氏细胞肿胀,胞质尼氏体消失或膜下积聚,颗粒细胞浓染;脑干神经细胞肿胀。

b.心:重 430 g。镜下见心外膜下和心肌间质脂肪组织增多,以右心室为明显。小静脉扩张,红细胞溶解,冠状动脉内膜部分增厚,管腔狭窄。心肌纤维嗜伊红染色增强,部分心肌纤维波浪变。肌间小动脉管壁增厚。心肌间质和小动脉周围散在纤维组织增生。

c.肺:左肺重 515 g,大小为 19 cm×13 cm×7 cm;右肺重 749 g,大小为 21 cm×15 cm×9 cm。镜下见肺内小血管和肺泡壁毛细血管扩张、红细胞溶解,肺内支气管黏膜上皮大部分脱落,充塞管腔。肺泡腔扩张,有的肺泡间隔断裂,肺泡融合;肺组织散在灶状出血;大部分肺泡腔含有均质粉染水肿液,局部肺组织纤维化,伴有钙化和淋巴细胞浸润,呈肺泡扩张、肺泡间隔断裂、肺组织灶状出血、肺水肿和局部肺组织纤维钙化结节改变。

d.肝:重 1259 g。镜下见肝组织散在冰晶裂隙形成。肝内小血管和肝血窦扩张、红细胞溶解,肝小叶结构尚清,肝细胞索大部分解离,肝细胞肿胀,有的肝细胞含有空泡,局部灶状淋巴细胞浸润。汇管区

组织疏松,小动脉管壁增厚。

e.脾:重 156 g。镜下见脾内小血管和红髓血窦扩张、红细胞溶解,白髓脾小结结构大部分解离,小梁动脉和中央动脉管壁增厚。

f.肾:左肾重 149 g,右肾重 172 g。镜下见肾内小血管和肾小球毛细血管扩张、红细胞溶解,散在肾小球纤维化,小动脉管壁增厚,近曲小管上皮细胞自溶,散在透明管型形成。间质疏松。

g.胰腺:重 156 g。镜下见腺叶轮廓尚清,腺细胞自溶。

h.胃、肠:镜下见黏膜上皮大部分自溶,黏膜层和黏膜下层散在淋巴细胞浸润。

i.肾上腺:镜下见皮质各层结构清晰,腺细胞肿胀。血窦扩张、红细胞溶解。

(4)药物分析检验:提取心血进行药物分析,血样中检出马钱子(按士的宁计)0.0305 μg/mL。

（本案例由中国医科大学法医学院提供）

引导问题:

(1)根据尸检所见及组织病理学检查结果,列出法医病理学诊断。

(2)根据材料,如何分析死者的死亡原因?

(3)该案例给你哪些启示?

案例解析
13-3

本章实践操作注意要点

1. 怀疑为醇类毒物中毒者,尸检时可闻及醇类气味;怀疑为镇静催眠药物中毒者,尸检时应注意观察胃内残留的药片。

2. 有抽搐症状提示毒物中毒,常见毒物包括番木鳖碱(又称士的宁)、有机磷、氟乙酰胺、毒鼠强、异烟肼等,并注意相互间的鉴别。

3. 怀疑乙醇中毒死亡时,应综合分析,注意考虑疾病、外伤、窒息、机体状态等方面。

（于浩　张国华）

第十四章 毒品中毒

 **实践学习目标**

1. 通过观察大体图片，掌握常见毒品中毒的肉眼观特征性表现。
2. 通过观察切片，掌握常见毒品中毒的镜下形态学特点。
3. 通过案例实训，掌握常见毒品中毒案件的分析思路，训练鉴定意见书中法医病理学诊断及死因分析的书写。

一、大体肉眼观

1. 胃、肠内塑料膜包裹的毒品 死者，男，39岁，某日被发现死于卧室。尸检见胃内有118个圆柱形异物，其中一个异物外包装破裂，呈皱缩、扁平状（图14-1）。小肠中下段（以回肠为主）剖开见36个长条圆柱形异物（图14-2）。

图 14-1 胃内塑料膜包裹的毒品

图 14-2 小肠内塑料膜包裹的毒品

2. 肌内注射阿片类毒品皮肤表面针痕 死者，男，32岁，肌内注射0.5 g用自来水调配的海洛因，10小时后死亡。尸检见左上臂外侧肩峰下有5处注射针痕（图14-3）。

3. 阿片类毒品中毒死亡者的肺 死者，男，32岁，肌内注射0.5 g用自来水调配的海洛因，10小时后死亡。尸检见双肺膨隆、淤血（图14-4）。切开可见散在性实质内出血（图14-5）。

二、组织病理学切片

1. 阿片类毒品中毒死亡者的肺

（1）基本情况：死者，男，32岁，肌内注射0.5 g用自来水调配的海洛因，10小时后死亡。

（2）阅片要点：镜下辨认肺组织的结构，注意观察肺泡腔内充满淡粉红色水肿液，有的肺泡腔内出血显著，有的肺泡腔内可见较多中性粒细胞及巨噬细胞；间质内血管管腔高度扩张、淤血（图14-6）。

（3）法医病理学诊断：肺淤血、水肿，肺泡腔内炎症细胞浸润，灶性肺出血。

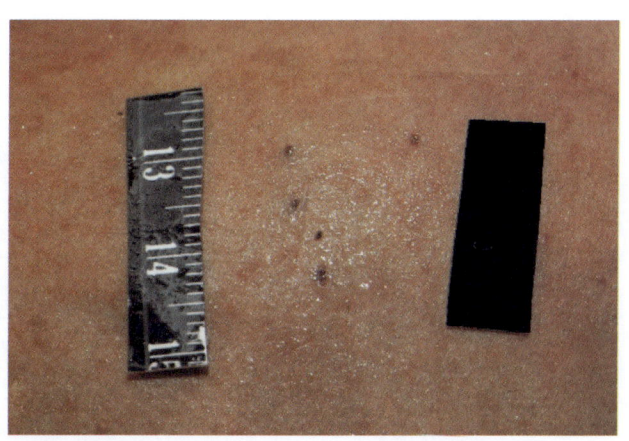

图 14-3 肌内注射阿片类毒品皮肤表面针痕

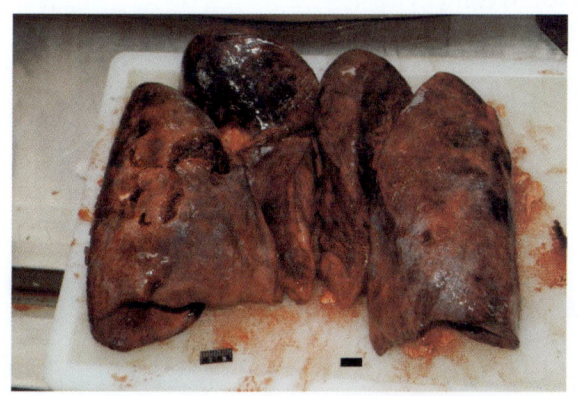

图 14-4 阿片类毒品中毒死亡者肺表面所见

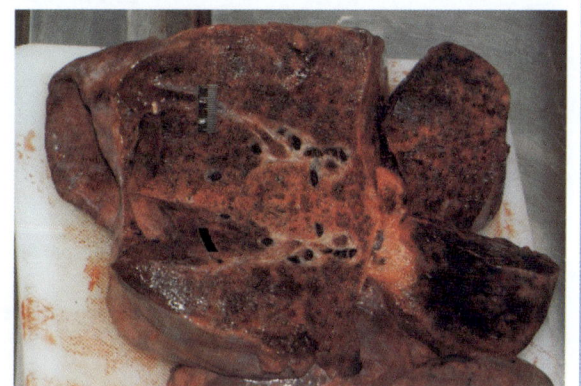

图 14-5 阿片类毒品中毒死亡者肺切面所见

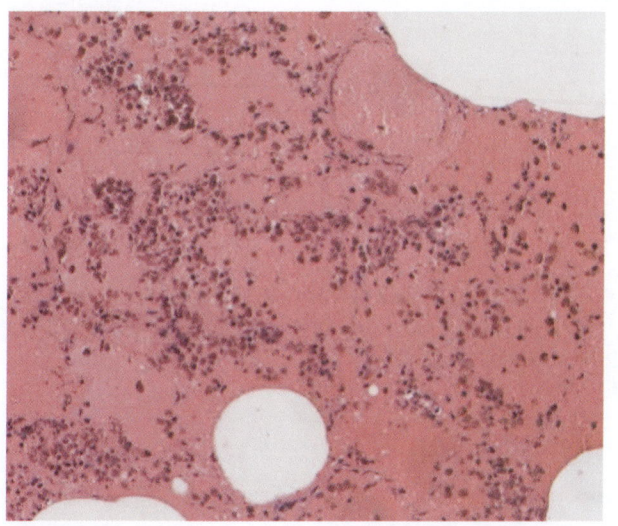

图 14-6 阿片类毒品中毒死亡者的肺(HE 染色,100×)

图 14-6
数字切片

2. 曲马多中毒死亡者的肝

(1) 基本情况:死者,女,17 岁,口服曲马多后死亡。

(2) 阅片要点:镜下辨认肝组织结构,注意观察大部分肝小叶结构清晰。可见散在片状肝细胞崩解,结构不清,肝索解离,伴大量白细胞浸润,以中性粒细胞为主,并可见巨噬细胞(图 14-7)。

(3) 法医病理学诊断:急性肝坏死。

Note

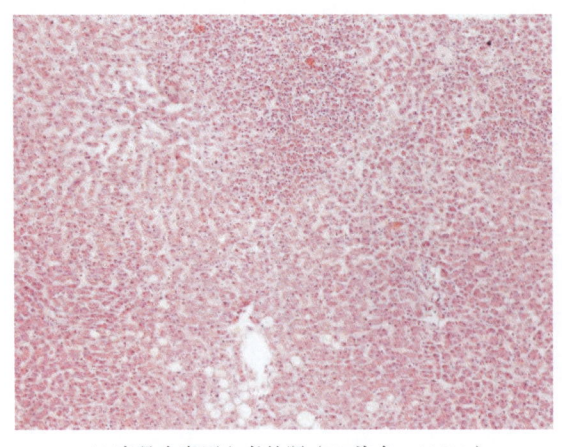

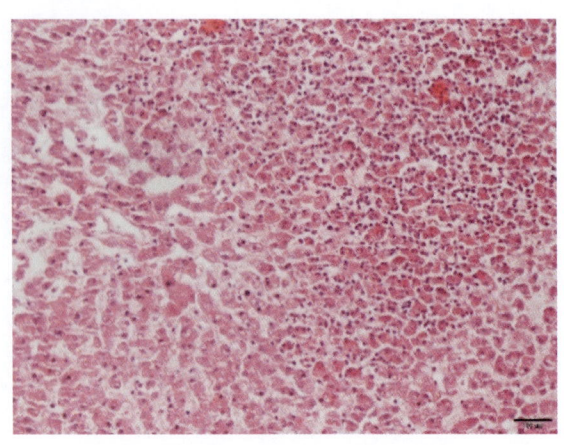

(a)毒品中毒死亡者的肝（HE染色，100×）　　　(b)毒品中毒死亡者的肝（HE染色，200×）

图 14-7　曲马多中毒死亡者的肝

3. 甲基苯丙胺中毒死亡者的肾

（1）基本情况：死者，男，35 岁，被人发现在路上裸奔，大声喊叫、打人，9 小时后死亡，曾有"摇头丸"及"冰毒"吸毒史。

（2）阅片要点：镜下辨认肾组织的结构，注意观察实质内肾小球肿胀。肾小球毛细血管扩张、淤血，部分近曲小管内可见颗粒管型（图 14-8）。

（3）法医病理学诊断：肾颗粒管型。

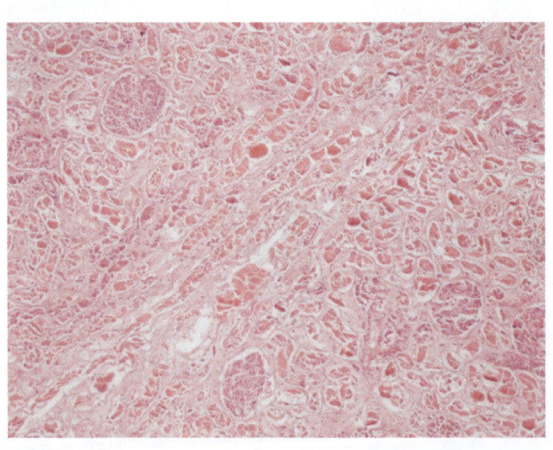

图 14-8　甲基苯丙胺中毒死亡者的肾（HE 染色，100×）

案例实践学习

【案例 14-1】

1. **案情摘要**　死者，男，32 岁。同室另一男子称某日 20 时 30 分许，两人于酒店共同肌内注射 0.5 g 用自来水调配的海洛因。20 时 45 分许两人走出房间后死者摔倒在酒店的走廊上。当时意识不清，口吐血色泡沫，手指发青。次日 6 时 37 分同室男子找到酒店服务员，拨打 120 求救，医务人员赶到现场后确认死者已死亡。据死者家属提供情况，死者在两年前曾因吸毒被派出所处理过。

2. **法医学检查**

（1）尸表检查：死后 4 天尸检，左锁骨外侧可见两处英文及汉字文身。左上臂外侧肩峰下 8.0 cm 处可见 5 处注射针痕。右上臂外侧肩峰下 9.0 cm 处可见 2 处注射针痕。

（2）解剖检查：双肺膨隆，背侧淤血。切开可见散在性实质内出血。

（3）组织病理学检查：

a.脑：重1450 g。大脑略肿胀,蛛网膜下腔血管扩张、淤血。镜下见蛛网膜下腔血管扩张、淤血。大脑实质内可见较多冰晶裂隙。大脑皮质神经细胞肿胀伴神经细胞周围间隙增宽,胞质嗜伊红染色增强,尼氏体消失。脑实质内小血管扩张、淤血,部分可见血管周围出血。白质疏松。脑干实质内血管扩张、淤血,伴血管周围间隙增宽,神经细胞肿胀。小脑蛛网膜下腔血管扩张、淤血。小脑皮质颗粒层细胞排列致密,蒲氏细胞肿胀,胞质嗜伊红染色增强。

b.心：重320 g。心肌切面淤血状。镜下见左心室心外膜下部分脂肪浸润。心肌纤维呈片、灶状波浪状改变,局部心肌纤维肿胀,嗜伊红染色增强。心肌间质疏松,间质内小血管扩张、淤血。

c.肺：左肺重760 g,大小为25 cm×14 cm×9.0 cm;右肺重1100 g,大小为24 cm×15 cm×10 cm。镜下见部分被膜轻度增厚。肺泡腔内充满淡粉红色水肿液,有的肺泡腔内出血显著,有的肺泡腔内可见较多中性粒细胞及巨噬细胞。间质内血管管腔高度扩张、淤血。支气管上皮细胞脱落,部分支气管管壁内可见淋巴细胞浸润。

d.肝：重1200 g,切面淤血状。镜下见肝小叶结构清,部分肝细胞肿胀,嗜伊红染色增强,肝血窦扩张、淤血。

e.脾：重100 g。镜下见实质内红白髓界限清,脾血窦扩张、淤血。

f.肾：左肾重110 g,右肾重110 g。镜下见皮质内肾小球毛细血管扩张、淤血。皮质内偶见透明管型及囊泡形成。实质内血管扩张、淤血。弥漫性肾小管上皮脱落。髓质疏松,小血管扩张、淤血。

g.胰：切面淤血状。镜下见腺细胞自溶显著,间质疏松。

h.肾上腺：镜下见皮质各带排列整齐,束状带富含脂质。髓质血窦扩张、淤血。

i.胃、肠：镜下见黏膜下血管扩张、淤血,固有层疏松、水肿。

（4）毒物、药物分析检验：

①取尿液,用Triage DOA试剂盒（Biosite Diagnostics USA）检测结果为OPI（阿片类）阳性。

②提取心血及尿进行检验,检验结果如下：

a.尿中检出毒品海洛因,含量为1.95 μg/mL。

b.尿中检出毒品吗啡,含量为11 μg/mL。

c.尿中检出可待因、尼古丁及尼古丁代谢物。

d.尿未检出常见药、毒物。

e.心血中未检出上述4项所提及成分。

（本案例由中国医科大学法医学院提供）

引导问题：

（1）根据尸检所见及组织病理学检查结果,列出法医病理学诊断。

（2）根据材料,如何分析死者的死亡原因？

（3）该案例给你哪些启示？

案例解析
14-1

【案例14-2】

1. 案情摘要　死者,男,39岁。某日被发现死于卧室。经现场勘查及尸表检验,排除他杀。

2. 法医学检查

（1）尸表检查：左上肢前臂内侧大片状皮肤呈紫红色变,大小为20 cm×9 cm,其间可见两处医用胶带附着。右上肢前臂内侧大片状皮肤呈紫红色变,大小为22 cm×8 cm。余未见明显异常。

（2）解剖检查：肺切面显著淤血、出血、水肿。食管下段剖开见4块长条圆柱形异物,外层由白色塑料膜包裹,并用线结扎,内层由锡纸包裹,长2.5 cm,直径1 cm。胃呈膨隆状,胃内有118个圆柱形异物（同食管中所见异物）,其中一个异物外包装破裂,呈皱缩、扁平状。小肠中下段（以回肠为主）剖开见36个长条圆柱形异物（同食管中所见异物）。长条圆柱形物共158个,含外包装共重390 g。余未见异常。

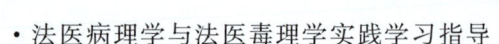

（3）组织病理学检查：

a. 脑：重1350 g。镜下见大脑蛛网膜下腔疏松，血管扩张、淤血。神经细胞、胶质细胞及小血管周围间隙显著增宽。神经细胞胞体变小，尼氏体消失，有的嗜伊红染色增强。白质区疏松水肿，小血管扩张，含血量少，周围间隙增宽显著。小脑皮质各层结构清楚，颗粒细胞排列致密，蒲氏细胞尼氏体消失，有的嗜伊红染色增强。白质区疏松水肿，小血管扩张，周围间隙增宽显著，有的管腔内可见白细胞聚集。脑干疏松水肿，血管扩张，含血量少。

b. 心：重280 g。镜下见心肌纤维断裂，排列不整，横纹不清，嗜伊红染色增强。心肌间质疏松，小血管空虚，含血量少。

c. 肺：左肺重700 g，大小为25 cm×15 cm×4.5 cm；右肺重750 g，大小为26 cm×16 cm×4 cm。镜下见肺内支气管黏膜上皮脱落，与黏液混杂一起充塞管腔。肺泡腔内充满均质粉染水肿液。肺泡间隔未见增宽，间质血管显著扩张、淤血及灶状、片状出血。

d. 肝：重980 g。镜下见肝小叶结构不清，肝细胞索解离，肝细胞自溶显著，结构不清。肝血窦扩张，含血量少。汇管区可见少量炎症细胞浸润。

e. 脾：重80 g。镜下见脾小结、小梁结构清。白髓散在，中央动脉及小梁动脉管壁略增厚，透明变性。红髓脾窦扩张，含血量少。

f. 胰腺：重70 g。镜下见腺泡细胞自溶，结构不清，间质血管扩张，含血量少。

g. 肾：左肾重100 g，右肾重100 g。镜下见肾小球及肾小管上皮自溶，结构不清。间质内血管扩张，空虚。

h. 肾上腺：皮质各带结构清楚，腺泡细胞富含脂质。髓质血窦扩张，含血量少。

i. 胃、肠：黏膜层细胞自溶，结构不清，黏膜下层少量炎症细胞浸润。肌层疏松水肿，平滑肌波浪变。

j. 垂体：腺泡细胞自溶，结构不清，血窦扩张，含血量少。

（4）毒物检验：提取消化道内长条圆柱形异物中内容物进行检验，结果：所送样品为无色晶体，重133.2 g，为甲基苯丙胺成分。

（5）毒物、药物分析检验：提取心血、尿、肝及胃内容物进行毒物、药物检测，结果如下：

①心血、尿、肝及胃内容物中未检出乙醇。

②心血、尿、肝及胃内容物中检出甲基苯丙胺，其中，心血24.8 μg/mL，尿191 μg/mL，肝116 μg/mL，胃内容物1045 μg/mL。

③血和胃内容物中未检出其他常见毒物。

（本案例由中国医科大学法医学院提供）

引导问题：

（1）根据尸检所见及组织病理学检查结果，列出法医病理学诊断。

（2）根据材料，如何分析死者的死亡原因？

（3）该案例给你哪些启示？

案例解析
14-2

【案例14-3】

1. 案情摘要　死者，女，17岁。某年1月19日，死者被一名陌生男子从家中带走。春节期间死者一直未回家。2月4日，上述男子带着两名女子，再次来到该女子家中，告知死者家属死者服用药物，正在医院抢救。当即死者父亲与该3人一起到达医院，之后该3人去向不明。死者经医院抢救无效，于2月5日5时50分死亡。

2. 病历资料　入院日期：2月4日13时30分。代诉：发现神志不清半小时。现病史：病患无抽搐，无二便失禁，无恶心、呕吐。平素经常服用曲马多及阿普唑仑。查体：T 36 ℃，R 20 次/分，P 148 次/分，BP 85/49 mmHg。深昏迷状态，双侧瞳孔等大，口唇青紫。诊断：药物中毒。给予补液、促药物代谢、预防并发症等治疗。于2月5日5时50分因抢救无效，临床死亡。

3. 法医学检查

(1) 尸表检查:双上肢、双下肢弥漫散在分布暗紫红色淤斑,以左上肢和双下肢为明显。左上肢前臂中段背侧可见一处蓝色文身,前臂下段背侧距腕上 4.0 cm 处可见一处陈旧性皮肤瘢痕。右上臂中段腹侧面皮肤有一处青紫色改变,右前臂腹侧面腕部皮肤有一处青紫色改变。

(2) 解剖检查:双肺膨隆,弥漫肿胀,散在被膜增厚。双肺切面紫黑色,含液量多,右肺可见弥漫散在的灶状实变区。胃内有 100 mL 黏稠黄绿色内容物,混有碎块状、灰褐色有形物质。胃黏膜肿胀,胃襞展平见黏膜下血管扩张。

(3) 组织病理学检查:

a. 脑:重 1100 g。大脑轻度肿胀,回平沟浅。镜下见蛛网膜下腔及脑内静脉扩张、淤血,少数血管管壁结构不清,呈进行性改变。有的血管壁周围小圆细胞浸润,伴散在棕褐色颗粒状含铁血黄素样物沉积。脑内胶质细胞轻度增多,神经元核仁不清,尼氏体中央性溶解,并可见明显的噬神经细胞现象及卫星现象,细胞及血管周围间隙增宽。脑桥散在神经纤维脱髓鞘样改变,噬神经细胞及卫星现象较明显。小脑蒲氏细胞核仁不清,尼氏体消失,胞体嗜伊红染色增强。

b. 心:重 210 g。镜下见外膜下冠状动脉轻度不对称性增厚。心肌纤维横纹尚清,有处心肌纤维呈波浪状排列,间质静脉扩张、淤血。

c. 肺:左肺重 700 g,大小为 20.0 cm×14.0 cm×5.5 cm;右肺重 800 g,大小为 23.0 cm×14 cm×6.0 cm。镜下见被膜疏松,部分散在炎症细胞浸润,以多核粒细胞及巨噬细胞为主。弥漫性肺泡壁毛细血管及间质小静脉扩张、淤血,弥漫性肺泡腔内充满均质粉染物,较弥漫性肺泡腔内白细胞积聚,以多核粒细胞及巨噬细胞为主。细支气管黏膜上皮细胞脱离,管壁散在淋巴细胞浸润,有的细支气管管腔内可见较多的均质粉染物。

d. 肝:重 1220 g。镜下见大部分肝小叶结构清晰,肝索排列整齐。部分可见散在片状肝细胞崩解,结构不清,肝索解离,伴大量白细胞浸润,以中性粒细胞为主,并可见巨噬细胞。汇管区散在淋巴细胞浸润,静脉扩张、淤血。

e. 脾:重 100 g。镜下见脾窦扩张、淤血,白髓散在。

f. 肾:左肾重 100 g,右肾重 100 g。镜下见皮质肾小球结构尚清,偶见肾小球纤维化,肾小管上皮细胞在死后变化较明显。间质静脉扩张、淤血。

g. 胰腺:重 80 g。镜下见轻度死后变化,腺泡结构尚可辨认。

h. 肾上腺:镜下见皮质各带细胞多呈空泡状,结构不清,髓质未见异常。血窦扩张、淤血。

i. 子宫:镜下见黏膜层腺体丰富,肌层间质静脉扩张、淤血。

j. 卵巢:镜下见少数初级及次级卵泡,静脉扩张、淤血。

k. 胃肠:镜下见胃黏膜轻度死后变化,固有层可见散在少量淋巴细胞,偶见嗜酸性粒细胞。小肠及结肠黏膜结构尚可辨认,结肠黏膜固有层偶见嗜酸性粒细胞。

(4) 毒物、药物分析检验:提取心血、尿、肝、胃内容物和胆汁进行毒物、药物分析检验,结果如下。

①心血、尿、肝、胃内容物和胆汁中检出曲马多。其中,心血 0.7 μg/mL,尿 1.1 μg/mL,肝 1.8 μg/mL,胃内容物 20 μg/mL,胆汁 9.3 μg/mL。

②心血、尿、肝、胃内容物和胆汁中未检出阿普唑仑。

③心血、尿、肝、胃内容物和胆汁中未检出常见毒物。

(本案例由中国医科大学法医学院提供)

案例解析
14-3

引导问题:

(1) 根据尸检所见及组织病理学检查结果,列出法医病理学诊断。

(2) 根据材料,如何分析死者的死亡原因?

(3) 该案例给你哪些启示?

本章实践操作注意要点

    1. 由于相当一部分毒品滥用者是艾滋病携带者,甚至是艾滋病患者,或是乙肝病毒携带者或肝炎患者,对他们进行尸检时应注意加强自身防护。发生职业暴露后,首先应立即进行局部紧急处理。尽可能挤出损伤处的血液,再用肥皂液和流动的清水冲洗伤口。用75%的乙醇或0.5%碘伏对伤口局部进行消毒。必要时进行预防性治疗。

    2. 吸毒所致死亡与吸毒者死亡是两个不同的概念。前者一般指与吸毒直接相关的死亡,后者中可能部分死亡实际上与吸毒无关。在法医学鉴定中应注意区分。

    3. 对于在体内代谢较快的毒品,在尸检时应注意提取不同体液和不同器官供毒物化学检测。

(于浩　张国华)

第十五章 呼吸功能障碍性毒物中毒

1. 通过观察大体图片，掌握常见呼吸功能障碍性毒物中毒的肉眼观特征性表现。
2. 通过观察切片，掌握常见呼吸功能障碍性毒物中毒的镜下形态学特点。
3. 通过案例实训，掌握常见呼吸功能障碍性毒物中毒案件的分析思路，掌握鉴定意见书中法医病理学诊断及死因分析的书写技巧。

一、大体肉眼观

1. 氰化物中毒 死者，男，37 岁。某年 8 月 20 日早，被家人发现在厕所内死亡。所留遗书记载其服用了"野鸡药"，经检验为氰化物中毒。尸检见尸斑分布广泛，呈暗紫红色（图 15-1），喉头、气管内可见血性泡沫（图 15-2），胃底部黏膜弥漫性肿胀，黏膜下出血（图 15-3）。

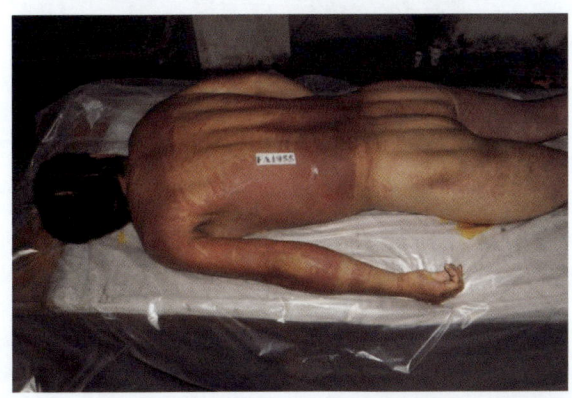

图 15-1 氰化物中毒死者的尸斑

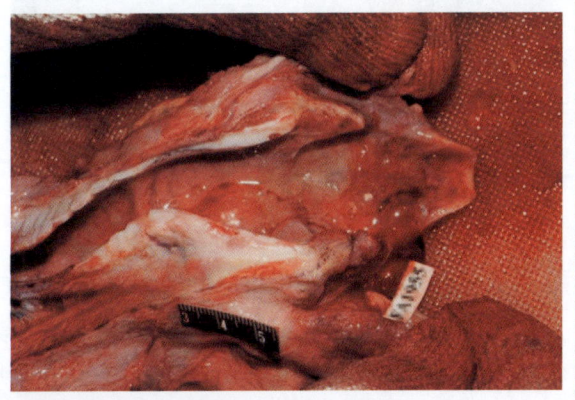

图 15-2 氰化物中毒死者的喉腔、气管

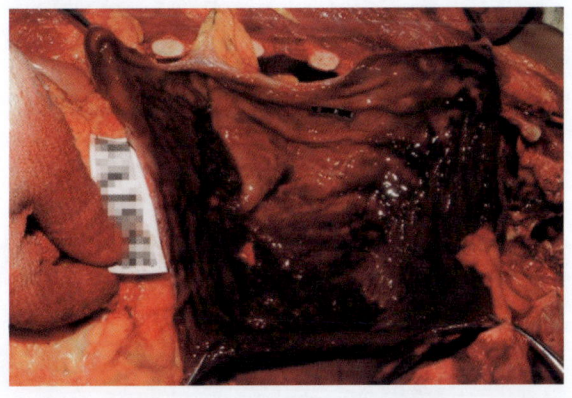

图 15-3 口服氰化物中毒者的胃

Note

117

2. 一氧化碳中毒 死者,女,55岁,与其丈夫(男,57岁)被人发现同时死于自家房屋内,两死者均为俯卧位,后经检验为一氧化碳中毒。尸检见尸斑呈樱桃红色(图15-4、图15-5),胸部肌肉呈樱桃红色(图15-6),肝脏切面淤血,呈樱桃红色(图15-7)。注意与氰化物中毒、溺死、冻死或冷藏尸体相鉴别。

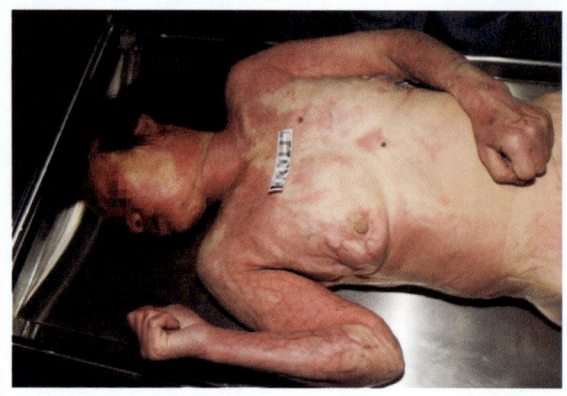

图 15-4 一氧化碳中毒死者的尸斑(女)

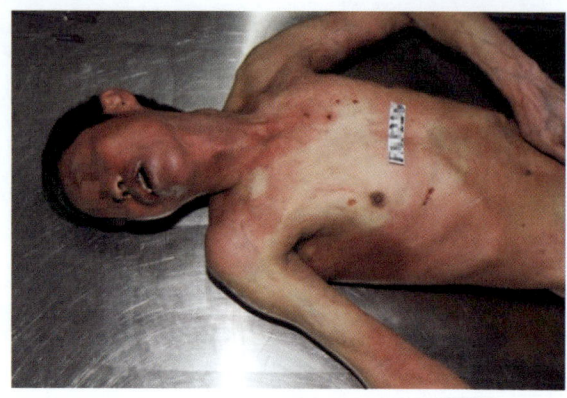

图 15-5 一氧化碳中毒死者的尸斑(男)

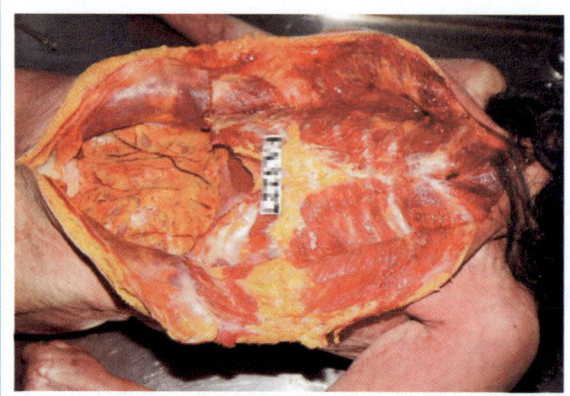

图 15-6 一氧化碳中毒死者的肌肉

图 15-7 一氧化碳中毒死者的肝

二、组织病理学切片

氰化物中毒者的肺

(1)基本情况:死者,男,30岁,口服氰化物自杀,2小时后死亡。

(2)阅片要点:镜下辨认肺组织的结构,注意观察肺泡壁断裂,肺泡融合,肺泡壁毛细血管淤血、肺泡间隔增厚,间质小血管扩张、淤血的情况,部分肺泡腔内可见粉染水肿液(图15-8)。

(3)**法医病理学诊断**:肺气肿,灶性肺淤血、水肿。

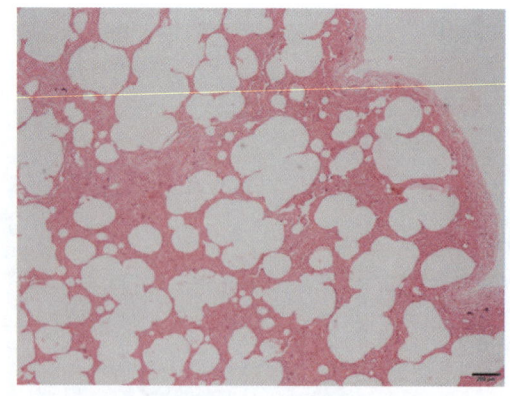

图 15-8 氰化物中毒者的肺(镜下观,HE 染色,100×)

案例实践学习

【案例 15-1】

1. 案情摘要　死者,男,30 岁,因盗窃在被民警询问过程中出现呕吐,经抢救无效死亡。医院门诊病历记载:死者来诊时意识不清,可闻及酒精味,无外伤,经吸氧、胸外心脏按压等抢救无效死亡。

2. 法医学检查

(1) 尸表检查:尸斑呈暗紫红色,广泛分布于躯干、四肢低下部位。口唇黏膜及颊黏膜呈淡紫色。双手指端甲床青紫。

(2) 解剖及组织病理检查:脑膜弥漫血红蛋白浸染,呈鲜红色。食管黏膜呈淡紫红色。喉头、气管黏膜呈暗紫红色。心腔内充满不凝血液。主动脉根部内膜见点灶状动脉粥样硬化斑块形成。心肌切面呈紫黑色,右心室前壁心肌层大部分被脂肪组织取代。双肺、肝、脾、肾表面及切面呈紫黑色,切面含血量多。切开胃壁可闻及浓烈酒精气味,胃黏膜呈暗紫红色。镜检见肺淤血、水肿,其他内脏器官淤血。

(3) 毒物检验:心血中乙醇含量为 191.3 mg/100 mL,尿液中乙醇含量为 250.5 mg/100 mL,胃内容物中乙醇含量为 158.5 mg/100 g;心血、尿液及胃内容物中检出氰化物及微量曲马多,未检出其他毒物。

（本案例由中国医科大学法医学院提供）

案例解析
15-1

引导问题:

(1) 根据案情,考虑哪些死因?

(2) 尸体检查中哪些是具有特征性的征象? 这些征象提示哪类、哪种毒物中毒? 需要注意与哪些进行鉴别诊断?

(3) 本案件做毒物检测时应选取哪些检材?

【案例 15-2】

1. 案情摘要　死者,男,63 岁,某年在某地一敬老院火灾中死亡。

2. 法医学检查

(1) 尸表检查:全身皮肤呈灰褐色,附有炭末,以头面部、颈部、胸部、双上肢较为明显,局部表皮剥脱,裸露苍白真皮。尸斑浅淡,分布于四肢及背侧未受压部位。尸体呈半冻结状态。头发部分烧焦。前额、面颊皮肤呈灶片状黄褐色。眼、眉毛及睫毛大部分烧灼、烧焦,睫毛根部残留。口唇黏膜呈青紫、暗褐色,颊黏膜、齿龈、牙齿、舌表面附有炭末。

(2) 解剖检查:喉头、气管及支气管见较多炭末,黏膜呈粉红色。喉头见实性肿物,明显压迫喉腔,肿物切面呈灰白色,质地实,边界不清,侵及会厌左侧、甲状软骨左侧壁、左侧杓会厌襞、声带。食管下段黏膜表面有较多炭末附着。双侧胸腔可见大量淡粉红色液体,左侧 500 mL,右侧 1500 mL。右颞及颞底部脑组织可见液化灶。心脏左冠状动脉前降支起始部管壁增厚,冠状动脉斑块形成,管腔Ⅱ级狭窄。双肺表面灰褐色,膨隆,质地实,叶间局部纤维粘连。切面质地实,见散在灶状灰白色实变肿瘤样结节。胃内含有 20 mL 淡黄色液体,黏膜呈淡红色。

(3) 组织病理学检查:

a. 脑重 1290 g,表面弥漫肿胀。镜检见蛛网膜下腔和脑内血管扩张、淤血,神经细胞尼氏体消失及膜下积聚,轴突肿胀,部分神经细胞均质、淡染。胶质细胞增生,局部脑组织见片灶状软化灶,白质区部分髓鞘脱失。神经细胞、胶质细胞和小血管周围腔隙明显增大;小脑皮质蒲氏细胞肿胀,神经细胞尼氏体消失或膜下积聚,颗粒细胞较致密;脑干神经细胞肿胀,呈缺血缺氧性脑病、脑水肿改变。

b. 心重 450 g,表面未见异常改变。镜检见心外膜和心肌间质血管扩张、淤血。心肌纤维嗜伊红染色增强。

c. 左肺重 868 g,右肺重 615 g,表面灰褐色,膨隆,质地实,叶间局部纤维粘连。切面质地实,见散在灶状灰白色实变肿瘤样结节。镜检肺组织见散在多发性实变灶,由大小不等的癌细胞构成。癌细胞核

Note

呈圆形或椭圆形,大小不一,受色较淡。可见瘤巨细胞,呈明显核异型性,部分核仁清晰,胞质淡,嗜酸性,形成大小不一的癌巢,周边界限不清,伴有散在的淋巴细胞浸润。肺内支气管黏膜上皮脱落,部分壁内炎症细胞浸润,以中性粒细胞和淋巴细胞为主,周围肺组织实变,中性粒细胞和淋巴细胞浸润。其余肺内小血管和肺泡壁毛细血管扩张、淤血,肺泡腔扩张,部分肺泡腔内含有粉染水肿液,呈肺组织多发癌转移灶形成、支气管肺炎、肺淤血、水肿改变。

d.肝重 1162 g,表面暗紫红色,切面含液量大。镜检见肝内小血管和肝血窦扩张、淤血,肝小叶结构不清,肝索解离,肝细胞肿胀、均质,细胞核溶解,汇管区组织较疏松,散在淋巴细胞浸润。间质小动脉管壁增厚。

e.脾重 88 g,镜检见脾内小血管和脾血窦扩张、淤血。白髓脾小结结构尚清,小梁动脉和中央动脉管壁增厚,均质变。

f.左肾重 270 g,右肾重 150 g,切面皮髓质界限不清。镜检见皮质小血管和肾小球毛细血管扩张、淤血,肾内小动脉壁厚腔小,散在肾小球纤维化。肾小管上皮细胞自溶,间质疏松。

g.胰腺重 74 g,长 17 cm。镜检见胰小叶轮廓清晰,腺细胞自溶。

h.胃、肠:镜检见黏膜上皮细胞部分自溶,散在淋巴细胞浸润,平滑肌纤维波浪变,间质疏松。

i.肾上腺:镜检见皮质各带结构清晰,腺细胞肿胀,血窦扩张、淤血。

j.喉头:喉头实性病灶由大小不等的癌细胞构成,形成癌巢,癌细胞核圆形或椭圆形,大小不一,颜色较淡,可见瘤巨细胞,有明显核异型性,有的核仁清晰,胞质淡,嗜酸性,癌巢中心部散在角化珠形成,周边界限不清,呈较高分化鳞癌改变,伴有散在的淋巴细胞浸润。癌组织广泛浸润,破坏喉部及周围组织,侵及软骨、肌肉等。

k.颈部肿物:实变病灶为癌组织,由大量癌细胞构成,形成癌巢,癌细胞核大小不一,可见瘤巨细胞,明显核异型性,胞质淡,嗜酸性,癌巢中心部散在角化珠,表现为鳞状细胞癌的病理形态学改变。局部组织坏死,伴有中性粒细胞和淋巴细胞浸润,周边界限不清,侵及肌肉、颌下腺体等软组织,周围少量淋巴组织呈癌组织转移病灶改变。

(4)碳氧血红蛋白检验结果显示:心血中碳氧血红蛋白饱和度为 9.2%。

(5)毒物、药物分析检验结果显示:心血、尿和胃内容物中未检出常见毒物。

(本案例由中国医科大学法医学院提供)

引导问题:

(1)根据尸检所见及组织病理学检查结果,列出法医病理学诊断。

(2)根据材料,如何分析死者的死亡原因?

(3)该案例给你哪些启示?

案例解析
15-2

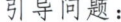
本章实践操作注意要点

　　本章氰化物、一氧化碳中毒是法医学实践中经常遇到的中毒类型,尸检所见中较为明显的共同特征是鲜艳的尸斑颜色和内部器官颜色。但应注意将两者尸斑及与溺死、冻死或冷藏尸体尸斑相鉴别。

(徐国辉　张国华)

第十六章　农药和杀鼠剂中毒

实践学习目标

1. 通过观察大体图片，掌握农药和杀鼠剂中毒的肉眼观特征性表现。

2. 通过观察切片，掌握常见农药和杀鼠剂中毒的镜下形态学特点。

3. 通过案例实训，掌握常见农药和杀鼠剂中毒案件的分析思路，训练鉴定意见书中法医病理学诊断及死因分析的书写。

一、大体肉眼观

1. 口服敌敌畏中毒者的胃　死者，女，44岁，与他人发生经济纠纷后口服敌敌畏死亡。尸检见胃内容物呈白色乳状液，胃黏膜呈弥漫性灰褐色坏死（图16-1）。

2. 呋喃丹中毒者的呼吸道和肺　死者，女，26岁，与丈夫发生口角后口服呋喃丹中毒死亡。尸检见喉头、气管内有白色泡沫，黏膜充血（图16-2），肺切面含液量多，可见白色泡沫（图16-3）。

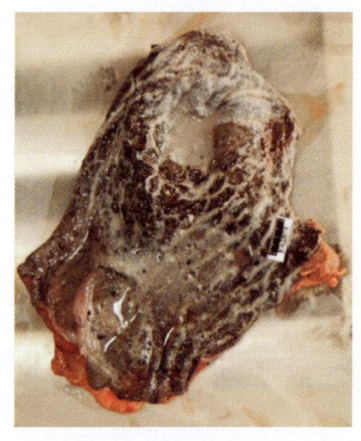

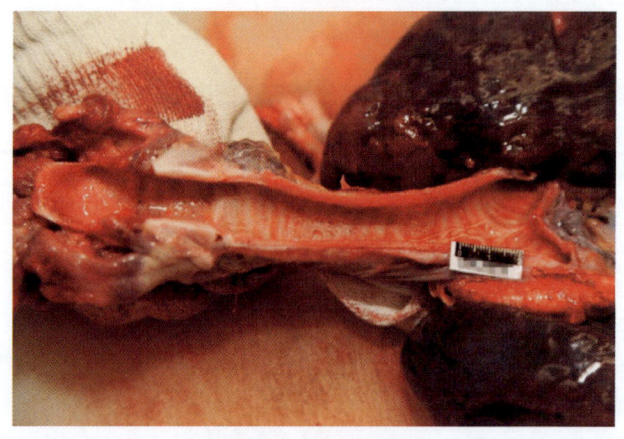

图 16-1　口服敌敌畏中毒者的胃　　　　　　图 16-2　呋喃丹中毒者的喉头、气管

3. 百草枯中毒者的肺　死者，男，47岁，食物中被掺入百草枯药液，于中毒后第9天抢救无效死亡。尸检见肺实变，切面局部纤维化改变，呈灰白色（图16-4）。

二、组织病理学切片

1. 急性内吸磷（1059）中毒者的肺

（1）基本情况：死者，男，35岁，口服急性内吸磷（1059），量不详，10小时后死亡。

（2）阅片要点：镜下辨认肺组织的结构，注意观察肺内小血管和肺泡壁毛细血管扩张、淤血情况，肺内支气管黏膜上皮脱落，管壁挛缩，呈花瓣状。肺泡腔扩张，含有均质粉染水肿液（图16-5）。

（3）法医病理学诊断：肺淤血、水肿，肺内支气管管壁挛缩。

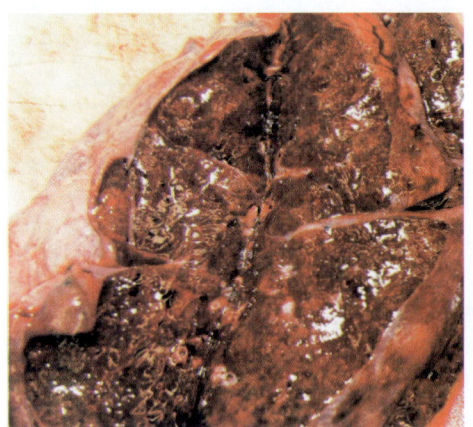

图 16-3　呋喃丹中毒者的肺　　　　　　　图 16-4　百草枯中毒者的肺(福尔马林固定后)

2. 氟乙酰胺中毒者的胰腺

(1)基本情况:死者,男,31 岁,被发现死于家中,后证实为氟乙酰胺中毒。

(2)阅片要点:镜下胰腺组织结构,注意观察胰腺实质内散在出血及炎症细胞浸润(图 16-6)。

(3)法医病理学诊断:胰腺出血性炎症。

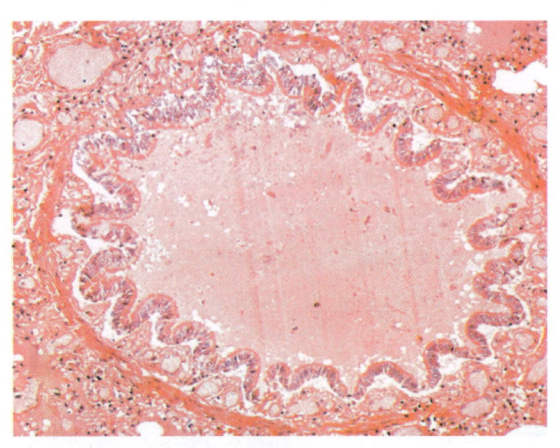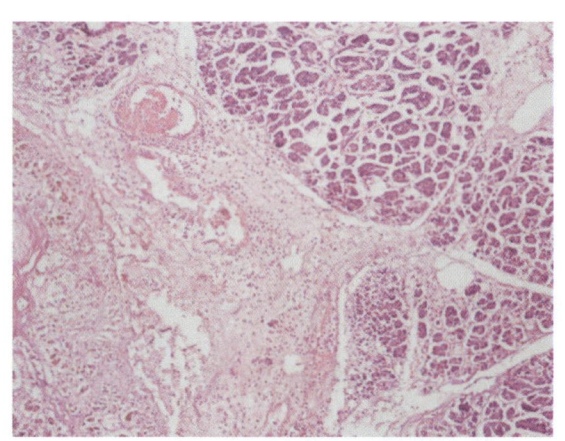

图 16-5　急性内吸磷(1059)中毒者的肺　　　图 16-6　氟乙酰胺中毒者的胰腺
(镜下观,HE 染色,100×)　　　　　　　　(镜下观,HE 染色,100×)

3. 百草枯中毒者的肺

(1)基本情况:死者,男,47 岁,因与妻子感情不和,其妻将百草枯投入其饭食内致其中毒,并于中毒后第 9 天死亡。

(2)阅片要点:镜下辨认肺组织结构,注意观察肺间质及肺泡腔内大量增生的成纤维细胞,并有胶原蛋白沉积,肺组织结构破坏,局部肺出血等(图 16-7、图 16-8)。

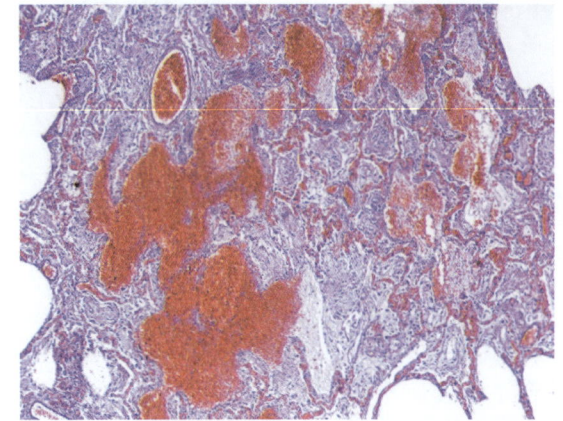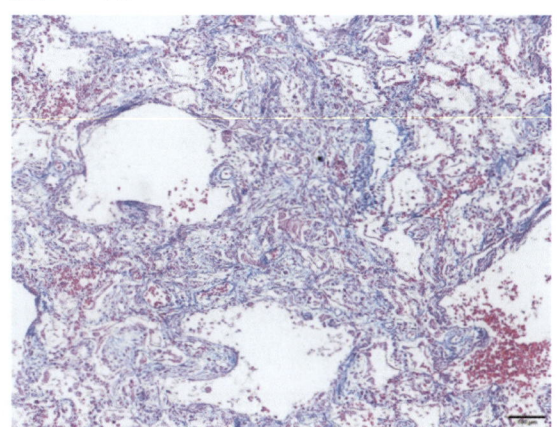

图 16-7　百草枯中毒者的肺(镜下观,HE 染色,40×)　　图 16-8　百草枯中毒者的肺(镜下观,Masson 染色,40×)

（3）法医病理学诊断：肺纤维化，肺出血。

案例实践学习

【案例 16-1】

1. 案情摘要　死者，男，31 岁。某年 11 月 10 日，一公安局刑侦大队四中队接到派出所 110 转警电话，说在某寺庙附近一所平房内发现一具男性尸体。经查，11 月 9 日 22 时许，死者喝酒后来到鞠某居住的平房，随即两人又继续喝酒，酒后一起睡觉。11 月 10 日 6 时许，鞠某起床时见死者蒙着头睡觉，然后出去朋友家喝酒。9 时许，鞠某与其朋友鲍某一起回家，发现死者在地上，口吐白沫，地上有尿液，随后两人将其扶到炕上，按压人中，死者止吐，眼睛能动，没说话。后鞠某和鲍某又出去喝酒。17 时许，鞠某回到家中，发现死者躺在地上，没有呼吸，已死亡。法医在现场勘验时，发现死者朋友家中厨房内一白色矿泉水瓶，并提取其内残留的少量液体进行毒物检验。

2. 法医学检查

（1）尸表检查：前额下部、双侧面颊、鼻背、口唇、右侧耳廓、下颌散在灶状、片状表皮剥脱，暗紫红色，伴有上下纵行皮肤擦伤。口唇黏膜青紫色，颊黏膜暗紫色。颈左侧左下颌角周围见点、灶状表皮剥脱，呈擦蹭状。颈右侧见灶状、片状表皮剥脱，呈暗紫红色变。腰背部见散在上下纵行条片状表皮剥脱，呈紫红色。

（2）解剖检查：右颞部帽状腱膜见局灶性出血，大小为 3.7 cm×2.2 cm。咽后壁、喉室壁、会厌、气管黏膜表面附有泡沫黏液，气管腔内空虚。食管内可嗅及农药气味。胸、腹腔各器官位置正常，可嗅及农药气味。心腔内充满暗红色流动不凝血液。脑蛛网膜下腔血管扩张、淤血。主动脉根部可见少量黄色粥样硬化斑块形成。右肺上叶局限性纤维附着，其余双肺浆膜光滑，暗紫红色，质软，有握雪感。胃内含有 100 mL 黄褐色稀薄内容物，可嗅及农药气味。胃黏膜光滑，皱襞明显，皱襞间检见少量沙粒样物，胃黏膜弥漫点状出血。

（3）组织病理学检查：肺内支气管黏膜上皮脱落，管壁挛缩，呈花瓣状。肺泡腔扩张，含有均质粉染水肿液和大量吞噬细胞。心肌纤维嗜伊红染色增强，局部横纹不清，心肌纤维呈波浪变。心、肺、肝、肾等器官淤血、水肿。

（4）毒物分析结果：心血、尿液、胃内容物中均未检出乙醇；心血、尿液和胃内容物中检出呋喃丹，含量分别为 1.6 μg/mL、1.0 μg/mL、100 μg/g；心血、尿液和胃内容物中未检出其他常见毒物。

（本案例由中国医科大学法医学院提供）

引导问题：

（1）根据案情，首先考虑哪些可能的死亡原因？

（2）本例死亡方式存在哪些可能？

（3）尸体检查中还有哪些具有特征性的征象？这些征象提示哪类、哪种毒物中毒？

（4）毒物分析时应取什么检材？

案例解析
16-1

【案例 16-2】

1. 案情摘要　死者，女，38 岁，服用熬制中药后，出现呕吐，意识障碍，继而持续抽搐，经抢救无效，于服药后 10 小时死亡。

2. 法医学检查

（1）尸表检查：死亡 12 小时后检验。尸僵存在于下颌、腕、指、踝关节，其余缓解。尸斑呈暗紫红色，分布于项、肩胛、季肋、腰部及四肢背侧未受压部位，压之褪色。尸表未检见明显损伤或疾病。

（2）解剖检查：头皮、颅骨未见损伤。脑膜血管扩张，脑弥漫肿胀，回平沟浅，右顶部可见少量硬膜下出血。双肺表面及切面均呈弥漫性青紫色变，切面有血性液体渗出。胃内容物呈稀薄水样，呈污秽红色，150 mL，胃底黏膜下可见散在点片状出血。其余脏器未见明显异常变化。

（3）组织病理学检查：

Note

a.脑：大脑脑膜血管扩张、淤血，大脑皮质神经细胞及小血管周围间隙增宽，白质区神经胶质细胞增生伴周间隙增宽，脑干实质内血管扩张、淤血伴周间隙增宽，小脑颗粒层血窦扩张、淤血。呈脑水肿样改变。

b.心：心外膜脂肪组织增生，并向心肌内浸入，把心肌分隔成岛状，心肌间质疏松水肿，间质内见少量散在的炎症细胞浸润，心肌间质内血管扩张、淤血，少量心肌纤维呈波浪样变性，心呈轻度脂肪浸润。

c.肺：被膜不厚，实质内血管扩张、淤血，部分肺泡腔内充满粉染均质颗粒状物质（水肿液），肺实质内多发散在点灶状出血，肺内支气管见较大量的炎症细胞浸润，肺出血、水肿，支气管炎性改变。

d.肝：被膜不厚，肝小叶尚清，肝血窦扩张、淤血，肝实质内见少量散在炎症细胞浸润，伴肝细胞坏死，呈轻度肝炎改变，胆囊黏膜上皮脱落，胆囊壁增厚，结缔组织增生，在增生的结缔组织内见多发散在集合成堆的炎症细胞浸润，呈胆囊炎改变。

e.脾：被膜不厚，实质内白髓散在，红髓血窦扩张、淤血、出血。

f.肾：被膜不厚，皮质、髓质血管扩张、淤血，肾皮质部分有点灶状出血，偶见肾小管内有透明管型形成。

g.胰：胰腺间质结缔组织增生，胰腺实质在死后自溶显著，间质内有点片状出血。

h.肾上腺：被膜不厚，束状带腺上皮细胞脂质脱失，髓质内有少量成堆炎症细胞浸润，呈轻度肾上腺髓质炎改变。

i.小肠：黏膜上皮脱落，固有层内有多发散在炎症细胞浸润，呈轻度小肠炎改变。

（4）毒物分析检验结果：血液检材中检出毒鼠强浓度为 24 μg/mL；胃内容物中检出毒鼠强浓度为 15.8 μg/mL；中药煎液中检出毒鼠强浓度为 25.1 μg/mL；煎药的锅中检出毒鼠强浓度为 12.6 μg/mL；盛药的碗中检出毒鼠强浓度为 86 μg/mL。

（本案例由中国医科大学法医学院提供）

案例解析 16-2

引导问题：

（1）根据尸检所见及组织病理学检查结果，列出法医病理学诊断。

（2）根据材料，如何分析死者的死亡原因？

（3）常见的痉挛性毒物有哪些？需要注意的鉴别诊断有哪些？

本章实践操作注意要点

1. 怀疑为农药和杀鼠剂中毒时，应认真分析典型的中毒症状和尸检所见，如有机磷中毒引起的瞳孔缩小、口吐白沫，毒鼠强中毒引起的"癫痫大发作"样表现。

2. 注意现场和尸检过程中的特殊气味，如大蒜气味、芳香气味、臭鸡蛋气味等，初步推断中毒方向并提取适当检材。

（徐国辉　张国华）

第十七章 有毒动、植物中毒

实践学习目标

1. 通过观察大体图片,掌握常见有毒动、植物中毒的肉眼观特征性表现。
2. 通过观察切片,掌握常见有毒动、植物中毒的镜下形态学特点。
3. 通过案例实训,掌握常见有毒动、植物中毒的特点及法医鉴定要点。

一、大体肉眼观

1. 蝮蛇咬伤痕 死者,男,35 岁,被蝮蛇咬伤 5 天后死亡,右脚青紫肿胀,足背见成对短条状咬伤,分别长 0.3 cm 和 0.5 cm(图 17-1)。

2. 蛇咬伤引起下肢坏死 死者,男,20 岁,被发现左下肢肿胀,送医院抢救无效,3 小时后死亡。左下肢(左侧大腿及小腿上段)高度肿胀,外观呈紫褐色,部分表皮剥脱并见大量大小不等的血性水疱形成(图 17-2)。

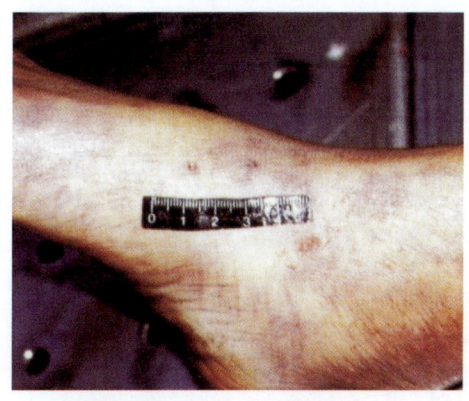

图 17-1 右足背蝮蛇咬伤

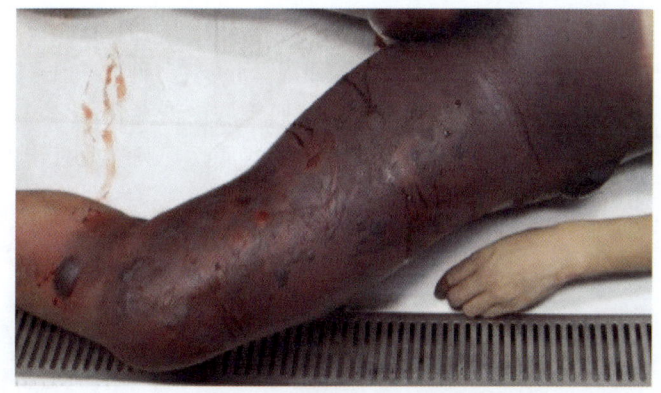

图 17-2 蛇咬伤引起下肢坏死

3. 毒蕈中毒者的肝脏 死者,女,12 岁,误服毒蕈致死。肝脏体积变小,肝细胞广泛脂肪变性及坏死并发出血,呈急性红色肝萎缩表现(图 17-3)。

4. 苍耳子中毒者的肝脏 死者,男,13 岁,误食苍耳子饼引起急性中毒,4 天后死亡。其肝细胞广泛性坏死,肝脏体积缩小,色黄,呈急性黄色肝萎缩表现(图 17-4)。注意与急性红色肝萎缩相比较。

二、组织病理学切片

1. 蝮蛇咬伤急性中毒后的肾

(1) 基本情况:死者,男,35 岁,被蝮蛇咬伤 5 天后死亡。

(2) 阅片要点:肾小管管腔内见广泛血红蛋白管型(图 17-5)。

(3) 法医病理学诊断:肾小管腔内颗粒管型形成。

Note

125

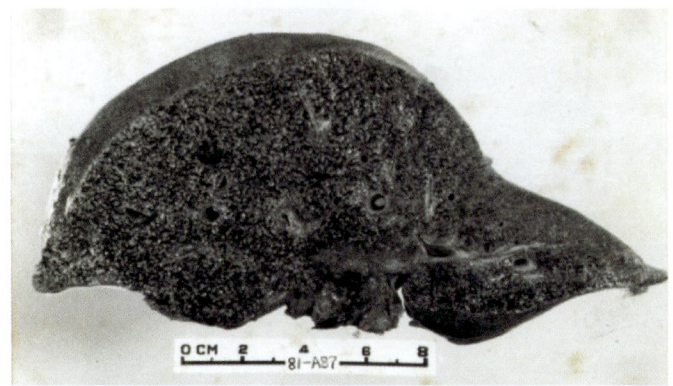

图 17-3　毒蕈中毒者的肝脏

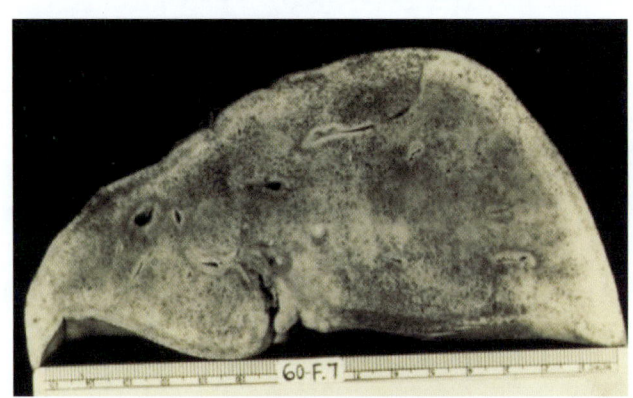

图 17-4　苍耳子中毒者的肝脏

2. 尖吻蝮蛇咬伤中毒后的大腿肌肉

（1）基本情况：死者，男，20 岁，被发现左下肢肿胀，送医院抢救无效，3 小时后死亡。左下肢（左侧大腿及小腿上段）高度肿胀，外观呈紫褐色，部分表皮剥脱并见大量大小不等的血性水疱形成。

（2）阅片要点：镜下见骨骼肌细胞广泛坏死，肌浆凝聚，嗜酸性增强，间质灶性出血（图 17-6）。

（3）法医病理学诊断：骨骼肌凝固性坏死伴灶性出血。

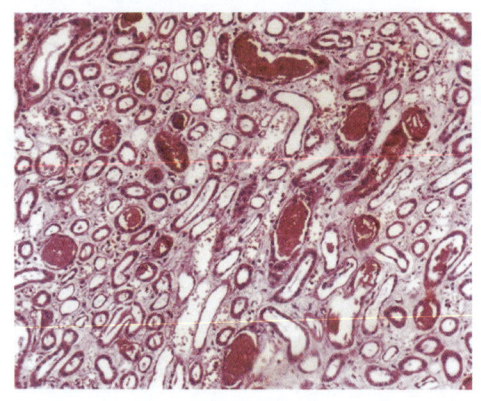

图 17-5　蝮蛇咬伤中毒后的肾（镜下观，
HE 染色，100×）

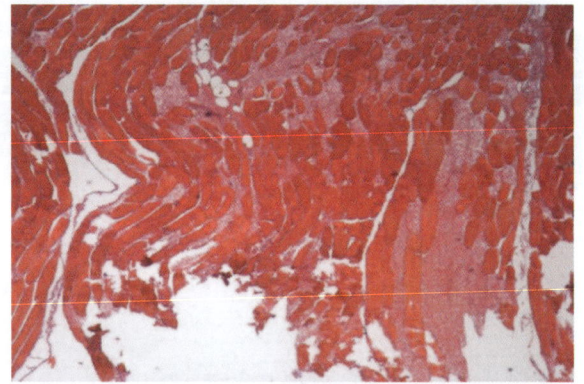

图 17-6　尖吻蝮蛇咬伤中毒后的大腿肌肉
（镜下观，HE 染色，100×）

3. 关木通中毒者的肾

（1）基本情况：死者，男，41 岁，服用以关木通为主要成分的"分清五淋丸"20 天后出现肾功能损害症状，在服药 40 天后死于以急性肾功能衰竭为主的多器官功能衰竭。

（2）阅片要点：镜下辨认肾组织结构，注意观察急性肾小管坏死、肾间质增宽（图 17-7）。

（3）法医病理学诊断：急性肾小管坏死，肾间质水肿。

4. 蜂毒中毒者的肾

（1）基本情况：死者，男，13岁。某日以石块投掷一野蜂窝，被群蜂螫伤，第4天死于急性肾功能衰竭。

（2）阅片要点：镜下辨认肾小管的结构，注意观察部分肾小管扩张，管腔内充满细颗粒状的血红蛋白管型（图17-8）。

（3）法医病理学诊断：肾小管腔内血红蛋白管型形成。

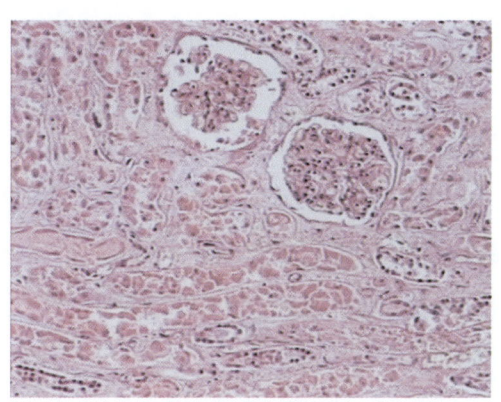

图 17-7　关木通中毒者的肾（HE 染色，100×）

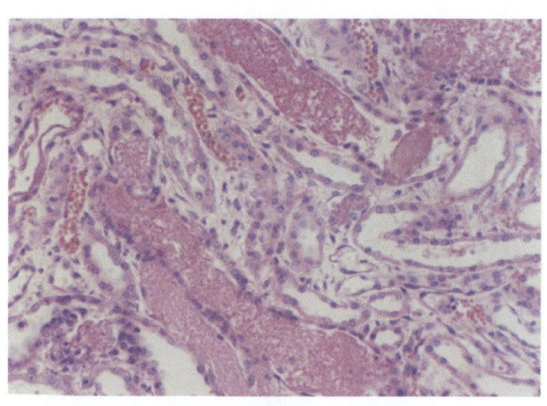

图 17-8　蜂毒中毒者的肾（HE 染色，200×）

5. 斑蝥中毒者的肾

（1）基本情况：死者，女，21岁。服斑蝥煎剂（斑蝥约25 g，煎水，服半碗）企图堕胎，引起急性中毒，有腹痛、呕吐等症状，转重后昏迷，24小时后死亡。

（2）阅片要点：肾小管上皮细胞显著水变性及轻度坏死，以近曲小管较显著（图17-9）。

（3）法医病理学诊断：中毒性肾病。

6. 斑蝥素中毒大鼠的肾

（1）基本情况：将大鼠按6.15 mg/kg的剂量进行斑蝥素混悬液灌胃染毒。大鼠中毒后活动减少，反应迟钝，食欲下降，呼吸不规则或呼吸困难，口鼻腔分泌物增多，喜饮水，毛蓬松，四肢青紫湿冷，濒死期多无挣扎，呈蜷缩卧位而死亡。

（2）阅片要点：肾小管上皮细胞显著水变性及轻度坏死，以近曲小管较显著，肾间质小血管及肾小球毛细血管显著淤血（图17-10）。

（3）法医病理学诊断：中毒性肾病。

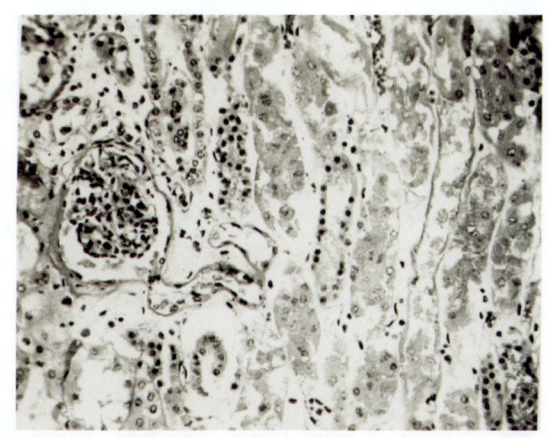

图 17-9　斑蝥中毒者的肾（黑白照片，HE 染色，200×）

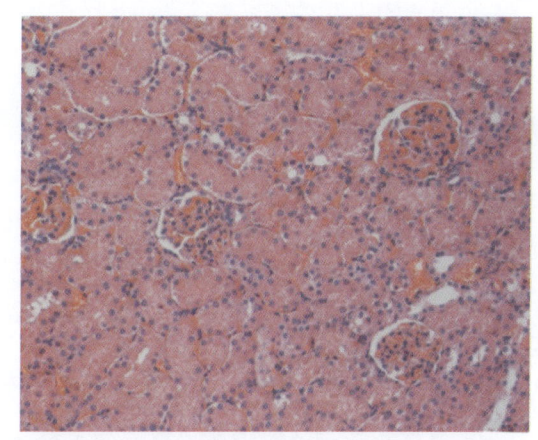

图 17-10　斑蝥素中毒大鼠的肾（HE 染色，200×）

案例实践学习

【案例 17-1】

1. 案情摘要 死者于某年某日曾在当地"中化气血益康寿"诊所就诊,并服用该诊所的中药丸剂,初每次服 30 粒,因无效逐渐加至每次 110 粒。17 日后,刘某服药后感头晕、牙紧,在家中死亡。

2. 法医学检查

(1) 尸表检查:当地法医对死者(死后 11 日)进行法医学尸体检验。尸长 176 cm,发育正常,尸斑暗紫红色,位于体背未受压处,指压褪色。尸体中度腐败,可见尸绿及腐败静脉网。睑、球结膜苍白,角膜混浊,瞳孔散大,直径约 0.6 cm,口鼻腔见血性液体流出,双手指甲发绀明显。

(2) 解剖检查:未见明显异常。

(3) 法医病理学检查:

a.脑重 1540 g,表面光滑,切面及脑室无异常。镜下见脑各部水肿、淤血,淀粉样小体形成。

b.心重 340 g,左、右心室壁分别厚 1.6 cm 及 0.4 cm,冠状动脉检查见左前降支距分支口 3.5 cm 处始有长 1.0 cm 的 Ⅰ 级粥样硬化斑块,左旋支距分支口 2.0 cm 处始见长 0.8 cm 的 Ⅱ 级粥样硬化斑块,右主干距开口 1.0 cm 处始见长 0.5 cm 的 Ⅰ 级粥样硬化斑块。镜下见心肌细胞灶性肥大,灶性自溶。右心室壁轻度脂肪组织浸润。左旋支镜下见血管内膜增厚,管腔狭窄程度达 Ⅱ 级,内膜下见泡沫细胞。

c.肺组织块重 80 g,表面及切面肉眼观未见异常。镜下见肺被膜略增厚,灶性肺气肿,部分肺泡上皮细胞脱落,部分肺内小气管周围见炭末颗粒沉积。

d.肝组织块重 80 g,表面及切面未见异常。镜下见肝淤血、自溶。

e.脾重 120 g,表面及切面未见异常。镜下见脾淤血,部分脾细、小动脉管壁增厚、呈玻璃样变性,脾自溶。

f.肾组织块重 130 g,表面光滑,包膜易剥离,皮髓质界限清,皮质厚 0.5 cm。镜下见肾内小血管及肾小球毛细血管扩张、淤血,少数肾小球纤维化、玻璃样变性,肾小管上皮细胞自溶,部分肾小管内见橘红色蛋白管型。

(本案例由华中科技大学同济医学院法医学系提供)

引导问题:

(1) 根据案情,考虑哪些死因?

(2) 案情调查及现场勘查时应注意收集哪些资料和证据?

(3) 还应该完善哪些工作?

(4) 如何分析本案的死亡原因?

案例解析

17-1

【案例 17-2】

1. 案情摘要 死者,男,23 岁。某日晚 8 时 30 分许,因腰部酸痛到个体游医朱某家中就诊,朱某让死者用高粱酒冲服切碎的约 2 cm 长、中指粗草药一节。服药后约半小时死者出现牙齿根发麻、口苦、四肢发麻、恶心等症状,随后出现频繁呕吐,呕吐物为胃内容物,后送当地卫生院抢救无效,于服药 4 小时后死亡。死者身体平素健康。

2. 法医学检查

(1) 尸体检查:当地法医尸检见全身无外伤,额面部发绀明显,各器官淤血明显。送卷宗一份、心肺组织切片,并送未冷藏保存的胃内容物、呕吐物及生药,进行法医病理学检查及法医毒物化验,以查明死因。

(2) 组织病理学检查:心肌间质明显淤血,少许点状出血;肺灶性淤血、水肿,点、灶性出血。

(3) 生药检查:在所送的生药中,发现一中指头大小的草药(重约 3 g),经咀嚼试验,试验者的舌部

Note

均出现麻刺的感觉,且持续时间较久(2~3 小时)。

(本案例由华中科技大学同济医学院法医学系提供)

案例解析
17-2

引导问题:

(1) 本案例死者的死因考虑是什么(疾病或中毒致死)?

(2) 根据死者死前表现及生药检查,如考虑中毒,可能系什么毒物中毒?

(3) 应如何收集、保存毒物化验的检材?

(4) 本案例死者的毒物化验可能会出现什么结果? 如何解释?

【案例 17-3】

1. 案情摘要 死者,男,20 岁。某年某日 8 时许,同学发现死者左腿肿胀、青紫,送往医院救治。同学代诉,发现死者左下肢肿胀、青紫 1 小时,当时精神差,叹气样呼吸,急送医院就诊。体检:深昏迷,双侧瞳孔散大至边缘,光反射消失,大动脉搏动未触及,血压测不出,叹气样呼吸,SpO_2 40%,Na^+ 123 mmol/L,$K^+>9.0$ mmol/L,左下肢膝关节以上,左大腿根部以下肢体肿胀、青紫,触之有捻发音,表皮可见数个光亮小水疱,最大一个为 3.0 cm×2.0 cm。初步诊断:①呼吸循环衰竭:感染性? 中毒性? ②酸碱平衡电解质紊乱:代谢性酸中毒,高钾血症,低钠血症。当日 8 时 58 分下达病危通知,11 时 2 分宣告临床死亡。

2. 法医学检查

(1) 尸表检查:成年男性冷冻尸体。发育正常,营养中等。尸僵缓解,尸斑鲜红色,位于腰背未受压部位,指压不褪色。尸长 176.0 cm,发长 10.0 cm,右上睑肿胀,双侧球、睑结膜点状出血,角膜透明,双侧瞳孔等大等圆,直径 5.0 mm,双侧鼻腔、外耳道及口腔可见血性分泌物,口唇及口腔黏膜未见异常,齿列正常。双手指甲及双足趾甲发绀。脐下 5.0 cm 腹部皮肤青紫、肿胀,与上腹部正常皮肤分界清楚;后腰背部皮肤青紫、肿胀,皮下散在片状出血点,其中左腰部见多个血性水疱,最大者 6.0 cm×5.0 cm,尤以左下腹部及左腰背部病变显著。左下肢(左侧大腿及小腿上段)高度肿胀,外观呈紫褐色,大部分表皮剥脱并见大量、大小不等的血性水疱形成,其中最大者位于腘窝下,大小为 10.0 cm×10.0 cm,表皮易剥离而露出真皮层。左小腿下段及左足未见异常;右下肢外观未见异常。阴囊及阴茎重度积气、肿胀。

(2) 解剖检查:切开腹部,见下腹部皮下软组织及肌肉坏死。腹壁脂肪厚 2.0 cm,各器官位置正常,形态完整,横结肠系膜出血面积为 5.0 cm×1.0 cm;左侧腰大肌出血,腹腔及盆腔可见少量血性积液。切开左下肢,见左侧大腿及小腿上部皮下软组织、肌肉广泛性出血、坏死,检查股动脉及股静脉,未见血栓形成;切开右大腿皮肤,未见异常。余器官未见明显异常。

(3) 组织病理学检查:脑重 1450 g,脑水肿显著,脑内未见血肿,脑底动脉环未见异常,双侧小脑扁桃体疝形成。镜下蛛网膜下腔偶见点状出血,部分血管内炎症细胞比例增高,可见微血栓形成;脑各部淤血、水肿显著,部分神经元嗜酸性增强、尼氏体消失、核固缩或溶解消失,部分区域星型胶质细胞反应性肥大、增生明显,胼胝体及脑干轴索增粗、肿胀或波浪样变,小脑浦肯野细胞水肿,部分细小血管淤血明显,有散在点状出血。

镜下左下肢坏死区域表皮剥脱,皮下软组织及肌肉组织出血、坏死显著;真皮层胶原纤维肿胀、崩解、结构不清或排列紊乱,间质水肿伴大片状出血及大量纤维素渗出;骨骼肌细胞呈广泛坏死,其胞质均质化、横纹消失及嗜酸性增强,核溶解、消失,部分残存肌细胞呈空泡变性,部分细小血管内皮细胞肿胀、管壁纤维素性坏死,部分细小血管红细胞溶血明显或见透明血栓形成;部分神经节水肿明显。

3. 实验室检查 提取心血,细菌培养结果为大肠埃希菌、唾液链球菌、人型葡萄球菌人型亚种、口腔链球菌阳性。

尿液中甲基苯丙胺、氯胺酮和吗啡类毒品检测均呈阴性,胃内容物未检出氰化物成分,血液、肝脏和胃内容物中均未检出毒鼠强、常见有机磷类和氨基甲酸酯类农药、常见巴比妥类和苯二氮草类安眠药及甲基苯丙胺和氯胺酮。

(案例由华中科技大学同济医学院法医学系提供)

Note

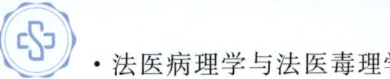

案例解析
17-3

引导问题:

(1) 根据尸检所见及组织病理学检查结果,列出法医病理学诊断。

(2) 如何分析死者的死亡原因和死亡机制?

(3) 死者左腰背部及左下肢广泛性出血坏死,急性肝、肾损害,是什么原因造成的?还应进行哪些工作予以判断?

【案例 17-4】

1. 案情摘要　某年某日死者因身体不适至省中医院就诊,初步诊断为肾功能衰竭(尿毒症)。9 日后 12 时许死者服中药治疗,服药后至当日 20 时许,死者腹泻 7～8 次(家属诉),当日继续服药;次日 5 时许,死者在住处感全身疼痛难忍伴麻木,当日继续服药,10 时许,死者出现抽搐、呼吸急促、体力不支等症状,经拨打 120,急救人员到场后发现其心跳、脉搏均已消失,急救无效,宣布死亡。

就诊当日省中医院生化检验报告:尿素 40.89 mmol/L↑(参考值 1.7～8.3 mmol/L),肌酐1587.37 μmol/L↑(参考值 22～132 μmol/L),尿酸 571.05 μmol/L↑(参考值 110～430 μmol/L)。低密度脂蛋白(LDL)2.05 mmol/L↓(参考值 2.07～3.5 mmol/L)。丙氨酸氨基转移酶(ALT)41.61 U/L↑(参考值 0～40 U/L)。尿潜血(+),尿蛋白(+++)。

中药药方载:黄芪、白术、猪苓、山茱萸、制附子各 45 g,生地、甘草、昆布、枸杞、山药、鸡内金、炒麦芽、凌霄花、女贞子、巴戟天、菟丝子、益智仁各 25 g,茯苓、当归、赤芍、郁金、泽泻、香橼、虎杖、酸枣仁、柏子仁各 15 g,干姜、川芎、黄芪、丹皮、升麻、柴胡、枳壳、生半夏各 10 g。

2. 法医学检查

(1) 尸表检查:成年男性解冻尸体,尸长 165 cm,发长 8 cm,尸斑浅淡,分布于腰背部未受压处,指压不褪色,尸僵存在于全身各大关节,双眼睑、球结膜充血,未见出血点,角膜混浊,口腔黏膜无损伤,牙齿整齐、无脱落,左、右外耳道内及鼻腔内干净。左外踝、右小腿及右足背见凹陷性水肿,指甲、趾甲苍白。

(2) 解剖检查及组织病理学检查:

a. 脑:重 1200 g,表面光滑,切开脑组织,脑各切面及脑室内无异常。镜下蛛网膜下腔及脑实质内小血管扩张、淤血,脑各部轻度水肿。

b. 心:重 460 g,左、右心室壁分别厚 1.8 cm 及 0.4 cm,心腔缩小,以左心室为重,乳头肌及肉柱粗大,冠状动脉分支及各瓣膜无异常。镜下左心室及乳头肌纤维见灶性肥大及断裂,间质内灶性纤维结缔组织增生,心肌间质内小血管扩张、淤血。

c. 肺:双肺重 1180 g,表面光滑,切面未见异常。镜下见肺内小血管及肺泡壁毛细血管扩张、淤血,部分区域肺泡腔内见大量红细胞,灶性水肿。

d. 胃:胃内见 50 mL 暗褐色流质饮食,内见未消化小米。

e. 肝:重 1300 g,表面光滑,切面无异常。镜下肝细胞灶性脂肪变性、水变性及点灶性肝细胞坏死,肝窦轻度扩张、淤血,汇管区见少量纤维结缔组织增生及以单核、淋巴细胞为主的炎症细胞浸润。

f. 脾:重 150 g,镜下见脾窦轻度淤血、溶血,脾内细小动脉管壁增厚。

g. 肾:左肾重 59.5 g,大小为 8.2 cm×4.5 cm×2.9 cm,左肾表面见 2 处大小分别为 0.8 cm×0.7 cm×1.0 cm、0.6 cm×0.5 cm×1.2 cm 的囊肿,右肾重 57 g,大小为 8.0 cm×4.6 cm×2.8 cm,双肾包膜均不易剥离,表面固缩呈细颗粒状,切面皮、髓质界限不清楚。镜下见肾小球广泛性纤维化及玻璃样变性,部分肾小球细胞成分增多,囊壁增厚,有的肾小球囊腔内见大量红细胞;多数肾小管上皮细胞重度变性、坏死,肾小管腔内可见大量均质红染的蛋白管型,肾内细小动脉管壁增厚,部分见葱皮样增厚、闭塞性纤维化和玻璃样变性,肾髓质内可见多发灶性单核、淋巴细胞浸润;肾内小血管及肾小球毛细血管扩张、淤血。

h. 肾上腺:镜下皮质细胞类脂质缺失,髓质内小血管扩张、淤血。

i. 胰:镜下见弥漫性自溶。

Note

j. 胃、小肠、大肠：镜下见黏膜层轻度自溶，黏膜下层小血管轻度扩张、淤血。

k. 膀胱空虚。

3. 毒化检验　死者胃内容物及心血中未检出常见农药、鼠药、毒品、乙醇成分。

（本案例由华中科技大学同济医学院法医学系提供）

引导问题：

（1）根据现有毒化检验结果均为阴性，是否能排除中毒？若不能，应如何进行后续工作，应注意哪些方面的问题？

（2）请根据法医学检查，列出法医病理学诊断。

（3）结合现有资料，本案例死者的死亡原因考虑是疾病还是中毒？如何分析两者在其死亡后果的发生中起到的作用？

案例解析
17-4

本章实践操作注意要点

1. 怀疑中草药中毒时，除常规提取毒化检材外，还应尽量提取药方、药物残渣、药液、原药等，必要时可咨询专业人员，辨别药物种类，以确定毒化检验方向。动物实验可作为验证毒性的辅助方法之一。

2. 如有咬伤或注射入体时，应取损伤皮肤及肌肉组织进行毒化检验，对于肽类毒素（如蛇毒、蜂毒等）还可进行免疫组织化学染色检查。

3. 注意针对不同毒物提取最佳毒化检材，例如，乌头类中毒时，尿液中乌头碱浓度较血液内高，应注意取尿液送检。

（刘良　刘茜）

第十八章 综合案例讨论

 **实践学习目标**

1. 通过本章案例讨论,进一步结合法医学实践,培养法医学死亡原因的分析思路,加强法医病理学诊断的规范性。

2. 拓展了解复杂、疑难案件及其分析思路。

3. 进一步训练独立完成法医病理学诊断及死亡原因分析的能力。

一、案例 18-1

1. 基本案情　据家属反映:某月 12 日凌晨 3 时许,被鉴定人小便时觉头晕,后感胸部不适,全身出汗,急叫 120 处理后,再次出现上述症状,当日上午到某医院就诊,后转院治疗,病情逐渐加重,经救治无效于 14 日死亡。

2. 资料摘要

(1) 某市某医院急诊病历载:某月 12 日,主诉:头晕胸闷 6 小时。现病史:6 小时前起床时感头晕、胸闷、大汗。自服降压药物并呼叫 120,测 BP 60/30 mmHg,心率 40 次/分,考虑 CO 中毒,予输液(具体不详),无好转,4 小时前呕吐一次,为少量胃内容物,伴视物旋转、乏力。体检:BP 70/50 mmHg,P 54 次/分,一般情况良好,神志清楚,心率 54 次/分,节律齐,无杂音,双肺清,腹软、无压痛,双下肢不肿。初步诊断:胸闷待查? CO 中毒?

(2) 某市某医院神经病历摘要载(转院后):某月 13 日急诊收入院。患者前一日(12 日,3am.)睡醒后起来小便时突然感觉胸前区不适、头晕,为天旋地转感,家人给服降压药(具体不详)2 片,病情无缓解,且出现大汗,拨打 120 急救,测 BP 60/30 mmHg,心率 40 次/分,给予输液治疗,2 小时后出现呕吐,吐出胃内容物,无咖啡样物。随后去转院前医院就诊,测 BP 89/53 mmHg,心肌酶高,诊断"CO 中毒可能性大",具体治疗不详,仍频繁呕吐。13 日出现发热,T 38 ℃,并逐渐出现说胡话、不认人等情况,来我院急诊内科就诊,当时 BP 89/53 mmHg,心率 52 次/分,心肌酶谱明显增高(标本溶血),CO 定性阴性,急诊 CT 示右顶叶皮质低密度、右侧小脑半球低密度。排除急性心肌梗死后以"顶叶病变原因待查"收入院。患者发病以来无肢体抽搐、大小便失禁,无饮水呛咳、声音嘶哑,饮食差,睡眠多,未大便,小便正常。既往有肾结石病史。对青霉素过敏。病前一日据家属诉,于单位有被重物砸伤史(具体不详)。家中有煤火,但同屋人无任何不适。入院查体:T 37.8℃,BP 100/70 mmHg,查体不合作。双肺呼吸音粗,可闻及干、湿啰音。心率 72 次/分,律规整,无杂音。腹胀,叩诊鼓音,肝脾不大。神经系统查体:嗜睡,双瞳孔等大等圆,对光反射灵敏,双侧面纹对称,伸舌居中,余颅神经查体不合作。四肢肌力检查不合作,刺激可见活动,肌张力正常,腱反射活跃,右侧 Hoffmann 征(＋)、Rossolimo 征(＋)、左侧 Babinski 征(＋)、Pussep 征(＋),右侧双划征阳性。感觉及共济检查不合作。入院时辅助检查:头 CT 示右顶叶皮质交界可见片状低密度影,边界不清,局部脑沟裂欠清。右侧小脑半球低密度:伪迹不除外。胸片提示右肺感染。心电图提示窦性心动过缓,V2～V4 T 波倒置。血常规:WBC 23.6×10⁹/L,N

Note

87%。血生化：ALT 97 U/L，AST 82 U/L，CK 5507 U/L，CK-MB 510 U/L，GLU 9.5 mmol/L，BUN 11 mmol/L，Na^+ 126 mmol/L，Cl^- 87 mmol/L，K^+ 4 mmol/L。入院诊断：脑梗死（椎基底动脉系统，大脑中动脉和大脑后动脉分水岭区），肺部感染，水、电解质平衡紊乱，心肌酶增高原因待查（急性心肌梗死待排除、急性肝损害待排除）。

入院后发现患者病情较重，存在严重的肺部感染，立即给予抗感染、扩容、改善微循环治疗，急查血常规、电解质、心肌酶，监测病情。入院第二日，查房时发现患者呼吸急促，查体：嗜睡，不全混合性失语，构音障碍，右肺呼吸音低，双肺可闻及较大量湿啰音，HR 100 次/分，心律齐，肝区可疑压痛，腹部膨隆。立即急查血气分析，提示氧分压极低，氧饱和度低，考虑Ⅰ型呼吸衰竭，给予面罩中流量吸氧，调整抗生素，监护氧饱和度。数分钟后患者突发呼吸停止，口、鼻部被吸出大量血性泡沫样痰，当时 HR 120 次/分，血压偏高，经积极对症抢救、气管插管、人工辅助呼吸，患者呼吸未恢复、心跳停止，血压降至0，经抢救1小时，患者死亡。

3. 检验所见

（1）尸表检验：男性尸体，尸长 170 cm，尸斑位于身体背侧未受压处，淡粉红色，指压不褪色，尸僵存在于肢体各关节。发黑，混有少量白发，发长 6.5 cm。头皮未见外伤及出血，颅骨未见骨折。双瞳等大，直径 0.6 cm，球、睑结膜无黄染及出血点；口腔内棉球填塞；双鼻腔棉球填塞，内见少许分泌物；双外耳道棉球填塞，未见异常分泌物；双肘、双手背见针痕及针痕周围皮下出血。左胸廓稍塌陷。体表余未见异常。

（2）解剖检验：常规"一"字形依次切开胸腹腔，肝位于右锁骨中线肋缘下 4.0 cm，剑突下 6.0 cm，左锁骨中线 3.5 cm。膈肌高度：右侧第 5、6 肋间，左侧第 5、6 肋间。腹腔内见少许淡红色血性液体，胃肠管胀气，腹腔内脏器位置如常。左侧第 6、7、8 肋前肋骨折，双侧胸腔见淡粉色清亮液体，左 230 mL、右 600 mL。心包光滑，心包腔内充满暗红色血性液体约 170 mL（图 18-1），并见凝血块包裹心脏（图 18-2），约 160 g。

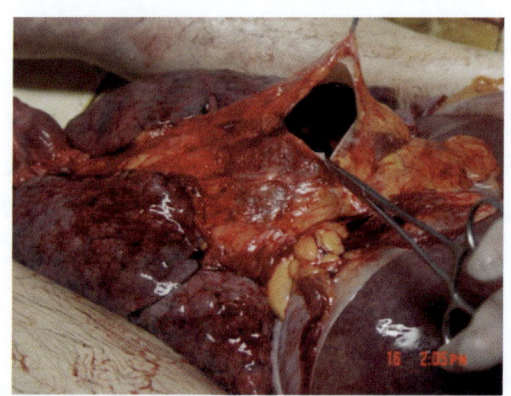

图 18-1 心包积血

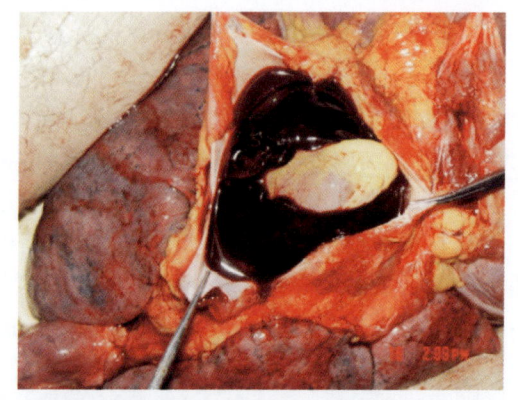

图 18-2 包裹心脏的凝血块

（3）组织病理学检验：

①脑：a. 大体：脑重 1435 g，左颞顶、右顶叶似有蛛网膜下腔出血，大脑切面可见右顶叶 1.9 cm×1.5 cm×5 cm 梗死灶，左颞顶叶 3 cm×1.5 cm×7 cm 梗死灶（图 18-3）。右小脑囊性改变，软化，梗死灶范围约 4.5 cm×4.5 cm×2 cm（图 18-4）。基底动脉及双侧颈内动脉硬化，管腔变窄，质硬。余未见异常。b. 镜下：脑部左顶区和右顶区切片可见大片状脑组织变性坏死（图 18-5），神经元细胞核固缩、碎裂、溶解、消失，伴小胶质细胞增生，并可见点片状出血。坏死灶周边区域神经元细胞肿胀，血管及神经细胞周围间隙增大，胶质细胞增生。脑组织内可见小动脉硬化。右侧小脑动脉皮层小血管内可见血栓，并见局限性出血性梗死灶（图 18-6）。局部可见蛛网膜下腔出血，并可见较多的中性粒细胞和淋巴细胞，蛛网膜下血管扩张、淤血显著。

②心脏：a. 大体：重 454 g，大小为 16 cm×11 cm×4 cm。左心室外侧壁可见两处破裂口（大小分别为 0.9 cm×0.2 cm、0.8 cm×0.3 cm），其中一处与左心室腔相通，左心室壁可见梗死灶（图 18-7 至图

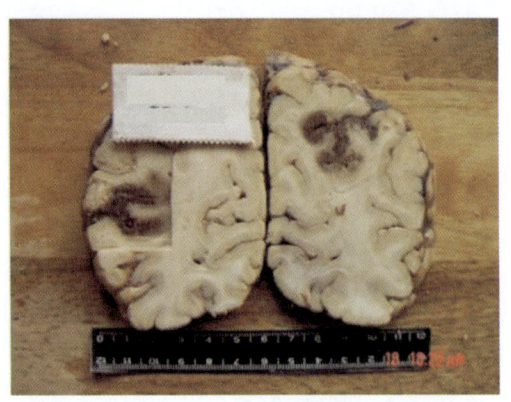

图 18-3 大脑梗死灶

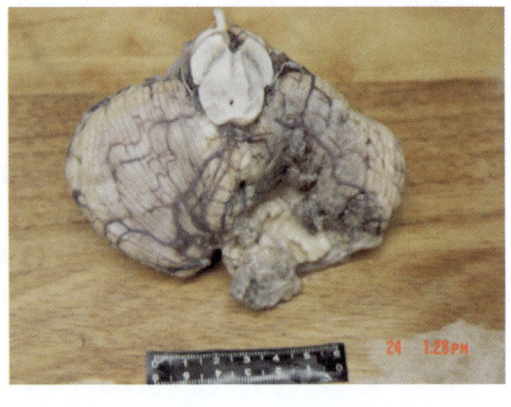

图 18-4 小脑梗死灶

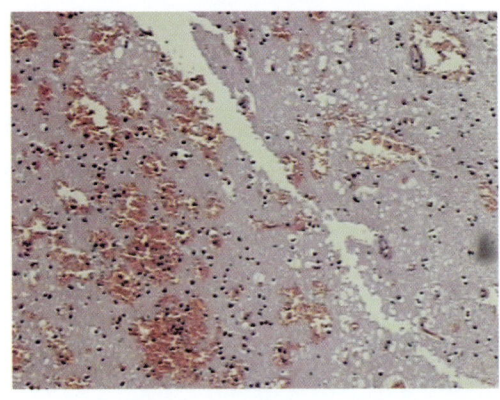

图 18-5 大脑梗死及出血

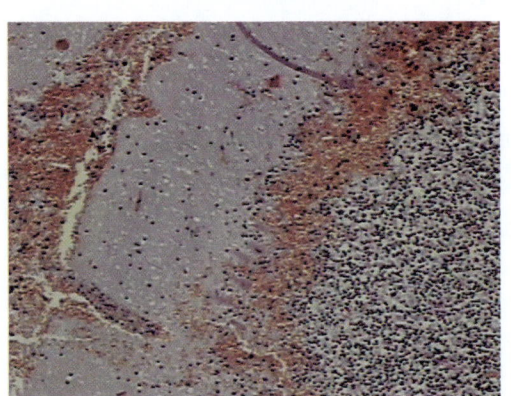

图 18-6 右小脑出血性梗死

18-10)。瓣膜周径：肺动脉瓣 8.5 cm；三尖瓣 14 cm，其上有淡黄色颗粒样物附着；二尖瓣 11.2 cm；主动脉瓣 9 cm，根部见条纹状黄色硬化斑。右心室壁厚 0.3 cm，室间隔厚 1.6 cm，左心室壁厚 1.2 cm。b. 镜下：左心室壁局部可见急性全层片状坏死，室间隔可见急性心肌坏死，心肌纤维变性坏死、溶解、消失，大量中性粒细胞浸润，并可见片状出血（图 18-11）。部分心肌纤维肌浆凝聚，嗜酸性变，横纹消失，部分心肌断裂，肌索解离，心肌间质疏松水肿，局部亦可见较多中性粒细胞浸润，纤维结缔组织未见明显增生。部分心肌细胞粗大，深染，颗粒样变性。冠状动脉管壁增厚，管腔狭窄（Ⅲ～Ⅳ级），肌层细胞增生，内膜下可见大量胆固醇结晶，伴钙化，左旋支可见血栓形成。右冠状动脉粥样硬化，管腔狭窄（Ⅱ～Ⅲ级）；前降支近段粥样硬化，管腔狭窄（Ⅲ级）；左旋支近段粥样硬化，管腔明显狭窄（Ⅳ级）（图 18-12）。

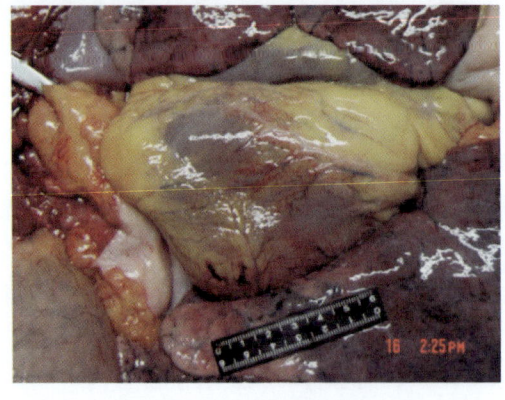

图 18-7 左心室侧壁破裂口 1

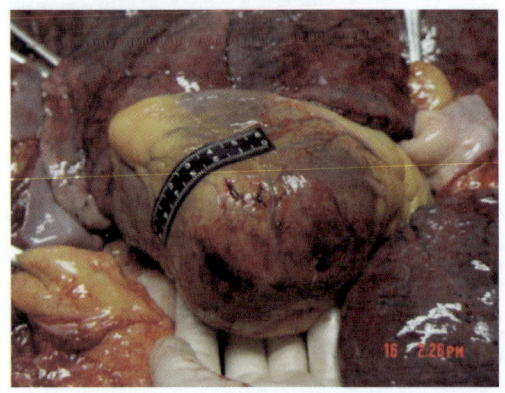

图 18-8 左心室侧壁破裂口 2

③肺：a. 大体：左肺两叶，重 604 g，大小为 25 cm×16 cm×5 cm，被膜光滑，有出血点（肺叶间见出血点）；右肺三叶，重 705 g，大小为 28 cm×18 cm×6.5 cm，被膜可见出血点，肺切面淤血、水肿。b. 镜

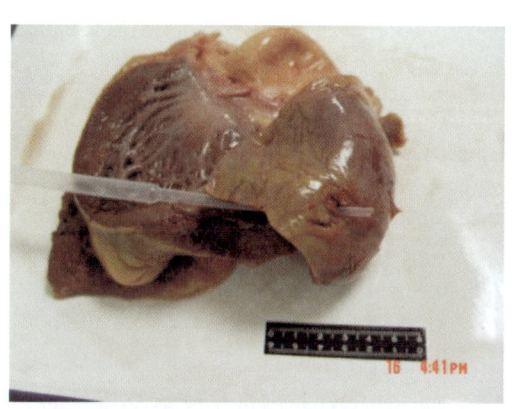

图 18-9　左心室壁破裂口与心腔相通

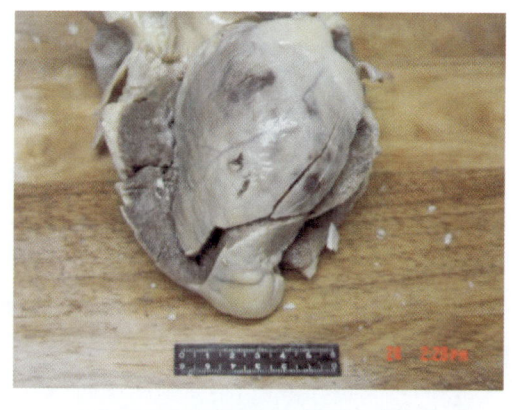

图 18-10　左心室壁破裂口(固定后)

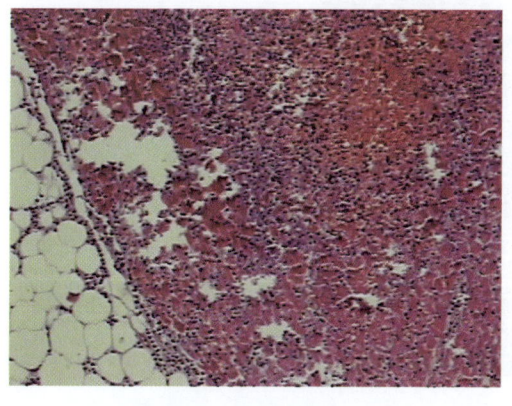

图 18-11　心肌坏死并出血

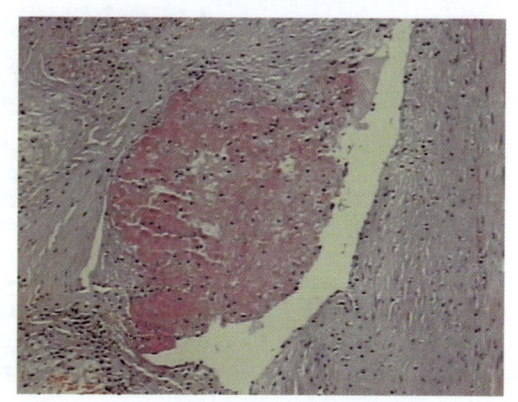

图 18-12　左旋支粥样硬化及血栓

下:局部肺组织实变,部分肺泡萎陷,部分扩张、肺大泡形成。肺泡上皮细胞肿胀,肺泡腔内可见嗜伊红渗出液及漏出的红细胞和含铁血黄素的巨噬细胞(心衰细胞),局部肺泡间隔增宽,间质水肿,可见散在的淋巴、单核细胞浸润,毛细血管高度扩张充血(图 18-13)。细小支气管上皮肿胀脱落,部分自溶,管壁各层疏松水肿,结缔组织无增生。肺内细小动脉管壁增厚,平滑肌增生。

④肝:a. 大体:肝重 1861 g(含胆囊),大小为 27.5 cm×19.0 cm×9.5 cm。被膜光滑,切面轻度淤血。胆囊:胆道通畅,胆囊充盈,囊内充满胆汁,未见结石。b. 镜下:肝小叶结构正常,肝细胞肿胀,近中央静脉肝细胞呈空泡样变(图 18-14),血窦扩张充血,库普弗细胞未见明显增生。汇管区纤维结缔组织轻度增生,可见少量淋巴细胞浸润。

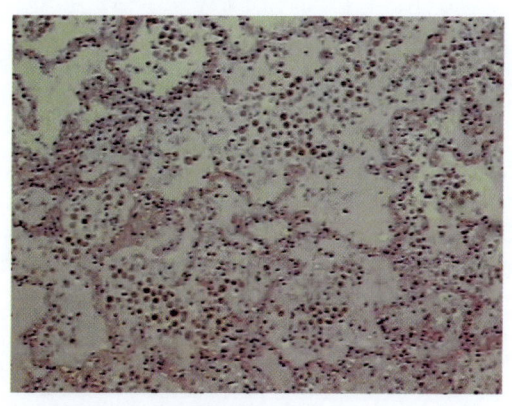

图 18-13　肺水肿(肺泡腔内见心衰细胞)

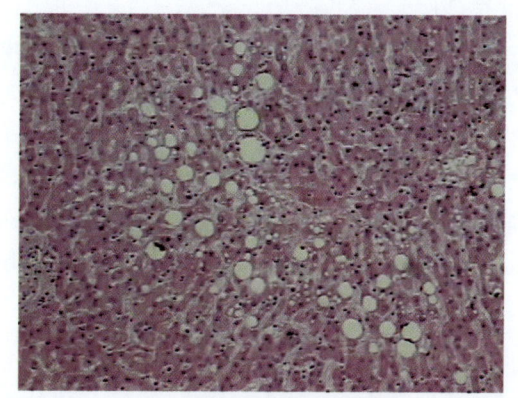

图 18-14　肝细胞空泡样变

⑤脾:a. 大体:脾重 79 g,大小为 9 cm×6 cm×2 cm,被膜轻度皱缩,切面未见显著变化。b. 镜下:脾窦扩张,淤血,白髓轻度萎缩,可见散在中性粒细胞。脾内细小动脉管壁增厚,部分可见玻璃样变性。

Note

⑥肾:a.大体:左肾重193 g,大小为11.5 cm×7 cm×3.5 cm,下极见2.5 cm×2.0 cm囊性病变,皮髓质界清,皮质厚0.6 cm,一肾盂内充满结石,绿豆样大小,暗绿色;右肾重174 g,大小为11.5 cm×6.5 cm×3 cm,上极见0.2 cm×0.3 cm囊性病变,皮髓质界清,皮质厚0.8 cm。肾上腺:双侧共重20 g,右侧肾上腺似有出血。b.镜下:有较多散在的肾小球纤维化、玻璃样变性,局部纤维结缔组织增生明显,伴散在灶状淋巴、单核细胞浸润。肾小管上皮细胞肿胀,部分自溶,肾间质小血管淤血(图18-15),部分肾小管内可见嗜伊红性渗出物。肾上腺皮质肿胀,可见结节状增生,局部可见间质内出血。

⑦胰腺:a.大体:胰重123 g,未见异常。b.镜下:胰腺腺泡上皮肿胀,间质疏松水肿,未见出血坏死。

⑧其他器官组织:a.大体:Ⅰ甲状腺:重26 g,未见异常。Ⅱ胃肠道:食管腔内可见少量黏液;胃小弯22 cm,大弯46 cm,黏膜可见少许出血点;肠未见显著变化。b.镜下:胃肠上皮细胞肿胀,脱落,黏膜下层疏松水肿,可见散在淋巴、单核细胞浸润,各层血管扩张、淤血。阑尾管腔内可见脱落及坏死的黏膜上皮细胞,伴大量淋巴、单核细胞浸润,管壁各层疏松水肿,纤维结缔组织轻度增生。

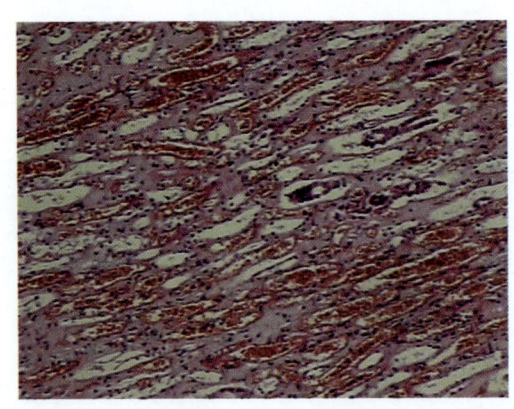

图18-15 肾间质淤血

(本案例由中国政法大学提供)

【引导问题】

(1) 根据案情资料,对于本案例死者,考虑哪些可能的死亡原因?

(2) 根据病理学检查描述及组织病理图片,列出法医病理学诊断。

(3) 分析本案例死者死因时应注意哪些排除性诊断?应如何分析鉴定意见中的死亡原因?

案例解析
18-1

二、案例 18-2

1. 基本案情 送检材料载:某年11月15日22时许,被鉴定人因被他人殴打后跌倒在地不省人事,被送到医院,经抢救治疗无效,于11月17日死亡。

某县公安局于12月18日、次年5月13日出具的鉴定意见分别为:①被鉴定人因与他人争吵打斗、生气等,脑瘤破裂出血致呼吸循环衰竭而死亡。②在与他人发生争吵打斗、生气等因素作用下诱发脑干出血致呼吸循环衰竭而死亡。

次年7月29日,某省公安厅组织神经外科、影像科、法医学专家会诊,会诊意见如下:死者头面部外伤致脑干挫裂伤、出血,引起呼吸循环功能衰竭而死亡。

次年7月30日,某市公安局出具的鉴定意见如下:系脑干挫裂伤、出血致呼吸循环功能衰竭而死亡。

为进一步确定被鉴定人的死亡原因,委托我单位重新鉴定。

2. 资料摘要

(1) 某县人民医院住院病历记载如下:

①入、出院日期分别为某年11月16日,某年11月17日。

②主诉:争吵后出现意识障碍20小时,伴呼吸停止7小时。

③现病史:患者于20小时前与他人争吵后出现神志不清,伴持续性四肢、头部抽搐,伴呕吐,未经处

理,来我院急诊,行相应检查后诊断为"中枢性呼吸衰竭,脑干出血",给予脱水、止血药物,气管插管,呼吸机辅助呼吸。在治疗过程中患者一度出现心跳、呼吸停止,升压药无法维持血压。反复呕吐咖啡样胃内容物。7小时前,呼吸停止,呼吸机控制呼吸。为进一步诊疗住院。

④体格检查:T 35.9 ℃,P 120 次/分,R 0 次/分,BP 84/56 mmHg。

⑤专科情况:神志不清,呈深昏迷,痛刺激无反应;右侧面部略肿胀,面部对称,双侧瞳孔散大固定,直径约 6 mm,无光反射;气管插管,无自主呼吸,呼吸机控制呼吸,双肺呼吸音粗,可闻及散在水泡音。痛觉丧失,四肢肌力 0 级,肌张力低。结膜反射、提睾反射、肱二头肌反射、膝腱反射未引出,双侧 Babinski 征阴性。

⑥辅助检查:头 CT 示脑干部位高密度影,大脑及脑室系统未见明显异常。头 MRI 示脑干部位高密度影,脑室内可见高密度影。

⑦初步诊断:a. 脑干出血;b. 中枢性呼吸衰竭;c. 上消化道出血。

⑧死亡记录:患者脑干出血,病情危重,表现为严重的意识障碍及呼吸、心跳中枢紊乱,持续给予呼吸机维持,升压药物维持血压,健脑促苏醒药治疗,防治并发症。从凌晨 2 时 30 分开始,多次出现血压下降,经加快升压药滴速及加大升压药浓度后,血压不升反降,给予肾上腺素后,血压仍不升高,且出现心率下降,经再次给予肾上腺素、多巴胺及间羟胺后,患者心电图呈一直线,心音消失,股、颈动脉搏动消失,唇色由红变为发绀,经抢救无效,7 时心跳停止。

⑨死亡原因:脑干出血、中枢性呼吸衰竭、脑室出血、脑干肿物、应激性溃疡伴出血。

MR 检查报告(11 月 16 日):脑桥体积显著增大,内部呈不均匀长 T_2 高信号,轮廓模糊;双侧中脑及延髓受侵。第四脑室受压、变小。双侧脑室轻度扩大。枕角内可见短 T_2 低信号影。双侧大脑半球及小脑内未见异常。诊断意见:a. 脑桥内占位性病变侵及中脑、延髓,以胶质瘤可能性大;b. 双侧脑室内少量出血。

(2)某县公安局刑事科学技术室法医学尸体检验鉴定书记载如下:

①尸表检验:尸长 170 cm,发育中等,营养一般,双侧球、睑结膜充血。双侧鼻腔有腐败液溢出。枕部可见 4 cm×3.5 cm 头皮深红色改变区,左侧面部青紫状。颈部右侧可见 0.8 cm×0.1 cm 皮肤划伤。余未见明显异常。

②解剖检验:切开头皮,头皮下及帽状腱膜下未见出血,双侧颞肌未见出血。颅骨、颅底未见骨折,蛛网膜下腔出血,脑桥可见 4 cm×3 cm×0.5 cm 出血及凝血块。颈部软组织及肌肉未见损伤及出血。胸骨、肋骨无骨折,双侧胸腔内无积液,左侧胸膜粘连,双肺未见破裂出血,心包完整,心包积液 50 mL,呈清亮色,心脏未见损伤出血。肝、胆囊、胰腺、双肾未见异常。胃壁应激性充血,胃内容物 30 mL,呈液体状。膀胱无尿。

(3)某司法鉴定中心于某年 12 月 16 日出具的司法鉴定检验报告书记载如下:

①大体:心脏重 443.0 g;心脏左心室壁厚 1.5 cm,右心室壁厚 0.3 cm,二尖瓣周径 9.0 cm,三尖瓣周径 12.0 cm,主动脉瓣周径 5.0 cm,肺动脉瓣周径 5.5 cm;左冠状动脉前降支粥样硬化,阻塞程度 Ⅲ 级,左旋支粥样硬化,阻塞程度 Ⅳ 级,右冠状动脉粥样硬化,阻塞程度 Ⅱ 级。大小脑完整,大脑表面局灶性蛛网膜下腔出血,脑干组织破碎;小脑半球有一 0.8 cm×0.5 cm×0.4 cm 的出血块。

②镜下:心肌间质淤血,心肌细胞轻度自溶。肝窦扩张、淤血,肝细胞自溶。脾组织未见明显异常。肺组织淤血、水肿,肺泡上皮自溶。肾间质淤血、水肿,肾小管上皮细胞自溶,部分肾小球纤维化,其所属肾小管萎缩,其间质可见以淋巴细胞为主的炎症细胞浸润,部分肾小动脉管壁增厚、玻璃样变性。胰腺组织未见异常。脑组织淤血、水肿,大脑表面局灶性蛛网膜下腔出血,脑干组织出血、松散,小脑出血。

③病理诊断:a. 脑干出血、局灶性蛛网膜下腔出血;b. 小脑出血。

(4)某司法鉴定中心于次年 1 月 21 日出具的司法鉴定检验报告书记载如下:

①检验过程:对送检大脑及脑干组织重新取材,经甲醛固定,组织脱水,石蜡包埋切片,苏木素-伊红(HE)染色,显微镜下观察组织病理学改变。

②镜下:脑组织淤血、水肿,大脑表面局灶性蛛网膜下腔出血,脑干组织散在斑片状出血灶。

（5）某县专家会诊意见记载如下：根据影像学资料及病理检验所见，未见脑内胶质瘤征象，分析死者生前患有胶质瘤诊断依据不足。根据 MRI 诊断、病理检验，结合尸检可见左面部肿胀，分析死者符合头面部外伤致脑干挫裂伤、出血，引起呼吸循环功能衰竭而死亡。

（6）某市公安局司法鉴定中心法医学尸体检验意见书记载如下：鉴定意见为被鉴定人系脑干挫裂伤、出血致呼吸循环功能衰竭而死亡。

3. 检验所见

（1）原尸检照片检验所见：成年男性尸体，发育正常，营养中等。尸斑位于身体背侧未受压处，暗紫红色。黑色短发，顶枕部似有小片状暗红色改变区。头皮下未见异常，双侧颞肌未见出血，颅骨未见骨折（图 18-16），硬脑膜完整，未见硬脑膜外、下出血及血肿，脑膜血管明显扩张、淤血，脑回增宽，脑干组织解剖结构不清，见有大量凝血块（图 18-17），小脑扁桃体似有压迹。左面部青紫肿胀。双眼球、睑结膜充血。双鼻腔、口腔有淡红色液体流出。口唇发绀。颈部左侧见一皮肤划伤。

胸前皮肤可见电极压痕（抢救治疗所致）。胸骨、肋骨未见骨折，大网膜原位，肝位于肋缘内，胃、肠轻度胀气。右侧胸腔内少量淡红色清亮液体，左侧胸腔未见积液。心脏与心包无粘连，心包腔内有少量淡红色清亮液体。胰腺周围组织未见异常。各内脏器官位置如常，肝、胆、胰腺、脾、双肾表面未见损伤等异常。双手指甲床发绀。余未见异常。

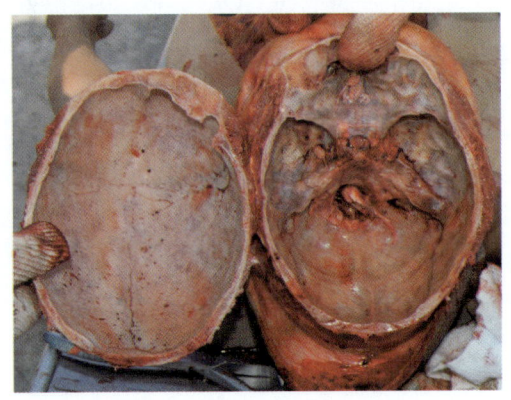
图 18-16 颅骨未见骨折（原尸体照片）

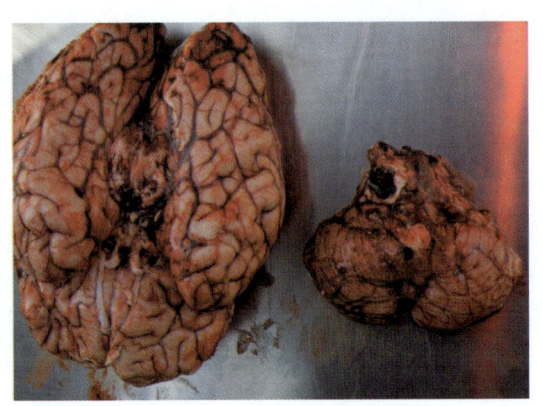
图 18-17 脑干内见出血（原尸体照片）

（2）器官标本及组织病理学检验：

①脑：a. 大体：呈切开取材后状态（图 18-18）。大脑表面血管扩张、淤血，局部似有蛛网膜下腔出血，切面未见明显异常；纱布包裹的小脑组织、部分血管和凝血块及少量脑干小组织块（已多次取材）。b. 镜下：脑膜及实质内血管扩张、淤血，大脑散在局灶性蛛网膜下腔出血，未见大脑挫伤、出血，部分神经元缺血、缺氧、变性，神经细胞及血管周围间隙增宽，多数小动脉玻璃样变性。小脑组织内见灶状新鲜出血。脑干（脑桥）实质内大片新鲜出血（图 18-19），周围卫星状分布的灶性出血，小动脉壁玻璃样变性（图 18-20），部分见血管扩张、中性粒细胞聚集和游出，呈围血管现象，出血区周边脑组织水肿，神经元缺血、缺氧、变性，胶质细胞轻度反应性增生；脑干（脑桥）周边部位未见明确挫伤、出血，蛛网膜下腔局部出血。脑组织中未见肿瘤性病变，亦未见血管性肿瘤。

②心脏：a. 大体：重 416 g。左心室壁厚 1.5 cm，室间隔厚 1.3 cm，右心室壁厚 0.3 cm；瓣膜周径：二尖瓣 9.6 cm，主动脉瓣 6.5 cm，三尖瓣 11.3 cm，肺动脉瓣 8.3 cm。心脏表面及切面未见明显异常；冠状动脉开口如常，冠状动脉粥样硬化，管腔狭窄；心脏重量增加，心室壁增厚（图 18-21）。b. 镜下：左心室壁心肌细胞肥大，部分心肌细胞内脂褐素沉积，未见心肌坏死及瘢痕。冠状动脉粥样硬化（图 18-22），管腔狭窄（Ⅱ～Ⅳ级）。

③肺：a. 大体：未见明显异常。b. 镜下：肺组织内间质血管扩张、淤血，部分肺泡融合扩张，部分肺泡腔内有少量均质粉染水肿液。

④肝：a. 大体：未见明显异常。b. 镜下：肝窦扩张，肝索结构解离，汇管区少量淋巴细胞浸润。

⑤脾：a. 大体：未见明显异常。b. 镜下：被膜和小梁稍增厚，淋巴滤泡残存，多数中央动脉管壁增厚、玻璃样变性（图 18-23），脾窦扩张、淤血。

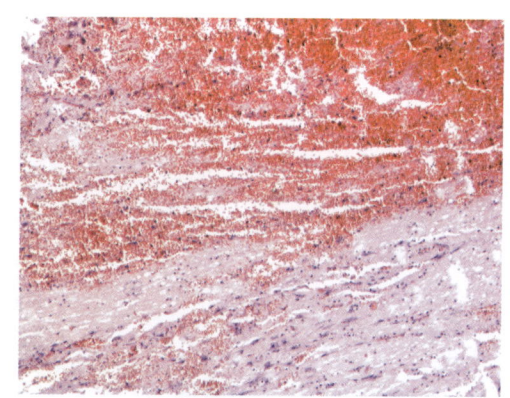

图 18-18 脑呈切开取材后状态(送检)

图 18-19 脑干(脑桥)髓内大块出血

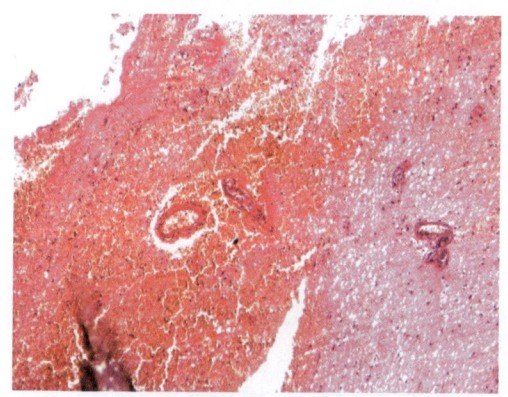

图 18-20 脑内小动脉硬化

图 18-21 心脏重量增加,心室壁增厚

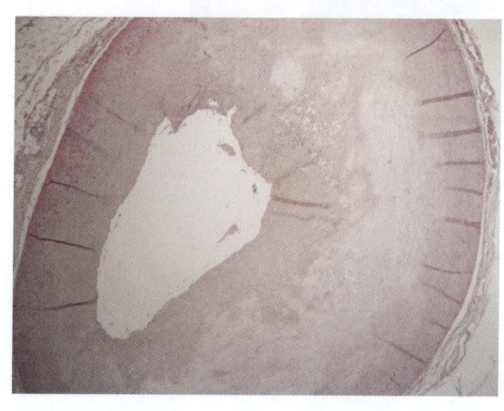

图 18-22 冠状动脉粥样硬化

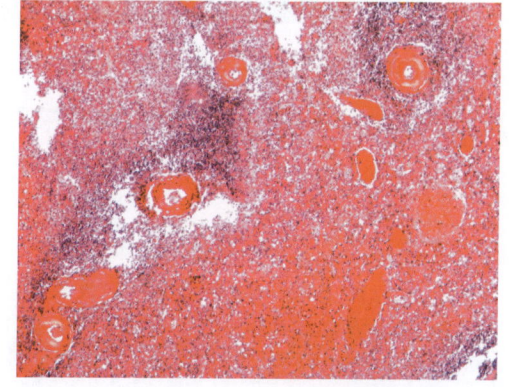

图 18-23 脾中央动脉明显硬化

⑥肾:a. 大体:未见明显异常。b. 镜下:少数肾小球纤维化,入球小动脉及多数小动脉管壁增厚、玻璃样变性(图 18-24),间质内灶状淋巴细胞浸润,间质血管扩张、淤血,并可见小囊肿形成。

⑦胰腺:a. 大体:未见明显异常。b. 镜下:自溶,未见显著变化。

(3)影像学检查所见:审阅提供的 CT 及 MR 片可见脑桥肿胀,形态欠规则,脑桥内不规则异常信号影;第四脑室受压、变小;双侧脑室后角异常信号影(图 18-25)。

(4)法医病理学诊断

①脑干(脑桥)髓内大块出血,小脑实质内灶状出血,大脑局灶性蛛网膜下腔出血;脑水肿,神经元缺血缺氧变性,脑膜和脑实质内小动脉硬化。

②左心室壁心肌肥厚,心肌纤维粗大,心肌细胞内脂褐素沉积,冠状动脉粥样硬化Ⅱ～Ⅳ级。

③脾中央小动脉明显硬化。

④部分肾小球纤维化,肾小动脉和入球小动脉硬化,间质内灶状淋巴细胞浸润(图 18-25)。

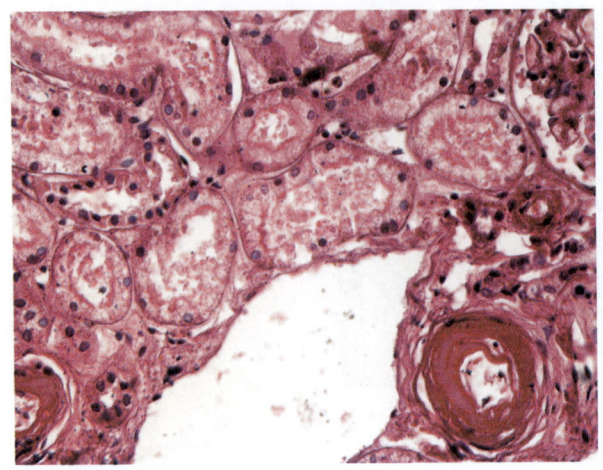

图 18-24　肾小动脉硬化

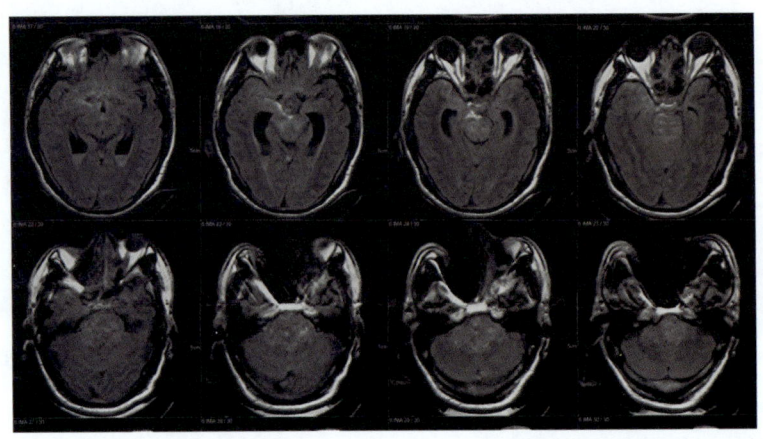

图 18-25　脑桥肿胀,脑桥内不规则异常信号影,第四脑室受压(MR 片)

⑤肺淤血。

(本案例由中国政法大学提供)

案例解析
18-2

【引导问题】

(1) 本案例经历了多次鉴定,你认为该鉴定争议的焦点是什么?

(2) 原发性脑干损伤的主要病理学改变有哪些? 此案例是否符合?

(3) 本案例有哪些检验所见符合高血压病的病理形态学改变?

(4) 对于本案例如何进行伤病关系的分析与说明?

三、案例 18-3

1. 基本案情　某年 4 月 28 日 20 时许,因感情纠纷,马某约情敌张某(女,18 岁)至某处凉亭谈话,其间马某劝张某喝下其携带的"黑啤"(后期侦查显示,此乃网购并掺有剧毒农药"百草枯");当日 23 时许,张某出现呕吐、腹泻症状。4 月 29 日上午张某入住某医院接受治疗,因病情加重,于 5 月 2 日转送上级医院治疗,5 月 17 日张某经抢救无效在该院宣布临床死亡。

2. 资料摘要

(1) 入院时间为某年 5 月 2 日,死亡时间为某年 5 月 17 日。

(2) 入院诊断:腹痛待查,肾功能不全。

(3) 入院情况及抢救经过:患者因"腹痛、呕吐、腹泻 4 日余"入院,体格检查:T 36.5 ℃,P 76 次/分,R 20 次/分,BP 122/78 mmHg,发育正常,营养中等,神志清楚,自动体位,步入病房,检查合作,全身皮肤及黏膜无黄染,全身浅表淋巴结未触及肿大。双侧瞳孔等大等圆,对光反应灵敏。颈软,气管

Note

居中,甲状腺不大。两肺呼吸音清晰,未闻及干、湿啰音,心率 76 次/分,律齐,未闻及病理性杂音。腹平软,上腹部压痛,无反跳痛,肝区无叩击痛,Murphy 征阴性,肝脾肋下未及,移动性浊音阴性,肠鸣音正常,双肾区无明显叩击痛,双下肢不肿。脊柱生理弯曲存在,生理反射存在,病理反射未引出。

某年 5 月 2 日某下级医院开具出院小结一份。立即送上级医院治疗,入院后完善相关辅助检查:

心电图:①窦性心律;②正常心电图。

CT:上腹部 CT 平扫未见明显异常,颅脑 CT 平扫未见明显病变。

胸部 X 线检查:双肺、心膈未见异常。

肝、肾常规和电解质检查:钠 132.3 mmol/L,AST 53 U/L,γ-GT 122 U/L,TP 53.4 g/L,白蛋白(Alb)32.6 g/L,结合胆红素 12.6 μmol/L,尿素 33.7 mmol/L,肌酐 503.1 μmol/L,尿酸 538.2 μmol/L,碳酸氢根(HCO_3^-)13.2 mmol/L,磷 2.48 mmol/L,淀粉酶 148 U/L,高敏 C 反应蛋白 44.72 mg/L。

尿检:上皮细胞(EC)12.5/μL。

凝血功能未见明显异常。

血常规:中性粒细胞百分比(NE%)89.3%,淋巴细胞百分比(LY%)4%。

予以禁食水、补液、纠正电解质紊乱等对症治疗。

凝血功能提示:PT 11.7 秒,PTR 1.07,INR 1.07,APTT 24.1 秒,Fbg 5.08 g/L,TT 11.4 秒,D-二聚体 0.58 μg/mL。

血常规:WBC 8.71×10^9/L,RBC 3.75×10^{12}/L,NE% 87.1%,LY% 5.1%,HGB 120 g/L,MCV 94 fL,MCH 32 pg,MCHC 340 g/L,K^+ 3.70 mmol/L,Na^+ 134.7 mmol/L,Cl^- 103.7 mmol/L,Ca^{2+} 1.76 mmol/L,P^{3+} 2.36 mmol/L。

肾功能:Cr 513.6 μmol/L,Urea 36.75 mmol/L,HCO_3^- 14.6 mmol/L。

肝功能:ALT 22 U/L,AST 50 U/L,γ-GT 123 U/L,ALP 90 U/L,TP 56 g/L,Alb 32.8 g/L,Glo 23.2 g/L,TBil 27.3 μmol/L,UCBil 5.7 μmol/L,CBil 21.6 μmol/L。

血气分析:pH 7.296,PCO_2 24.2 mmHg,PO_2 91.1 mmHg,HCO_3^- act 11.6 mmol/L,HCO_3^- std 14.2 mmol/L,SO_2 95.4%(吸氧状态)。

治疗上给予抑酸护胃、护肝、护肾、抗炎、补液等对症治疗。安排行连续性肾脏替代治疗、血液灌流等血液净化治疗。患者出现呼吸困难、氧饱和度逐渐下降,转入重症监护病房,呼吸机辅助呼吸,床边胸片检查结果提示双肺纹理增强。经全院会诊及据警方调查结果,患者多脏器损害为百草枯中毒所致,治疗上继续行激素抗炎、抗氧化、脏器保护、连续性肾脏替代治疗及血液灌流、抗感染、护肝、抑酸护胃、营养心肌、护肾、输血、补液支持等治疗。患者肺部病变逐渐进展,5 月 9 日胸部 CT 提示:双肺弥漫磨玻璃样高密度灶及实变影,境界模糊,较前(5 月 6 日)实变面积略增大。肺门结构清晰,气管通畅,纵隔无移位,其内未见明显肿大淋巴结,胸腔无积液。5 月 11 日复查胸片提示,双肺纹理增强,双肺可见斑片状密度增高影,边缘模糊,双侧较对称;心影大小、形态未见异常,膈面光滑,肋膈角锐利。患者在呼吸机辅助呼吸状态下,氧饱和度仍进行性下降,复查血气分析,结果提示Ⅰ型呼吸衰竭。5 月 15 日复查血常规,结果提示:WBC 14.7×10^9/L,RBC 2.4×10^{12}/L,NE% 94.4%,LY% 2.5%,HGB 74 g/L,MCV 91.6 fL,MCH 30.8 pg,MCHC 337 g/L,PLT 107×10^9/L。复查肾功能:Cr 94.2 μmol/L,Urea 6.77 mmol/L,UA 62 μmol/L,HCO_3^- 18.7 mmol/L,Glu 7.95 mmol/L。肝功能:ALT 26 U/L,AST 22 U/L,γ-GT 126 U/L,ALP 97 U/L,TP 72.7 g/L,Alb 37.2 g/L,Glo 35.5 g/L,A/G 1.05,TBil 21.7 μmol/L,NcBil 9.8 μmol/L,CBil 11.9 μmol/L。患者于 2016 年 5 月 17 日 4 时 10 分出现心搏骤停,抢救无效,宣布死亡。死亡原因:肺间质纤维化,呼吸衰竭,严重低氧血症。死亡诊断:百草枯农药中毒;多脏器功能衰竭,肾功能衰竭,代谢性酸中毒,弥漫性肺间质纤维化,Ⅰ型呼吸衰竭,消化道出血,心力衰竭,肝功能损害;口腔黏膜溃疡,肺部感染。

(4)毒化检测:张某血样检出百草枯成分。

3. 检验所见

(1)尸表检验:成年女性解冻尸体,尸长 155 cm,发育正常,营养中等,尸斑呈暗红色,位于腰背部未

受压处,指压不褪色。发长 36 cm,结膜苍白,双侧角膜透明,左、右瞳孔直径均为 0.6 cm,双侧外耳道、鼻腔干净,口腔内干净,牙齿整齐无脱落。双手指甲发绀,双足趾甲苍白。右脸颊见长约 1.5 cm 的擦伤,已结痂。颈部正中见大小 1.5 cm×0.8 cm 的气管插管创口,右锁骨区于锁骨中线处见穿刺针孔,周围见大小 2.5 cm×2.0 cm 的皮下青紫。左腹股沟见穿刺针孔 1 个,周围见大小 11 cm×1.6 cm 的皮下青紫;右腹股沟见大小 9 cm×4.5 cm 的皮下青紫,右足背见注射针孔 1 个。左肘窝注射针孔 1 个,周围见大小 6.5 cm×4.5 cm 的皮下青紫;右手背注射针孔伴散在皮下青紫。外阴部无明显损伤,处女膜完整无破裂。

(2) 解剖检验:头皮及帽状腱膜无损伤及出血,左、右颞肌无出血,颅骨无骨折。硬脑膜外及硬脑膜下无异常,蛛网膜下腔未见出血。颅底未见骨折。颈部皮下及各肌群无出血,喉头未见异常,舌骨、甲状软骨及环状软骨无骨折。食管、气管腔内干净。双侧扁桃体及甲状腺未见异常。胸骨及肋骨无骨折,双侧胸腔内无积液,气管及左、右主支气管腔内未见异常。心包膜完整无破裂,心包腔内见少量淡黄色冰碴。腹壁皮下脂肪厚度为 1 cm,腹腔内干净,各器官位置未见异常,左、右侧膈肌高度分别为第 4 肋间、第 5 肋间。胃呈空虚状,各段小肠及大肠肉眼观未见异常。

(3) 组织病理学检验:

① 脑:a. 大体:脑重 1430 g,表面光滑,脑各切面及脑室内无异常。b. 镜下:蛛网膜下腔及脑实质细小血管扩张、淤血,各部脑组织水肿。

② 心脏:a. 大体:重 250 g,左、右心室壁分别厚 1.0 cm、0.2 cm。心外膜、心内膜、各瓣膜未见异常,冠状动脉各支检查未见异常。b. 镜下:左、右心室及乳头肌灶性心肌细胞肥大、断裂,部分心肌纤维横纹不清,肌浆凝聚,嗜酸性染色增强,间质纤维结缔组织增生,右心室壁小血管扩张、管腔内中性粒细胞比例增高,少量脂肪组织浸润(图 18-26)。

③ 肺:a. 大体:左肺、右肺分别重 600 g、650 g,表面光滑,呈大理石样外观,触之质实,切面大片出血。b. 镜下:肺组织正常结构消失,间质广泛性纤维化(图 18-27),多数肺泡腔内见少量以中性粒细胞为主的炎症细胞浸润及大量纤维素渗出交织成网状,偶见灶片状出血,部分残存肺泡腔及细、小支气管上皮细胞变性、脱落、坏死,有的肺泡壁内侧可见均一红染的蛋白膜形成(肺泡透明膜形成);肺内细、小动脉管壁中层增厚(图 18-28)。Masson 三色染色显示大片状胶原纤维形成的蓝染区域存在(图 18-29)。

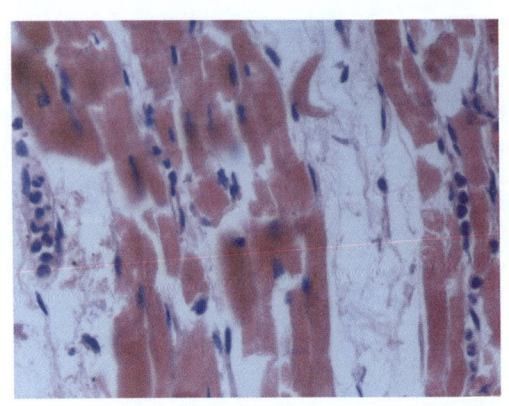

图 18-26　右心室壁(小血管腔内中性粒细胞比例增高)

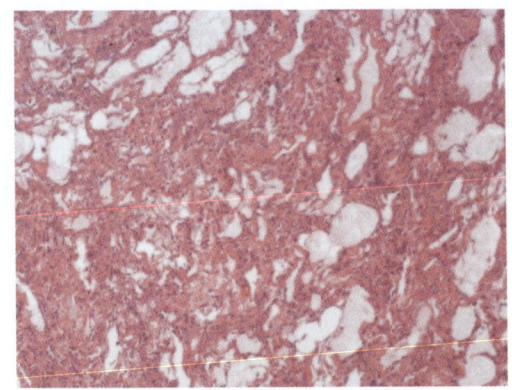

图 18-27　肺组织结构破坏并广泛性纤维化

④ 肝:a. 大体:重 1100 g,表面光滑,切面淤血。b. 镜下:肝细胞轻度自溶,部分区域可见灶片状肝细胞坏死及以中性粒细胞为主的炎症细胞浸润,肝窦扩张、淤血,汇管区见少量纤维结缔组织增生及以中性粒细胞为主的炎症细胞浸润。

⑤ 脾:a. 大体:重 150 g,表面光滑,切面淤血。b. 镜下:脾窦扩张、淤血、溶血。

⑥ 肾及肾上腺:a. 大体:双肾共重 260 g,包膜易剥离,切面皮、髓质分界清楚,皮质厚 0.5 cm。肾上腺肉眼观及镜下未见异常。b. 镜下:肾近曲小管灶片状坏死及少量炎症细胞浸润,部分肾小管腔内见均质红染的蛋白管型形成(图 18-30)。肾上腺皮质束状带细胞类脂质脱失,髓质内小血管扩张、淤血,并灶性出血。

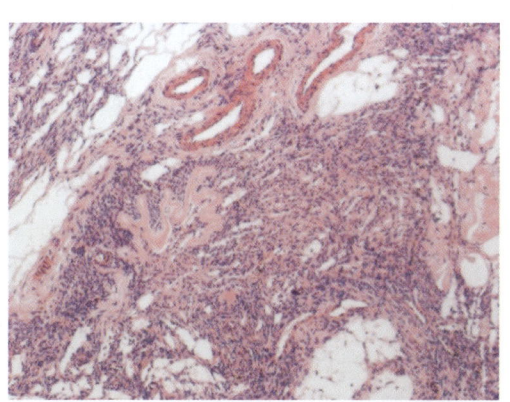

图 18-28　肺纤维化,小血管管壁增厚

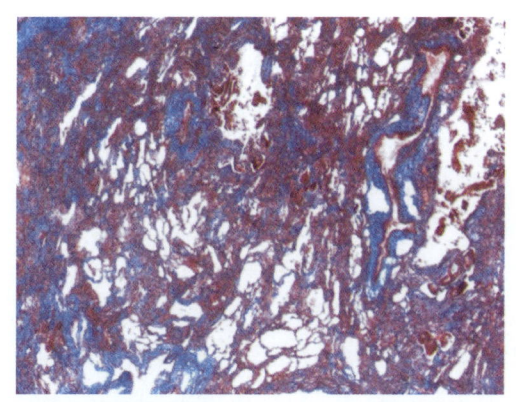

图 18-29　Masson 染色示肺间质纤维组织增生(蓝色)

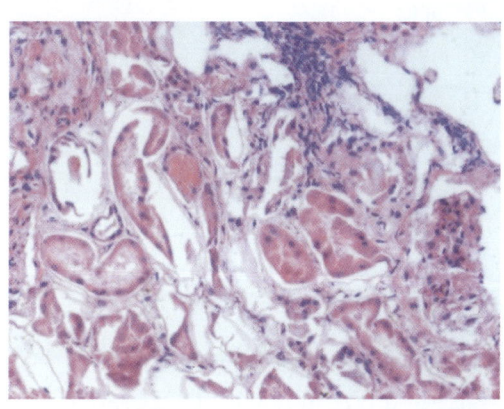

图 18-30　部分肾小管坏死,部分肾小管腔内蛋白管型形成

⑦胰腺:a. 大体:重 200 g,表面、切面无异常。b. 镜下:弥漫性自溶。

⑧子宫及附件:a. 大体:子宫及双侧附件共重 200 g,表面及切面未见异常。b. 镜下:未见异常。

(本案例由华中科技大学同济医学院法医学系提供)

【引导问题】

(1)请根据案例资料,列出法医病理学诊断。

(2)百草枯中毒的特点有哪些?

(3)本案例鉴定为百草枯中毒的依据有哪些?

(4)通过对本案例的讨论,你觉得对此类案件的鉴定,有什么需要完善的?

案例解析
18-3

四、案例 18-4

1. 基本案情　某年 8 月 8 日 13 时许,罗某(女,48 岁)与他人发生纠纷,被人用汽油烧伤头部、背部、胸部等多处,后住院治疗,于 8 月 14 日宣布临床死亡。

2. 资料摘要

(1)入院时间:某年 8 月 8 日。死亡时间:某年 8 月 14 日。

(2)入院情况:患者罗某,以"头身多处烧伤伴疼痛 2 小时"为主诉于某年 8 月 8 日 14 时 54 分入院。患者于 2 小时前被火烧伤头身多处,当即感烧伤处灼痛不适,无呼吸困难,无心慌及胸闷,无肢体抽搐,在外未进行任何治疗,急由 120 接送入我院,门诊以"特重度烧伤(烧伤面积 65%)"收住我科。入院查体:T 37.5 ℃,P 104 次/分,R 20 次/分,BP 192/117 mmHg,表情痛苦,检查不合作。专科检查:头面部及颈部见面积约 8% 的Ⅲ度烧伤创面,创面呈皮革样改变,触痛不明显,表皮脱落,胸腹部见面积约 22% 的Ⅲ度和深Ⅱ度烧伤创面,创面呈皮革样及红白相间改变,触痛不明显,表皮脱落,臀部及双侧大腿后侧见面积约 12% 的深Ⅱ度烧伤创面,创面呈红白相间改变,创面少许水疱形成,表皮脱落。双上肢见面积约 18% 的Ⅲ度烧伤创面,创面呈皮革样改变,触痛不明显,表皮脱落,双小腿及双足见面积约 5% 的Ⅰ度

Note

烧伤创面,创面水疱形成,触痛明显,渗液。

(3) 病程记录:某年 8 月 9 日 9 时 47 分,患者呈嗜睡状。查体:P 98 次/分,R 15 次/分,BP 165/88 mmHg,心肺听诊无明显异常,腹平软,无压痛及反跳痛,无肌紧张,肠鸣音可。辅助检查:pH 7.273,PCO_2 37.5 mmHg,PO_2 68.1 mmHg,HCO_3^- 17.0 mmol/L,BE^- 9.10 mmol/L;Na^+ 156.7 mmol/L,K^+ 3.81 mmol/L,Ca^{2+} 1.436 mmol/L;HCT 55.6%,乳酸 4.4 mmol/L。凝血功能:PT 15.60秒,INR 1.26,APTT 166.30 秒,D-二聚体 3.84 μg/mL,纤维蛋白(原)降解物 7.96 μg/mL。心肌酶谱:谷草转氨酶 54 U/L,乳酸脱氢酶 348.00 U/L,肌酸激酶 332.00 U/L。肝功能:总蛋白 48.7 g/L,白蛋白 28.7 g/L。电解质:K^+ 3.01 mmol/L,Ca^{2+} 1.84 mmol/L。C 反应蛋白 17.21 mg/L。患者目前极危重,近期可能因低血容量性休克,后期可能因感染、休克、多器官功能不全、严重内环境紊乱而死亡。

某年 8 月 10 日 18 时 10 分:患者 SpO_2 35%、胸廓未见起伏,立即经鼻吸痰,请麻醉科在纤支镜下经鼻插入导管,接呼吸机辅助通气,约 2 分钟后 SpO_2 96%、HR 175 次/分、BP 167/72 mmHg,因眼睑肿胀无法观察瞳孔,四肢可活动,大动脉可搏动。抢救成功。

某年 8 月 13 日 9 时 43 分:给予患者镇静镇痛治疗,气管插管,呼吸机辅助呼吸。查体:P 136 次/分,R 16 次/分,BP 105/62 mmHg,SpO_2 70%~80%(FiO_2 100%),头面部及颈部见面积约 8%的Ⅲ度烧伤创面,创面呈皮革样改变,见大量渗液,口唇、鼻腔及双耳严重变形,见大量分泌物溢出。全身大部分无菌敷料包裹,见大量渗液,无法检查。辅检:某年 8 月 12 日,凝血功能:纤维蛋白原 8.49 g/L、PT 13.30 秒、D-二聚体 8.41 μg/mL、纤维蛋白(原)降解物 32.28 μg/mL。心肌酶谱:谷草转氨酶 65 U/L,肌酸激酶 463.00 U/L。肾功能:尿酸 77.00 μmol/L。肝功能:白蛋白 25.8 g/L,总胆红素 27.30 μmol/L,直接胆红素 10.8 μmol/L。C 反应蛋白 185.47 mg/L。血细胞分析:白细胞 13.06×10⁹/L、中性粒细胞比率 91.80%。电解质大致正常。主任指示:患者目前 SpO_2 下降,呼吸机支持参数高,考虑呼吸道烧伤所致,不除外 ARDS,今日适当限液利尿治疗;患者肝功能受损,今日给予护肝治疗;继续给予补液、防感染等治疗。反复向家属交代病情,患者病情危重,随时可能死亡,家属表示理解,要求积极治疗。

影像学检查:某年 8 月 13 日胸部 X 线片结果提示两肺炎性病变并肺水肿可能,左侧胸腔积液可能。

患者于某年 8 月 13 日 23 时 40 分心跳停止,8 月 14 日 0 时 10 分宣布患者临床死亡。死亡诊断:特重度烧伤(烧伤面积 65%),肺部感染,呼吸循环衰竭。

3. 检验所见

(1) 尸表检验:成年女性解冻尸体,尸长 163 cm,发育正常,营养良好,发长 2.5 cm。头、面、颈、胸、背部及四肢广泛烧伤(图 18-31、图 18-32)。前额发际头发可见烧焦样改变,头部额、左颞及颈部广泛烧伤;睫毛及眉毛缺失,可见睫毛症候(图 18-33),结膜苍白,双侧角膜轻度混浊,双侧瞳孔直径约 5 mm,鼻腔内可见大量黄色黏稠状液体流出,双侧外耳道可见黄色液体,牙列整齐,双侧颊黏膜破溃,上、下唇内侧可见广泛破溃,局部组织糜烂;右上臂内侧及右胸部外侧见 22.0 cm×16.0 cm 化脓性改变,局部出血,双手皮肤脱离;后背部、双侧臀部及大腿中段上部 94.0 cm×54.0 cm 范围内广泛烧伤,左大腿外侧见 24.0 cm×14.0 cm 烧伤,左小腿背侧见 7.0 cm×5.5 cm、7.0 cm×4.5 cm、3.0 cm×1.0 cm 烧伤,左足跟外侧见 2.0 cm×1.5 cm 烧伤,表皮脱落,局部可见真皮层,白色黏膜附着,左足背见 14.0 cm×10.0 cm 烧伤,右髋部外侧见 15.0 cm×4.0 cm 烧伤,局部皮肤缺失,右小腿中下段见 25.0 cm×19.0 cm 烧伤,右足背见 9.0 cm×8.5 cm 烧伤,双手指甲发绀,双足趾甲苍白。

(2) 解剖检验:头皮水肿,帽状腱膜点状出血,左、右颞肌无出血,颅骨无骨折。硬脑膜外、下无异常,蛛网膜下腔未见出血。小脑扁桃体疝形成。颈部皮下及各肌群无出血,喉头见假膜形成,舌骨、甲状软骨及环状软骨无骨折。

胸骨及肋骨无骨折。打开胸腔,左侧胸腔内见 300 mL 暗红色清亮液体,右侧胸腔内见 100 mL 暗红色清亮液体,气管腔内假膜形成,局部脱落,气管下段及左、右主支气管内见大量黄色脓性液体(图 18-34)。心包膜完整无破裂,心包腔内见淡黄色清亮液体。腹壁脂肪厚度 4.0 cm,腹腔内未见出血或渗液,胃内见约 300 mL 食物残渣,胃壁、各段小肠及大肠肉眼观未见异常。各器官位置未见异常,胰被膜下出血(图 18-35)。

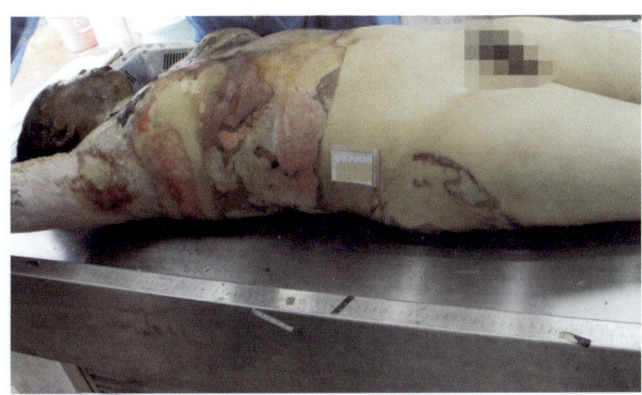

图 18-31 体表烧伤 1

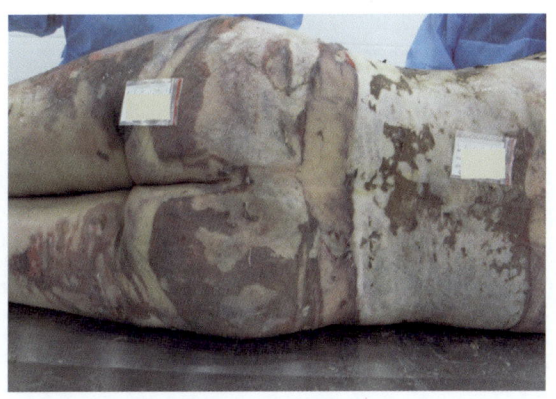

图 18-32 体表烧伤 2

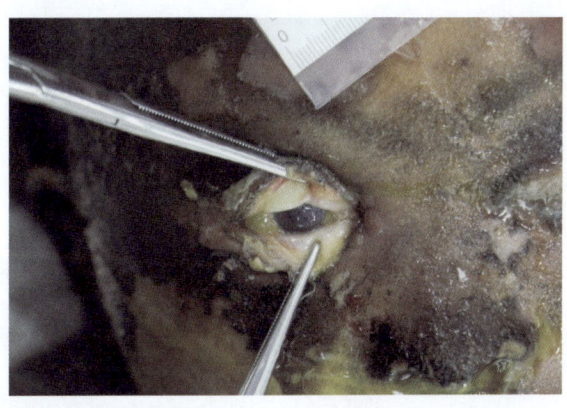

图 18-33 睫毛症候

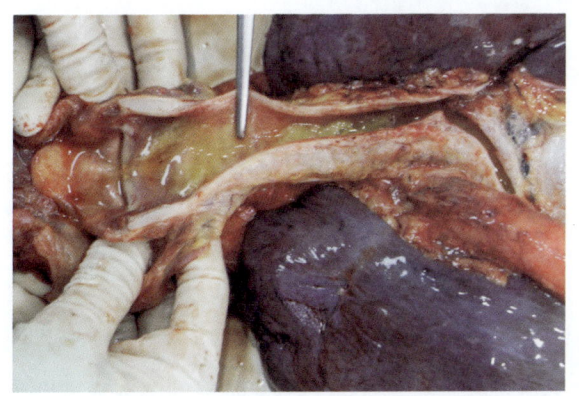

图 18-34 气管内见大量黄色脓性液体

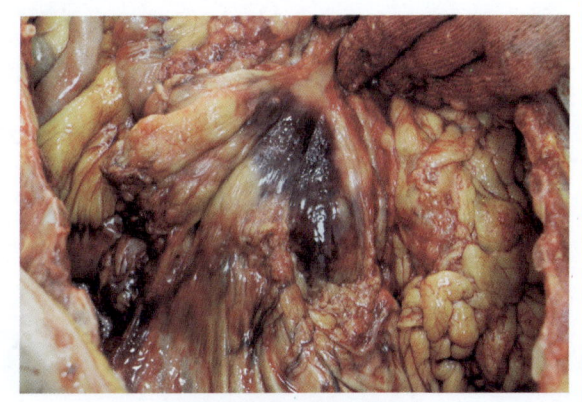

图 18-35 胰被膜下出血

（3）组织病理学检验：

①脑：a. 大体：重 1390 g，各切面及脑室内无异常。b. 镜下：蛛网膜下腔及脑实质小血管扩张、淤血，脑组织水肿、自溶，部分脑实质见灶性围管性出血。

②心脏：a. 大体：重 404 g，左、右心室壁分别厚 1.3 cm、0.4 cm，左、右心室腔内见大量鸡脂样凝血块。心外膜、心内膜、各瓣膜及冠状动脉检查未见异常。b. 镜下：左心室壁及乳头肌灶性心肌纤维断裂，小灶性纤维结缔组织增生，血管腔内炎症细胞比例升高，右心室壁轻度脂肪组织浸润。

③喉头、气管及肺：a. 大体：喉头、气管见解剖检验。左肺重 548 g，右肺重 1021 g，表面及切面未见异常。b. 镜下：喉头周围软组织灶性出血，间质小血管淤血，喉头及气管黏膜层见炎性坏死物附着，黏膜下淋巴细胞浸润（图 18-36、图 18-37）。双肺淤血，弥漫性肺水肿，灶性肺不张，肺泡腔内见大量以中性粒细胞为主的炎症细胞浸润，细支气管壁上皮细胞脱落坏死，细小支气管腔内见大量炎性坏死物，肺泡间质见炭末颗粒沉积（图 18-38）。

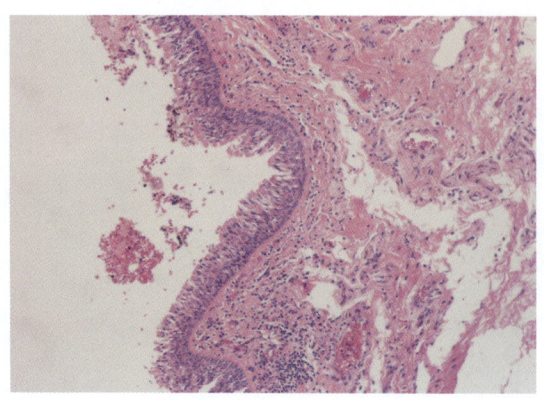
图 18-36　喉头黏膜坏死物附着、炎症细胞浸润

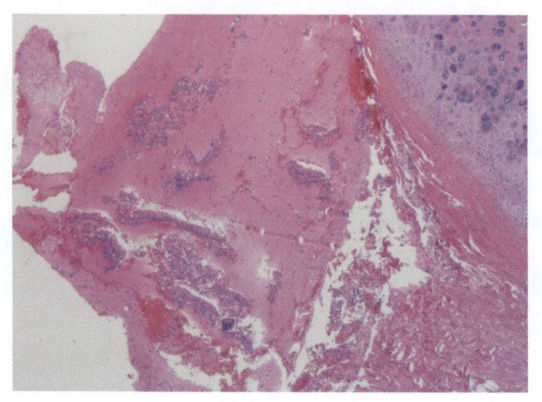
图 18-37　气管黏膜脱落、坏死物附着

④肝：a. 大体：重 1385 g，大小为 30.0 cm×18.0 cm×7.0 cm，表面及切面肉眼未见异常。b. 镜下：肝组织自溶，灶性肝细胞脂肪变，汇管区淋巴细胞浸润。

⑤脾：a. 大体：重 150 g，大小为 11.5 cm×9.0 cm×2.5 cm，表面及切面肉眼未见异常。b. 镜下：淤血改变。

⑥肾及肾上腺：a. 大体：双肾共重 330 g，包膜易剥离，切面皮、髓质分界清楚，皮质厚 0.5 cm。b. 镜下：肾内小血管扩张、淤血，肾小管上皮细胞自溶。肾上腺肉眼观及镜下均未见异常。

⑦胰腺：a. 大体：重 113 g，被膜下及间质出血。b. 镜下：胰组织自溶，被膜下片灶性出血。

⑧烧伤处皮肤：a. 大体：肉眼观呈暗黄色。b. 镜下：表皮层及真皮层缺如，皮下组织灶性出血、坏死（图 18-39）。

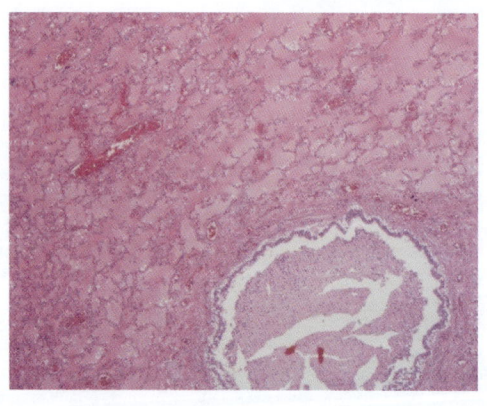
图 18-38　肺淤血、水肿，细支气管壁上皮细胞坏死、脱落

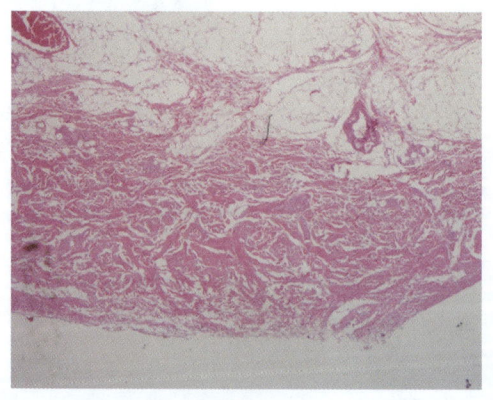
图 18-39　表皮、真皮层缺如，皮下组织灶性出血、坏死

（本案例由华中科技大学同济医学院法医学系提供）

案例解析
18-4

【引导问题】

（1）本案例如何进行法医病理学诊断？

（2）烧死的常见病理学改变有哪些？此案例是否符合？

（3）本案例死亡经过的特点是什么？如何进行死因分析？

（4）案件当事人提出医院救治不当，导致患者感染是死亡的原因，作为司法鉴定人，你认为应该如何分析？

五、案例 18-5

1. 基本案情　据介绍，汪某原有犯罪前科，为网上被追逃人员。当地公安部门对其进行布控抓捕，某年 11 月 17 日，汪某在当地大桥收费站被公安人员抓捕过程中，突发昏迷倒地、全身抽搐，被送至某市人民医院，经抢救无效死亡。

2. 尸体检验

（1）尸表检验：男性尸体，消瘦，尸长 177 cm，角膜轻度混浊，瞳孔可辨，直径 0.6 cm，散大至边。睑、球结膜未见出血点。右侧鼻腔有少量淡黄色液体。口唇少许白色干性痂样物附着（图 18-40）。上下唇轻度皮革样化，口腔内有少许白色半固体样物及食物残渣。左额眉中及眉梢外侧二处浅擦伤，大小分别为 0.6 cm×0.4 cm、1.5 cm×0.4 cm。右额及左颧部见白色小划痕。左前臂有一条医用胶布黏附，内侧二条浅划痕，分别长 2.5 cm、2.0 cm。右腹股沟见穿刺针眼。尸斑位于背腰部未受压处，呈鲜艳紫红色（图 18-41）。上肢尸僵未完全缓解。双手指甲床发绀明显（图 18-42），双足甲床轻度发绀。阴囊无肿胀，睾丸完整，肛周未见异常。浅表淋巴结未触及肿大。

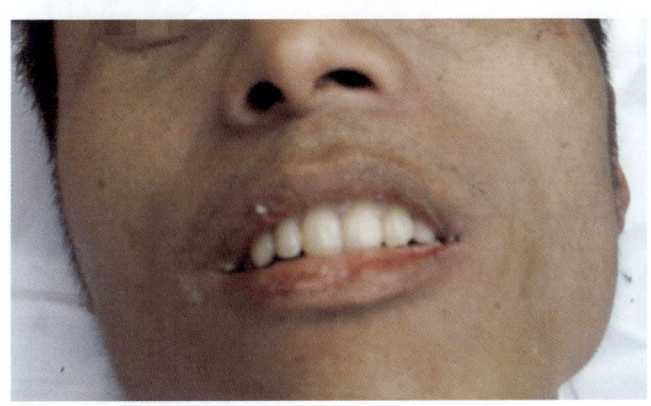

图 18-40　口唇白色干性痂样物附着

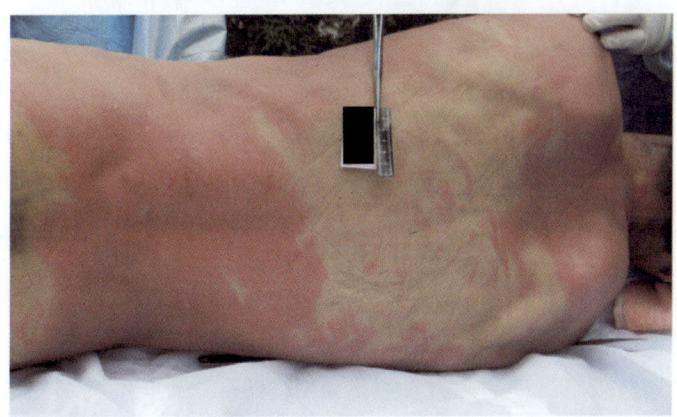

图 18-41　尸斑呈鲜艳紫红色

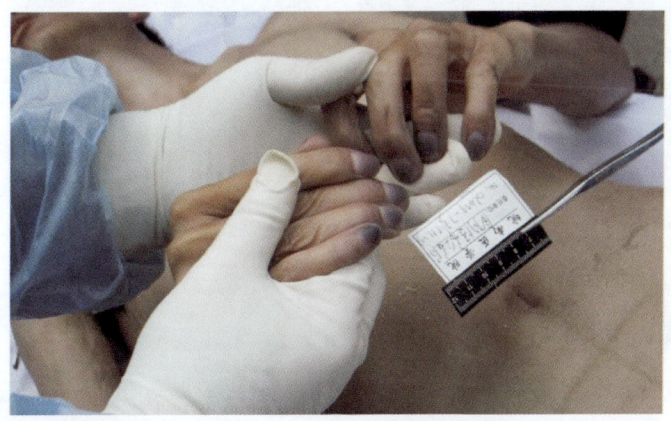

图 18-42　双手指甲床发绀明显

Note

（2）解剖检验：

①头颈部：头皮未见损伤出血，颅骨未见骨折，脑呈水肿状。颈部肌层及软组织内未见出血，舌骨未见骨折。上颚、喉头充血，舌尖部味蕾剥脱（图 18-43）。食管中、上段黏膜充血，有少量食物残渣黏附。气管黏膜面充血，管腔内下端偏右及左右支气管分支处有白色固体物（图 18-44）。

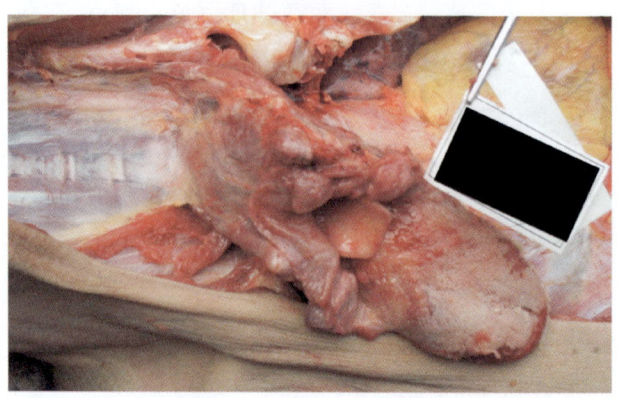

图 18-43　舌尖部味蕾剥脱

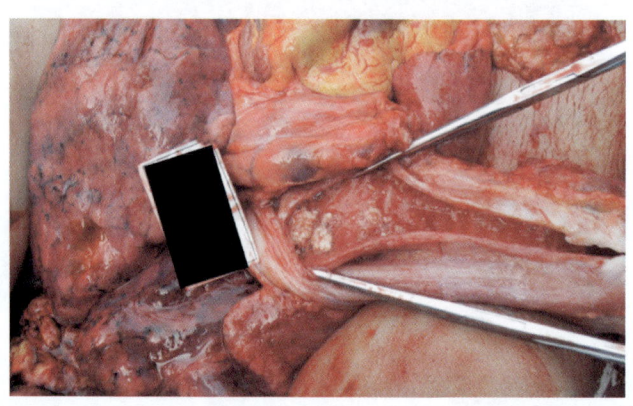

图 18-44　气管黏膜面充血，管腔内见白色固体物

②胸腹部：胸壁脂肪厚 0.2 cm，左肺叶间有粘连，肺表面见针点样出血点（图 18-45），切面呈淤血、水肿样观。心脏外膜未见出血点。腹壁脂肪厚 0.7 cm，大网膜下移，下缘达盆腔，腹腔内见少量积液。腹腔内各脏器在位，形态完整，未见破裂。胃黏膜出血（图 18-46）。肠系膜淋巴结无肿大。膀胱半充盈，尿液色混浊。髂骨及脊柱未见骨折。

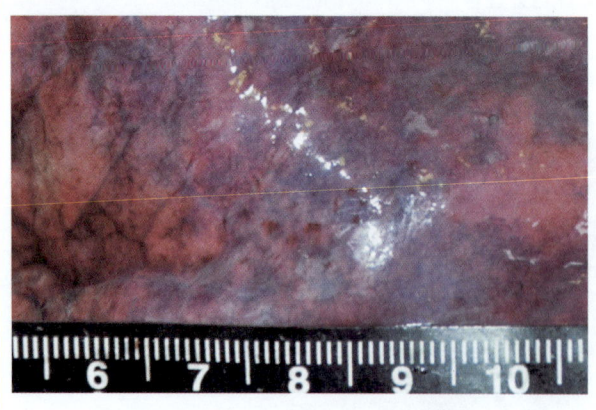

图 18-45　肺表面见针点样出血点

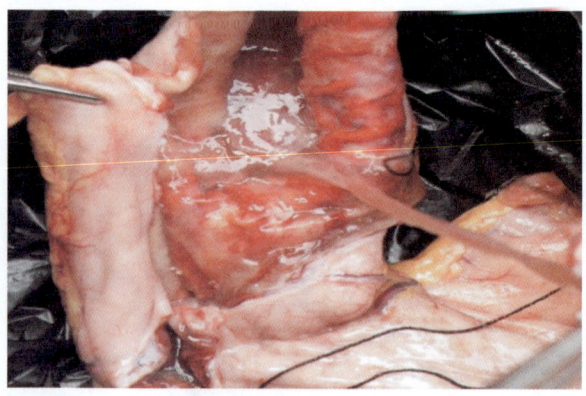

图 18-46　胃黏膜出血

③提取脑、心脏、肺（含喉、舌、气管）、肝脏（部分）、脾脏、胰腺、双肾及肾上腺、部分胃、肠经福尔马林液固定后行组织病理学检查。

④提取胃及胃内容物、左半肝、心血、尿液行毒物分析检验。另提取其随身携带白色粉末行毒物分析检验。

（3）组织病理学检验：

①脑：a. 大体：重1580 g，全脑表面及切面未见损伤、出血。b. 镜下：脑室周围及实质广泛水肿（图18-47），神经元嗜酸性变。未见挫伤或出血征象。

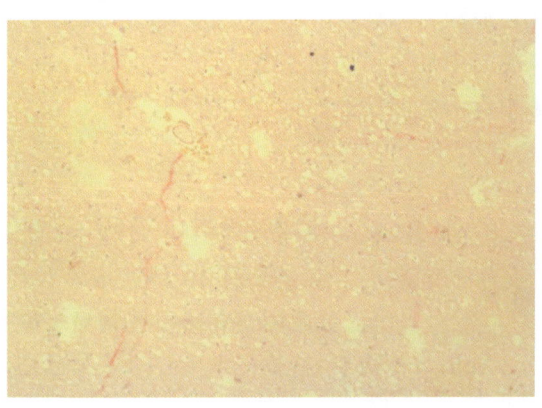

图 18-47　广泛性脑水肿

②心脏：a. 大体：重330 g，大小为10 cm×8 cm×5 cm。左心室壁厚1.2 cm，右心室壁厚0.2 cm，室间隔厚1.1 cm。左心室内血凝块充填。b. 镜下：心外膜脂肪浸润，心肌间质水肿，间质内小血管淤血。冠状动脉管腔无明显狭窄。

③舌、喉头、气管、肺：a. 大体：左肺重841 g，右肺重650 g。左肺切面水肿明显。b. 镜下：舌尖部分味蕾脱落缺失。喉头、气管黏膜部分脱落，黏膜下小血管扩张、淤血。肺内小血管淤血伴漏出性出血，肺间质及肺泡内见水肿液，部分区域成片肺泡腔内见红细胞充填（图18-48），部分肺泡呈轻度扩张状。

④肝：a. 大体：部分肝重1070 g。胆囊内墨绿色胆汁充盈，未见结石。b. 镜下：肝窦及肝内小血管淤血，部分肝细胞水肿。

⑤肾、肾上腺：a. 大体：左肾重150 g，右肾重145 g，双肾被膜完整，切面未见异常。肾上腺切面未见异常。b. 镜下：肾小球毛细血管袢及肾小血管淤血，肾小管上皮水肿。肾上腺皮质细胞水肿，髓质淤血。

⑥脾：a. 大体：重260 g。被膜完整。切面未见异常。b. 镜下：脾红髓淤血。

⑦胰腺：a. 大体：表面及切面未见异常。b. 镜下：部分细胞自溶改变，间质内轻度脂肪细胞浸润，小血管淤血。

⑧食管、胃、肠：a. 大体：胃及肠黏膜未见明确出血、溃疡。b. 镜下：食管黏膜欠完整，灶性脱落。黏膜下及结缔组织内小血管淤血。胃黏膜浅层弥漫性出血（图18-49），部分浅层黏膜细胞脱落。

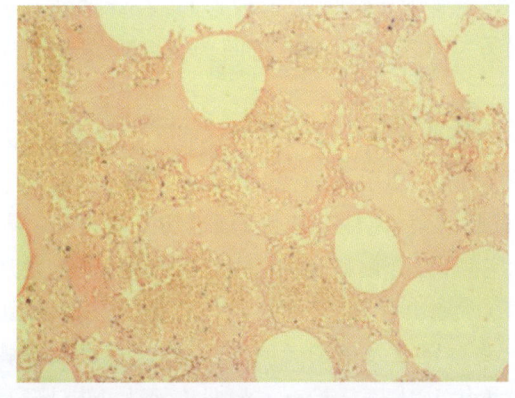

图 18-48　灶性肺泡腔内出血

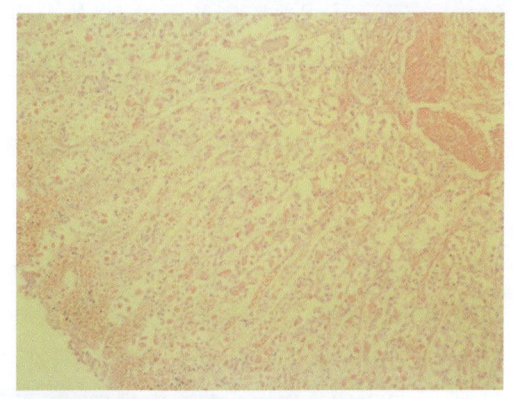

图 18-49　胃黏膜出血

（4）毒物分析检验：经司法鉴定科学技术研究所司法鉴定中心运用技术规范 SF/ZJD0107002-2010

方法分析,所提取血液、尿液、胃组织、肝组织及其随身携带白色粉末中均检出某种化合物成分,未检出常见药物、杀虫剂及毒鼠强等其他毒物或药物成分。

(本案例由皖南医学院法医学院提供)

案例解析
18-5

【引导问题】

(1) 你考虑本案毒化分析检出的是何化合物,为什么?

(2) 如何分析本案例的死亡原因?

(3) 对于本案例的毒物来源与中毒途径如何考虑?

(4) 如何在接案时即考虑中毒的可能性?

六、案例 18-6

1. 基本案情 被鉴定人盛某(男,38 岁)在上班打扫卫生过程中,手托劳动车,用力过猛而撞伤腰部,后经某市第二人民医院诊断为肾破裂(右),某年 4 月 19 日进行了右肾切除。盛某所在单位认为盛某虽自述在工作过程中撞伤腰部,但对当班人员的调查和监控视频显示盛某夜班期间并未有异常表现,盛某不是在单位工作期间受伤。现因案件需要,特委托本中心对盛某已切除肾脏的损伤时间进行鉴定。

2. 资料摘要

(1) 某卫生院门诊病历(某年 4 月 18 日 23 时 5 分)摘要如下。①主诉:腹痛 1 天。②现病史:患者今日中午右侧腹部胀痛,伴有血尿、恶心、寒战,不能直立行走,继而加重,急来我门诊就诊。③体格检查:T 36.4 ℃,BP 90/60 mmHg,心率 80 次/分,心音低钝,右肾区叩击痛(+)。④诊断:右腰部痛待查:急性肾挫伤? 泌尿系结石?⑤建议:转诊。

(2) 某中医院门诊病历摘要如下。①主诉:右侧腰部突发性疼痛约 12 小时。②现病史:患者今日中午右侧腹部胀痛,伴少量血尿,去当地卫生院就诊,拟诊结石到本院就诊。③既往史:无类似病史,无急慢性传染病史。④体格检查:神清,查体尚合作,心肺(-),右肾区叩击痛(±)。⑤辅助检查:B 超示右输尿管无结石、无积水。⑥诊断:右侧腰部疼痛待查。⑦建议:去市医院进一步就诊。

(3) 某市第二人民医院出院小结(住院号:0615883)摘要如下。①入、出院日期:某年 4 月 19 日、某年 5 月 15 日。②入、出院诊断:肾破裂(右),高血压病。③入院时情况:患者因右侧腰腹部疼痛半天收住入院。患者昨日晚间 6 点突然出现右侧腰腹部疼痛,伴恶心、呕吐,无发热,无尿频、尿急及尿不尽,无血尿。就诊于我院急诊科,B 超提示右肾区不均质回声,大小约 104 mm×64 mm。血常规:白细胞 20×10⁹/L。复查腹部、盆腔 CT:右肾周及腹膜后血肿,右肾破裂。④住院经过:患者于 4 月 19 日全麻下进行右肾切除术,术后转入 ICU 治疗,现患者病情平稳,缝线已拆,复查血常规及生化未见明显异常。术后病理:(右肾)(外伤性)破裂伴出血、淤血、肾脏上极见一处破裂口,长度 2.5 cm,深度 2.5 cm,肾脏下极见一破裂口,长度 4.5 cm,深度 0.5 cm。肾小管内可见多灶性钙盐沉积。输尿管未见特殊。

(4) 某市第二人民医院麻醉记录单(住院号:0615883)摘要如下。①手术前诊断:右肾破裂。手术后诊断:右肾破裂。②麻醉开始时间为 8:00,终止时间为 9:45,手术开始时间为 8:15,终止时间为 9:45。

(5) 某市第二人民医院手术记录单(住院号:0615883)摘要如下。①手术前诊断:右肾破裂,高血压。手术后诊断:右肾破裂,高血压。②手术名称:单侧肾切除。③手术所见:患者取平卧位,常规消毒铺巾,取右侧腹直肌切口,长约 20 cm,逐层切开皮肤、腹直肌前鞘、钝性分离腹直肌,切开腹直肌后鞘及腹膜。打开腹腔,见腹腔内少量暗红色积血,将肠道推向左侧,打开侧腹膜,钝性分离肾周脂肪,发现肾周大量积血及血凝块,吸出积血,清除血凝块,约 1000 mL,游离出肾脏,继而游离出肾蒂,使用肾蒂钳夹闭肾蒂,以 7 号线结扎肾动静脉 2 次,以 4 号线缝扎 1 次,观察肾蒂及周围无明显出血,探查腹腔肝脾及胃肠等器官,见无明显损伤。留置腹膜后引流管,逐层关闭切口,术毕。检查右肾见右肾上下极挫裂伤,家属过目后送病理检查。

3. 检验所见

（1）人体检验所见：神清，自动体位，缓行入内，精神较萎靡，检查合作。头颅五官无畸形，双瞳等大等圆，对光反射灵敏。颈软，活动自如。胸廓对称，呼吸运动平稳。右腹旁正中见纵向手术瘢痕，长 14 cm，宽 0.8 cm，轻度增生。腹软，无压痛，未及包块。双肾区叩痛（一）。脊柱四肢未见异常，生理反射存在，病理反射未引出。

（2）CT 片阅片示：右肾体积增大，右肾区见等高混杂密度影，向腹膜后延伸（图 18-50）。左肾形态密度未见明显异常。

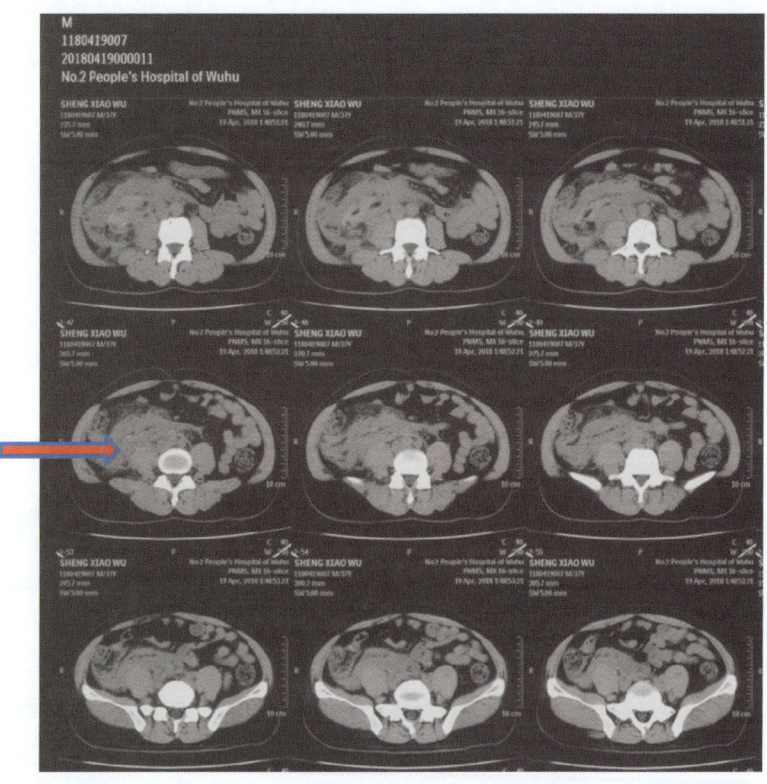

图 18-50　右肾周及腹膜后血肿，右肾破裂

（3）组织切片阅片示：肾脏结构清晰，部分肾小球萎缩，多个肾小管内见蛋白管型，肾内小动脉壁增厚。肾皮质包膜下、皮质及髓质见多发性挫伤出血灶，出血灶内见炎症细胞带形成（图 18-51、图 18-52），炎症细胞大部分为单核细胞（图 18-53），挫伤灶内纤维增生并呈包裹趋势（图 18-54），可见巨噬细胞吞噬现象。挫伤灶中央部液化坏死、周边梗死灶形成，肾小管上皮变性不明显。

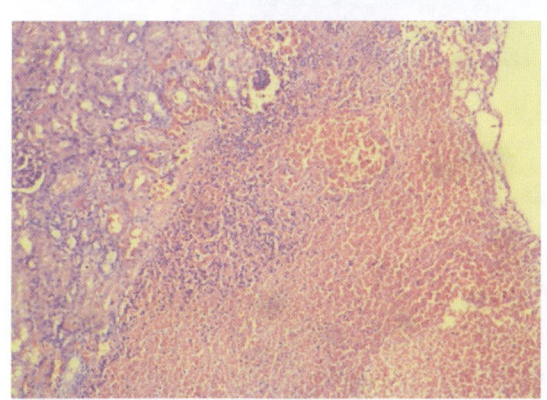

图 18-51　肾挫伤，炎症细胞带形成，出血灶坏死及包裹征象（HE 染色，100×）

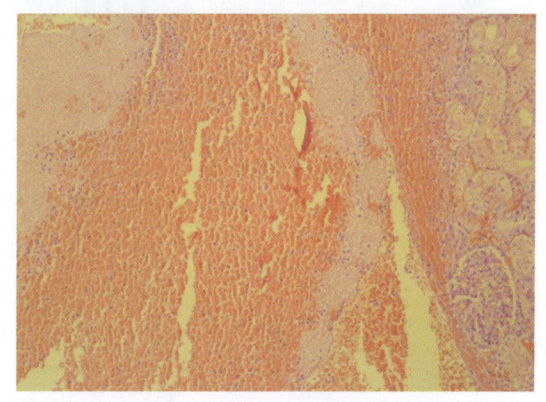

图 18-52　肾挫伤，出血灶内坏死及包裹征象（HE 染色，100×）

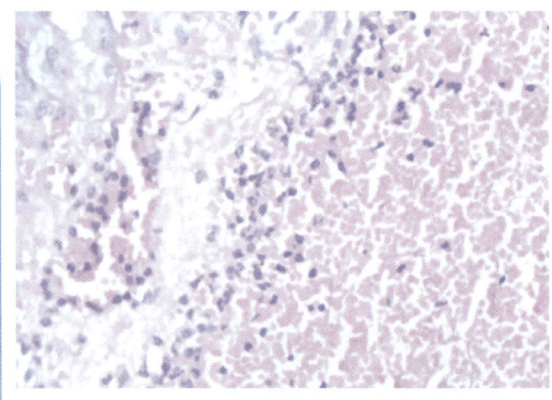

图 18-53　挫伤灶内炎症细胞带,炎症细胞
多为单核细胞(HE 染色,400×)

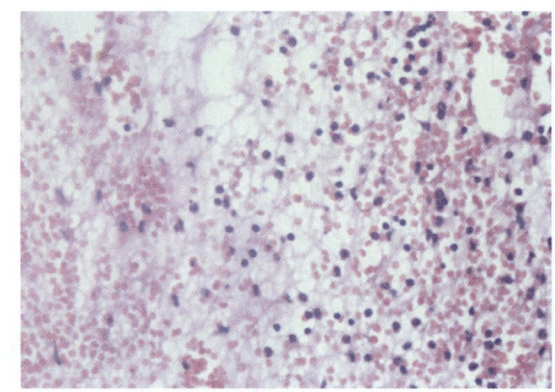

图 18-54　挫伤灶内纤维增生(HE 染色,400×)

(本案例由皖南医学院法医学院提供)

案例解析
18-6

【引导问题】

(1) 推断损伤时间的依据有哪些?

(2) 你觉得本案例中被鉴定人的右肾损伤大约发生在手术前多长时间?

(3) 被鉴定人右肾是否存在易发生损伤的病理学基础?

(4) 为何盛某右肾损伤后不能被及时发现?

七、案例 18-7

1. 案情摘要　郭某(女,33 岁)因孕 38^{+6} W,G 4P 1 于某年 5 月 24 日入住某市人民医院,并于当年 5 月 25 日经剖宫术剖出一男婴。该男婴出生后 1 分钟阿氏评分为 7 分,5 分钟阿氏评分为 1 分,经救治无效于 5 月 26 日 14 时 30 分死亡。

2. 法医学检验

(1) 尸表检验:男性婴尸(图 18-55),尸重 3100 g,尸长 50 cm。肱骨长 9 cm,股骨长 11 cm。发黑。口唇、甲床发绀。上腭两条腭裂样改变(图 18-56)。脐带被黑色丝线结扎、纱布包裹。肛周粪便黏附。尸斑紫红色。

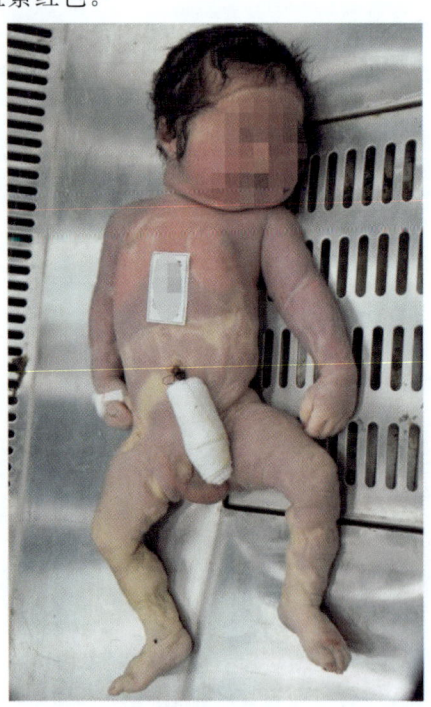

图 18-55　男性婴尸

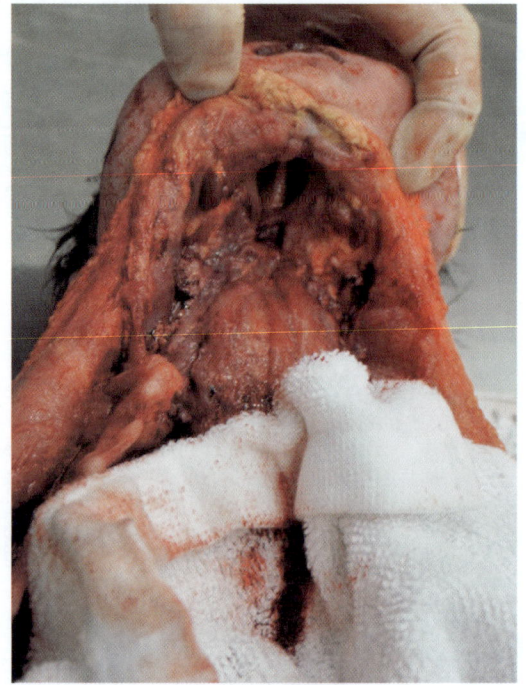

图 18-56　上腭裂

（2）解剖检验：

①头颈部：头颅前后径 12 cm，左右径 9.9 cm。前囟门未闭，大小为 3 cm×2 cm，后囟门基本闭合。大脑表面血管淤血。②胸腹部：胸廓右侧皮下及肌间灶性出血，范围约 3 cm×1 cm。纵隔内未检见胸腺（图 18-57）。两侧胸腔见积液。气管、食管通畅。心包腔内少量积液。心脏大血管转位（图 18-58）。横膈未见缺损。腹腔内见积液。肝脏淤血状。脾、肾、胰等脏器在位。肠管内见胎粪，肛门通畅。膀胱见尿液。③提取脑、心脏、肺、肝脏、脾脏、胰腺、双肾、胃、肠，经福尔马林固定后行组织病理学检验。

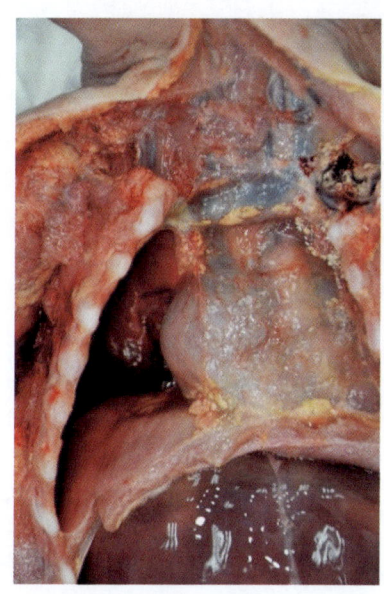

图 18-57　纵隔内未检见胸腺

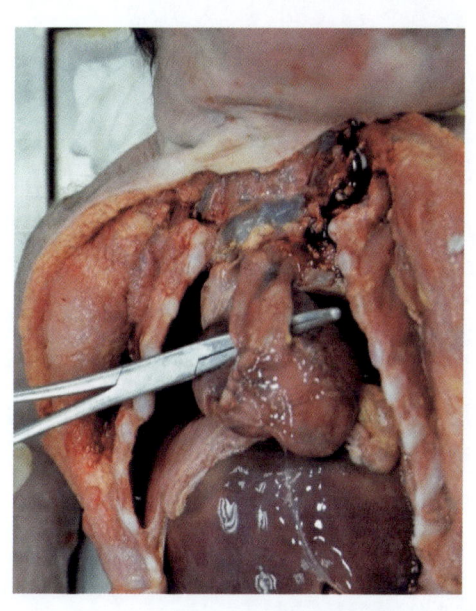

图 18-58　心脏血管异常

（3）组织病理学检验：

①脑：a. 大体：重 425 g，表面及切面未见明显异常。b. 镜下：蛛网膜下腔灶性出血，脑膜下小血管淤血，脑组织部分区域神经细胞水肿。

②心脏：a. 大体：重 32 g（连血管主干）。左心室壁厚 0.4 cm，右心室壁厚 0.3 cm。两侧心腔内充满血凝块，卵圆孔未闭合，动脉导管未闭。主动脉自右心室发出，横行向上至纵隔，未见正常动脉弓（图 18-59）。肺动脉自左心室发出，走行一段后入肺。b. 镜下：心肌纤维排列稍疏松，间质小血管淤血。

③肺、喉、气管：a. 大体：左肺重 12 g，右肺重 14 g。b. 镜下：喉头、气管黏膜下小血管淤血。两肺内部分小气管上皮脱落，大部分区域内肺泡未扩张，部分区域（周边部）少量肺泡呈扩张状，肺泡腔内见含铁血黄素颗粒（图 18-60）。肺间质内小血管淤血。

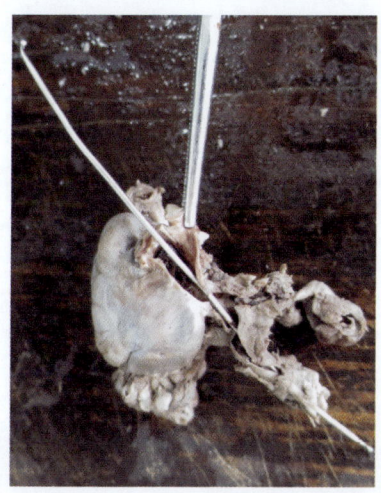

图 18-59　主动脉自右心室发出，未见正常动脉弓

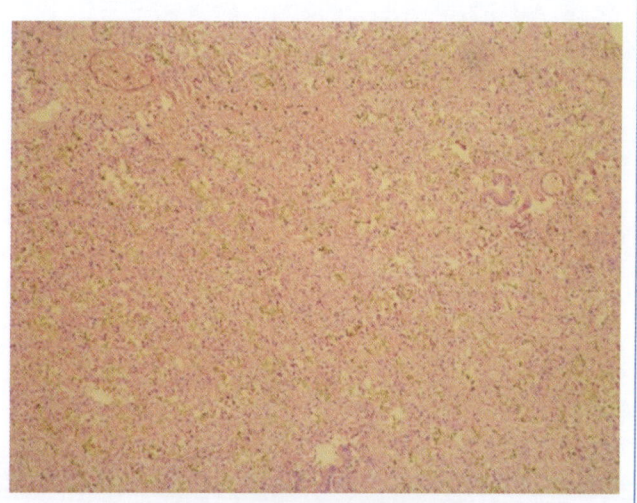

图 18-60　肺泡未完全扩张，肺泡腔内见含铁血黄素颗粒

④肝脏：a. 大体：重122 g。b. 镜下：肝细胞水肿，肝窦及肝内小血管淤血（图18-61）。胆囊自溶。

⑤肾及肾上腺：a. 大体：左肾重12 g，右肾重10 g。b. 镜下：肾髓质内小血管淤血，肾上腺淤血。

⑥脾脏：a. 大体：重9 g。b. 镜下：脾窦及脾内小血管淤血，脾小结疏松，结内淋巴细胞量少（图18-62）。

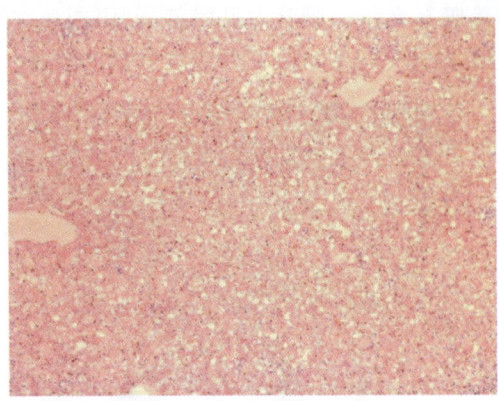

图18-61 肝窦及肝内小血管淤血

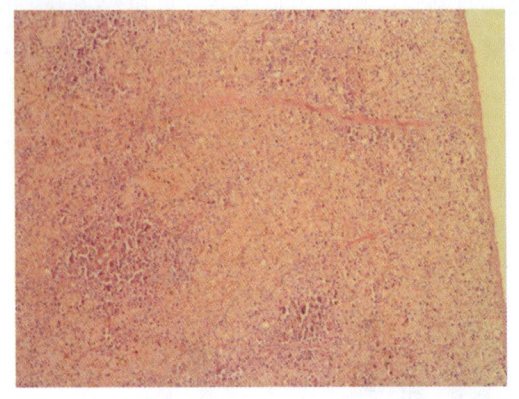

图18-62 脾小结疏松，结内淋巴细胞量少

⑦胰腺：a. 大体：重2 g。b. 镜下：灶性自溶，间质小血管淤血。

⑧胃、肠：a. 大体：胃内空虚，大肠内见胎便。b. 镜下：浆膜下小血管淤血，黏膜灶性脱落。

（本案例由皖南医学院法医学院提供）

【引导问题】

（1）根据材料，如何分析死者的死亡原因？

（2）DiGeorge综合征的发生原因是什么？

（3）该案例给你哪些启示？

（吴茂旺　张海东）

案例解析
18-7

附录 A　正常中国人主要脏器重量参考值

　　鉴于人体样本的稀缺性,世界各国内关于人体主要器官重量参考值的报道均不多,且因人种、测量时间点选择等诸多影响因素,有的报道存在较大差异。现根据参编单位的实际情况,参考相关文献资料,在表 A-1 中列出正常中国人中不同性别、不同年龄人群的主要脏器重量参考值,仅供参考。

表 A-1　正常中国人主要脏器重量参考值 *

性别	年龄	脑		心		肾		肝		肺		胰		脾		肾上腺		甲状腺	
		X̄	s	X̄	s	X̄	s	X̄	s	X̄	s	X̄	s	X̄	s	X̄	s	X̄	s
男	<1月	394.0	74.9	22.1	8.4	28.1	10.8	114.8	61.9	61.4	22.0	4.4	2.4	11.9	8.1	6.2	2.6	2.1	0.9
	1月~	532.2	92.9	28.3	10.7	47.3	39.0	164.7	67.0	86.2	42.8	6.9	3.4	20.7	11.1	4.5	1.6	1.6	0.4
	3月~	693.8	116.7	36.1	9.9	50.3	16.9	198.6	46.0	115.4	39.5	10.1	11.8	25.6	9.6	4.5	1.8	1.8	0.3
	7月~	843.1	115.0	44.6	14.9	61.3	15.9	266.5	64.0	140.2	43.6	11.6	4.5	30.0	11.2	4.6	2.4	2.1	0.5
	1岁~	978.6	118.8	54.5	36.7	73.0	18.8	345.6	111.0	199.7	20.5	17.5	10.7	41.4	16.3	4.2	2.0	2.4	1.2
	2岁~	1124.1	114.3	61.3	15.0	78.0	24.6	406.7	106.8	235.6	55.9	25.2	12.3	50.1	18.4	4.1	1.4	3.3	1.4
	3岁~	1215.3	104.6	69.7	16.8	88.2	24.3	480.2	90.8	239.3	67.0	31.9	12.6	55.0	18.7	4.5	1.3	4.9	1.4
	4岁~	1225.0	111.7	78.7	33.0	99.7	38.4	515.6	146.7	280.3	76.3	35.5	15.9	58.8	39.2	4.5	2.0	6.3	1.2
	5岁~	1339.5	131.0	99.6	24.0	122.9	30.8	635.6	159.7	362.0	120.4	41.9	12.5	78.9	75.4	5.5	1.8	8.7	3.1
	10岁~	1403.3	120.3	152.5	48.5	172.0	45.6	885.9	234.5	564.2	228.7	56.2	20.6	106.7	49.0	7.6	3.4	16.8	4.9
	15岁~	1446.6	130.1	258.7	52.9	253.0	50.9	1249.4	246.4	941.6	380.7	88.4	25.2	161.7	39.4	13.0	4.3	22.4	7.1
	20岁~	1439.8	124.2	291.1	51.3	276.7	57.0	1359.7	226.5	998.3	292.3	104.8	28.4	172.4	31.4	13.6	5.5	25.3	11.3
	30岁~	1434.1	137.9	302.5	55.3	281.9	56.3	1359.4	224.8	1084.2	308.5	110.0	28.8	166.9	27.0	13.4	4.3	27.6	11.8
	40岁~	1424.7	132.1	308.7	57.?	279.3	56.2	1350.9	224.6	1112.9	345.8	108.9	27.8	158.5	29.8	14.4	6.5	26.5	11.8
	50岁~	1400.2	116.9	315.9	45.5	275.8	59.8	1316.8	243.1	1138.4	313.6	107.8	28.9	144.8	37.6	13.9	4.7	26.7	11.5
	60岁~	1355.0	170.9	322.9	51.?	269.9	61.7	1225.8	255.1	1242.1	261.8	101.2	28.4	150.9	40.3	—	—	18.5	5.1

续表

性别	年龄	脑 X̄	脑 s	心 X̄	心 s	肾 X̄	肾 s	肝 X̄	肝 s	肺 X̄	肺 s	胰 X̄	胰 s	脾 X̄	脾 s	肾上腺 X̄	肾上腺 s	甲状腺 X̄	甲状腺 s
	<1月	386.6	81.0	21.5	7.0	27.7	11.3	115.3	37.5	56.5	17.0	4.3	2.3	11.3	5.7	4.8	2.1	2.3	1.3
	1月~	505.3	85.1	30.4	12.0	35.8	11.6	146.3	30.9	80.6	27.0	6.6	2.1	18.1	7.5	4.8	2.1	2.4	0.9
	3月~	629.4	99.5	32.7	9.0	45.6	18.6	194.5	64.1	121.1	48.8	9.2	3.8	20.5	6.4	3.9	1.9	2.9	1.6
	7月~	785.0	121.3	40.5	12.4	57.1	20.8	256.5	70.9	141.2	43.7	11.2	5.5	30.0	12.7	3.9	1.7	2.6	0.8
	1岁~	943.5	104.3	47.9	10.4	69.3	18.3	325.2	76.7	173.6	60.7	15.8	6.0	38.7	17.2	3.8	1.1	2.3	0.8
	2岁~	1003.4	111.2	52.4	10.6	73.1	17.4	358.4	69.4	203.8	63.9	21.3	6.5	40.8	16.1	4.1	1.6	3.1	1.1
	3岁~	1123.5	55.1	62.5	12.9	82.5	21.2	447.8	130.7	223.3	76.4	24.0	8.7	44.6	19.9	4.4	2.2	3.9	2.2
	4岁~	1134.3	114.4	76.7	17.0	99.9	25.7	497.3	117.3	278.9	61.5	31.8	8.7	56.2	28.8	4.6	2.1	5.1	1.9
女	5岁~	1225.1	111.0	97.0	55.3	120.2	35.8	624.4	313.3	354.3	124.6	41.8	17.9	74.2	25.7	4.9	1.5	5.3	2.1
	10岁~	1302.5	54.2	141.9	38.6	168.6	48.4	828.5	210.2	472.6	189.7	57.2	15.3	94.4	44.0	7.5	5.3	11.4	4.3
	15岁~	1306.6	111.9	231.0	44.3	242.1	46.7	1233.0	273.1	769.3	206.8	84.8	29.5	139.3	48.7	12.2	3.6	20.7	14.1
	20岁~	1296.8	150.0	249.1	43.1	257.3	51.2	1271.6	248.2	829.5	229.3	98.9	26.2	149.7	37.3	13.3	4.6	23.7	12.1
	30岁~	1314.7	121.3	268.0	51.0	266.3	52.0	1296.1	250.9	861.5	234.6	99.8	28.9	143.5	40.5	13.1	4.3	24.1	10.7
	40岁~	1299.3	173.2	283.7	62.3	256.8	50.9	1249.4	247.3	835.7	234.9	95.5	29.0	133.0	40.9	13.8	4.7	24.7	8.6
	50岁~	1272.4	163.8	287.7	69.3	250.4	52.9	1230.7	243.1	872.3	314.3	92.8	24.2	119.4	38.5	13.3	4.0	23.7	9.6
	60岁~	1228.7	224.3	306.4	56.1	232.6	47.2	1076.9	250.9	924.4	202.3	86.9	29.6	113.8	49.9	—	—	—	—

* 摘自王继先,李本孝,陈如松,等. 中国人主要脏器重量参考值. 中华放射医学与防护杂志. 1995,19(4):248-254.

附录 B 心脏及冠状动脉的解剖学要点和法医病理学检查要点

一、心脏及冠状动脉的解剖学要点

心脏是人体的重要器官,也是法医病理学检案、教学和科研工作的重点之一。心脏的许多疾病如冠心病等,不仅直接威胁着人体健康,而且其他脏器的损伤或疾病的最后死因不少与心脏有关。

1. 心的外形标志 心的外形标志可概括为"一形一点三个三"。

(1) 外形:呈倒圆锥形,与人体矢状线成 45°角,心尖指向左前下,心底在右上,与大血管相连。

(2) 三个面/三个壁:前面(胸肋面)、下面(路面)和侧面(肺面),或称前壁、下壁和侧壁。

(3) 三个缘:左缘(钝)、右缘和下缘(锐)。

(4) 三条沟:①冠状沟(房室沟):在近心底处环形绕心一圈,是心脏外面分隔心房与心室的标志。②前、后室间沟(前、后纵沟):即在心脏前、后面的一条自冠状沟下至心尖右侧心切迹处的浅沟。沟内有心脏的血管、神经和淋巴管行经。

(5) 一点(房室交界点):后室间沟与冠状沟的相交点。此点为左、右心房和心室在心脏表面的分界点,为心脏外形的重要标志。

2. 心脏的结构 心脏主要由心肌组成,是心血管系统的动力器官,心分为左、右心房和心室四个腔。同侧的房、室借房室口相通,但左右侧有中隔分开,互不相通。在房室口和动脉口处均有瓣膜,即二尖瓣、三尖瓣、主动脉瓣和肺动脉瓣。通过这些瓣膜的关闭和开放,保证血液沿着一个方向流动。

心壁由三层组成,从内向外依次为心内膜、心肌层和心外膜。内膜表面是内皮,与血管的内皮相连。心房肌较薄,心室肌厚,心房的肌纤维较细短,心室的肌纤维较粗长。心外膜是心包膜的脏层,被覆在心脏外面,其结构为浆膜。心外膜中含有血管、神经及较多脂肪组织。心脏的各瓣膜是由心内膜构成的薄片,其中间的致密结缔组织与被称为心骨骼的纤维环相连。

3. 冠状动脉 由行走于心外膜内的大冠状动脉和进入心肌壁的小动脉组成。大冠状动脉,即通常所指的左右冠状动脉的四个主要分支:左主干(left main,LM)、左前降支(left anterior descending,LAD)、左旋支(left circumflex,LC)和右主干(right main,RM)。左右冠状动脉分别开口于主动脉根部的主动脉窦内。冠状动脉左主干很短,平均 1 cm,然后分为 LAD 和 LC 两个主要分支。LAD 行走于前室间沟内,一般绕过心尖至膈面,止于后室间沟下 1/3 处,供应心尖部、左心前壁大部、左乳头肌、室间隔的前 2/3 和右心室靠左侧的 1/3 处的血液,LC 起始处几乎与 LAD 成直角,行走在左侧房室沟内,从前绕向后,止于膈面,供应左心侧壁。右冠状动脉的主干较长,进右房室沟,向右行走,绕过右心缘转向膈面的房室沟内,至后室间沟下降到心尖部即为后降支,主要供应右心前壁靠右侧 2/3,左、右心室的后壁,室间隔的后 1/3,以及传导系统的大部分。一般按左右冠状动脉的分支是否越过后壁的房室交界点,将冠状动脉分为左、右优势型,若均未越此点,而大致相等,则称为均衡型。我国以右优势型为多,约占 70%。冠状动脉的分支和行走途径可发生变异和各种不同的畸形。

4. 心传导系统 心脏的传导系统(cardiac conducting system)由特殊的心肌纤维所组成,包括窦房结(sino-atrial node,SAN)、房室结(atrio-ventricular node,AVN)、房室束及其左右分支,其功能是产生和传导心脏搏动到心脏各部,使心房和心室按一定的节律收缩。其中窦房结位于静脉窦与右心耳连接处界沟内的心外膜下方,呈狭长椭圆形,由结细胞团和结缔组织纤维构成,结中有窦房结动脉穿过。房

室结位于房间隔下部右侧心内膜深面,冠状窦口前上方,呈扁椭圆形。组成心传导系统的心肌纤维类型主要是起搏细胞(P细胞)、移行细胞和束细胞三种。

二、心脏及冠状动脉的法医病理学检查要点

1. 心脏的一般观察与测量　观察心脏的大小、形状、外观色泽,触摸质地以了解软硬程度,在清除心腔内凝血块后测量重量。

2. 心脏的常规剪切方法　顺血流方向逐步剖开心脏的各个腔室。①从右心房开始,先剪开上、下腔静脉,暴露右心房腔。②用长尖刀或剪刀经右房室口进入右心室,直至刺穿或剪至右心尖部,再沿右心绕切开右心房、室壁。③从右心尖部开始,用剪刀在距前室间沟1 cm处剪开右心室前壁及肺动脉。④剪开左右肺静脉,暴露左心房。⑤用长尖刀或剪刀经左房室口进入左心室,直至刺穿或剪至左心尖部,再沿左心缘切开左心房及左心室壁。⑥从左心尖部开始,用剪刀在距前室间沟1 cm处剪开左心室前壁及主动脉。注意在剖开心室前检查左、右房室口;在剪开左心室前壁时勿损伤左前降支,在通过左房室沟时应略向左移后再剪向主动脉,以免剪破左冠状动脉开口。

3. 心脏剪开后的观察与测量　观察各切面情况,各腔室是否扩张,有无凝血块及附壁血栓,心内膜、各瓣膜、乳头肌及腱索的情况,观察冠状动脉开口的部位、数目和大小。测量各室厚度、各个瓣膜的周径。

4. 冠状动脉的检查与观察　沿冠状动脉的主要分支,与其纵轴垂直,以2 mm的间距横切,边切边观察各主支的走向、分布,并根据其走向调整切面。关注有无动脉粥样硬化、狭窄程度及斑块内出血、血栓形成等,记录并绘图以标示其位置、形状、程度和数目。

5. 必要时应进一步检查传导系统　一般取材方法如下:①窦房结:以界沟中线为中心,左右旁开约0.3 cm,上界于房间沟上段0.3 cm、下界在界沟中点处切断,取下一长2～3 cm的长方形组织块,再切成数块做连续切片镜检。②房室结、房室束:在冠状静脉窦口作一垂直切口,再在室间隔膜部前缘作一垂直切口,上界在卵圆孔下缘,作水平切口,下界在上界切面之下方3 cm,作水平切口。即可取下包括房室结、房室束及部分左右束支在内的传导组织,再切成数块组织,按序分别编号,制成连续切片,镜检。此外还可采取与SAN、AVN长轴平行的纵切法取材,制片,镜检。

附录 C　法医学常用记录表格

法医学尸体检验的记录包括尸检记录、器官检查和取材记录,全国范围内没有统一的表格,各单位和部门多依照标准规范自行设计,现根据参编单位的实际情况,将记录表格附录于此,仅供参考。

×××××××司法鉴定中心
法医病理学尸体解剖记录

检查方法:GA/T147-2019　　表单编号:××××/JL-BL-01(第1版)　　　　第×页　共×页

案件编号:＿＿＿＿＿＿＿＿＿＿＿＿＿＿　　　　委托方:＿＿＿＿＿＿＿＿＿＿＿＿＿＿＿＿

死者姓名:＿＿＿＿＿＿　性别:男　女　年龄:＿＿岁　　检验地点:＿＿＿＿＿＿＿＿＿＿＿

死亡日期:20＿＿年＿月＿日＿时＿分　检验日期:20＿＿年＿月＿日＿时＿分

检验人:＿＿

在场人员及身份:＿＿＿＿＿＿＿＿＿＿＿＿＿＿＿＿＿＿＿＿＿＿＿＿＿＿＿＿＿＿＿＿＿＿＿

一、尸体一般情况

(儿童、成年、老年)(男、女)性(新鲜、腐败、冷藏、冷冻、解冻)尸体

尸长＿＿＿＿cm　体型＿＿＿＿　营养＿＿＿　发育＿＿＿＿　尸僵＿＿＿＿＿＿＿＿

尸斑(颜色)＿＿＿＿＿＿＿(部位)＿＿＿＿＿＿＿＿＿＿＿＿指压褪色＿＿＿＿＿＿

发长＿＿＿＿cm　眼角膜＿＿＿＿＿　结膜＿＿＿＿　瞳孔:左＿＿＿cm　右＿＿＿cm

外耳道＿＿＿＿＿＿＿＿＿　鼻腔＿＿＿＿＿＿＿＿＿　口腔＿＿＿＿＿＿＿＿＿

牙齿＿＿＿＿＿＿＿＿＿　指甲＿＿＿＿＿＿＿＿＿　趾甲＿＿＿＿＿＿＿＿＿

二、尸表检验

头部:

颈(项)部:

躯干部:

四肢:

肛门、外生殖器:

160

三、头部剖验

颅底：

四、颈部剖验
皮肤、肌肉：
舌骨及颈部软骨：

五、胸部剖验
胸壁：
胸腔积液（血）左____mL 右____mL　心包积液（血）_____mL

六、腹部剖验
腹壁：
皮下脂肪厚____cm　膈肌高度　左_____右_____腹腔积液（血）____mL

七、四肢剖验

八、检材提取

□全脑/半脑 □心 □(　　)肺 □全肝/肝组织块 □(　　)肾 □胰 □(大/小/直)肠 □肾上腺
□喉头及甲状腺 □胃及胃内容物 □子宫/卵巢 □睾丸 □心血__管 □外周血__管 □胆汁
□尿__管 其他_____

第一鉴定人：　　　　　　日期：　　　　　　第二鉴定人：　　　　　　日期：

×××××××司法鉴定中心
法医病理学取材记录

检查方法：GA/T148-2019　　表单编号：××××/JL-BL-02(第1版)　第×页共×页

案件编号：_____

取材日期 20 __年__月__日__时　取材人_____

病理取材：_____种_____块　检材固定情况：_____

脑：重_____g,共_____块 □组织块

表面_____

_____

_____

_____

_____

_____

切面_____

_____

_____

_____

大脑左_____块_____　　　　　大脑右_____块_____

小脑_____块_____　　　　　中、桥、延脑_____块_____

脊髓_____块_____　　　　　　　　　　_____块_____

_____块_____　　　　　　　　　　_____块_____

心：重_____g,共____块 □组织块

心室壁厚:左_____cm 右_____cm 室间隔厚_____cm

主动脉瓣_____ cm 肺动脉瓣_____ cm 二尖瓣_____ cm 三尖瓣_____ cm

损伤及病变：_____

_____

_____

_____

_____

_____

_____

左心前、侧、后壁	_____块_____		右心室壁	_____块_____	
前、中、后乳头肌	_____块_____		室间隔	_____块_____	
LAD	_____块_____		LC	_____块_____	
LM	_____块_____		RM	_____块_____	
SAN	_____块_____		AVN、His	_____块_____	
	_____块_____			_____块_____	

扁桃体_____，**喉头**_____，**甲状腺**_____

支气管树及肺共__块　左、右肺重__/__g　□组织块

表面_____

切面_____

_____

左肺上、下叶	_____块_____	右肺上中、下、叶	_____块_____
左、右支气管	_____块_____	肺门	_____块_____
	_____块_____		_____块_____

胸腺：_____

肝：重__g，大小__cm×__cm×__cm，共__块　□组织块

表面_____

切面_____

左叶_____块_____　　　右叶_____块_____

胆囊：大小__cm×__cm×__cm，取材__块，胆囊壁_____

胆囊内_____

脾：重__g，大小__cm×__cm×__cm，取材__块　□组织块

表面_____

切面_____

Note

肾:左肾重__g,__cm×__cm×__cm,右肾重__g,__cm×__cm×__cm 取材__块　□组织块

表面_____

_____

切面_____

_____

左肾_____块_____　　　右肾_____块_____

肾上腺:左/右重____/____g,左/右____/____块,取材___块

病变:_____

_____

胰:重__g,大小__cm×__cm×__cm,取材__块,部位_____

表面_____

切面_____

胃:取材____块,部位_____,胃内容物性状_____、量_____mL

胃壁_____

肠:(十二指肠、空肠、回肠、阑尾、结肠等)共____块

_____

膀胱_____,输尿管_____,前列腺_____,睾丸_____

子宫:重__g,大小__cm×__cm×__cm,取材__块,部位_____

_____

卵巢及输卵管_____

皮肤:取材__块、部位_____病变_____

第一鉴定人:　　　　　　日期:　　　　第二鉴定人:　　　　　　日期:

附录 D　法医病理学常用标准和技术规范简表

法医病理学鉴定目前尚无国家标准,现行的包括中华人民共和国公共安全行业标准(中华人民共和国公安部发布)、中华人民共和国司法行政行业标准(中华人民共和国司法部发布)和司法鉴定技术规范(中华人民共和国司法部司法鉴定管理局发布),现将现行的标准和技术规范名称罗列于下,在实际工作中,应及时更新标准和技术规范,以保证鉴定工作的有效性。

序号	名　称	发布单位	编　号	生效日期
1	法医学尸体检验技术总则	中华人民共和国公安部	GA/T 147-2019	2019.12.1
2	法医学病理检材的提取、固定、取材、保存规范	中华人民共和国公安部	GA/T 148-2019	2019.12.1
3	法医学机械性窒息尸体检验规范	中华人民共和国公安部	GA/T 150-2019	2019.12.1
4	法医学新生儿尸体检验规范	中华人民共和国公安部	GA/T 151-2019	2019.12.1
5	法医学中毒尸体检验规范	中华人民共和国公安部	GA/T 167-2019	2019.12.1
6	法医学机械性损伤尸体检验规范	中华人民共和国公安部	GA/T 168-2019	2019.12.1
7	法医学猝死尸体检验规范	中华人民共和国公安部	GA/T 170-2019	2019.12.1
8	道路交通事故尸体检验	中华人民共和国公安部	GA/T 268-2019	2019.6.3
9	法庭科学尸体检验照相规范	中华人民共和国公安部	GA/T 1198-2014	2014.10.24
10	法庭科学尸体检验摄像技术规范	中华人民共和国公安部	GA/T 1585-2019	2019.10.1
11	法医学尸体解剖规范	中华人民共和国司法部司法鉴定管理局	SF/Z JD0101002-2015	2015.11.20
12	法医学虚拟解剖操作规程	中华人民共和国司法部司法鉴定管理局	SF/Z JD0101003-2015	2015.11.20
13	尸体多层螺旋计算机体层成像(MSCT)血管造影操作规程	中华人民共和国司法部	SF/T 0067-2020	2020.5.29

参考文献

[1] 丛斌.法医病理学[M].5 版,北京:人民卫生出版社,2016.

[2] 黄光照,麻永昌.中国刑事科学技术大全·法医病理学[M].北京:中国人民公安大学出版社,2004.

[3] 闵建雄,法医损伤学[M].北京:中国人民公安大学出版社,2001.

[4] 刘耀,丛斌,侯一平.实用法医学[M].北京:科学出版社,2014.

[5] 张益鹄.法医学[M].北京:科学出版社,2004.

[6] 夏胜海,宋旭东.法医组织病理彩色图谱[M].北京:人民卫生出版社,2012.

[7] 姚青松,颅脑损伤彩色图谱[M].广州:广东科技出版社,2005.

[8] 刘茜,王荣帅,屈国强,等.新型冠状病毒肺炎死亡尸体系统解剖大体观察报告[J].法医学杂志,2020,36(1):21-23.

[9] 刘良.法医毒理学[M].5 版.北京:人民卫生出版社,2016.

[10] 朱少华.法医毒理学实验指导[M].北京:人民卫生出版社,2016.

[11] 王心如.毒理学基础[M].6 版.北京:人民卫生出版社,2012.

[12] 周志俊.基础毒理学[M].上海:复旦大学出版社,2008.

[13] 任引津,张寿林,倪为民,等.实用急性中毒全书[M].北京:人民卫生出版社,2003.

[14] 李建政.环境毒理学[M].北京:化学工业出版社,2009.

[15] 周兰,徐达,汤鹏,等.百草枯中毒死亡的法医学鉴定分析 4 例[J].中国司法鉴定,2013(6):130-131.

[16] 陈文镇,张宏生.误服甲醛致中毒死亡法医学鉴定 1 例[J].中国法医学杂志,2017,32(1):100-101,118.

[17] Lahti R A,Vuori E. Fatal alcohol poisoning:medico-legal practices and mortality statistics[J]. Forensic Science International,2002,126(3):203-209.

[18] Marinetti L J,Ehlers B J. A Series of Forensic Toxicology and Drug Seizure Cases Involving Illicit Fentanyl Alone and in Combination with Heroin,Cocaine or Heroin and Cocaine[J]. Journal of Analytical Toxicology,2014,38(8):592-598.

[19] Chung H,Choe S. Overview of Forensic Toxicology,Yesterday,Today and in the Future[J]. Current Pharmaceutical Design,2017,23(36):5429-5436.

[20] Rhee J,Jung J,Yeom H,et al. Distribution of cyanide in heart blood,peripheral blood and gastric contents in 21 cyanide related fatalities[J]. Forensic Science International,2011,210(1-3):e12-e15.

[21] Moriya F,Furumiya J,Hashimoto Y. A case of fatal arsenic poisoning[J]. Forensic Toxicology,2006,24(2):88-91.

[22] Li R,Hu L,Hu L,et al. Evaluation of Acute Alcohol Intoxication as the Primary Cause of Death:A Diagnostic Challenge for Forensic Pathologists[J]. Journal of Forensic Sciences,2017,62(5):1213-1219.

[23] Chen H I ,Dejong J. Increased Lung Weights in Drug‐related Fatalities[J]. Journal of

Forensic Sciences,2017,62(6):1632-1634.

[24] Uekusa K,Hayashida M,Ohno Y. Forensic toxicological analyses of drugs in tissues in formalin solutions and in fixatives[J]. Forensic Science International,2015,249:165-172.

[25] Delaveris G,Teige B,Rogde S. Non-natural manners of death among users of illicit drugs: Substance findings[J]. Forensic Science International,2014,238:16-21.

[26] Skulska A,Kala M,Parczewski A. Fentanyl and its Analogues in Clinical and Forensic Toxicology[J]. Przeglad Lekarski,2005,62(6):581-584.

[27] Moriya F,Hashimoto Y. Criteria for judging whether postmortem blood drug concentrations can be used for toxicologic evaluation. [J]. Legal Medicine,2000,2(3):143-151.

[28] Boumba V,Ziavrou K,Manti V,et al. Patterns of volatiles detected during forensic ethanol analysis:A preliminary study in autopsy blood samples[J]. Toxicology Letters,2008,180(supp-S):S230-S231.

[29] Jones D. Urine as a biological specimen for forensic analysis of alcohol and variability in the urine-to-blood relationship. [J]. Toxicological Reviews,2006,25(1):15-35.

[30] Kintz P. Influence of antemortem perfusion on autopsy blood ethanol concentration[J]. Forensic Toxicology,2012,30(1):76-79.

[31] Giovanni N D, Fucci N. The role of methadone in fatalities[J]. Forensic Toxicology,2013,31(2):347-350.

[32] Takayasu T,Ishida Y,Kimura A,et al. Distribution of zolpidem in body fluids and organ tissues in five autopsy cases[J]. Forensic Toxicology,2008,26(2):80-84.

[33] Reys L L,Santos J C. Importance of information in forensic toxicology[J]. American Journal of Forensic Medicine & Pathology,1992,13(1):33-36.

[34] Mariano C,Sabrina S,Roberto M,et al. Simultaneous detection and quantitation of morphine,6-acetylmorphine,and cocaine in toenails:comparison with hair analysis. [J]. Journal of Analytical Toxicology,2004,28(2):128-131.

[35] McIntyre I M. Identification of apostmortemredistribution factor (F) for forensic toxicology [J]. Journal of Analytical Science & Technology,2014,5(1):24.

[36] Srisont S,Chirachariyavej T,Peonim A. A Carbon Dioxide Fatality from Dry Ice[J]. Journal of Forensic Sciences,2010,54(4):961-962.

[37] Palmer R B. Fentanyl in postmortem forensic toxicology[J]. Clinical Toxicology,2010,48(8):771-784.

[38] 王继先,李本孝,陈如松,等. 中国人主要脏器重量参考值[J],中华放射医学与防护杂志,1995,15(4):248-254.

[39] 薛嘉嘉,王天琦,贾宇晴,等. 法医解剖案例心、肺质量的统计分析及法医学意义[J],法医学杂志,2019,35(6):651-656.

[40] 刘彤华. 诊断病理学[M]. 3版. 北京:人民卫生出版社,2013.

[41] 郭慕依. 实用尸检病理学[M]. 上海:复旦大学出版社,2012.